W0245064

ALEXANDER
FEST
VERLAG

Franz Walter/Tobias Dürr

Die Heimatlosigkeit der Macht

Wie die Politik in Deutschland
ihren Boden verlor

Alexander Fest Verlag

1 Der Schein der Macht: Regieren in der Publikumsgesellschaft

»Was bedeutet es, in politischer Hinsicht klug oder begabt zu sein?
... Wie sollen wir diese Fähigkeit nun nennen? Praktische Weisheit,
praktische Vernunft? Vielleicht. Ein Gefühl für das, was »geht« und
was »nicht geht«? Es ist vor allem eine Befähigung zur Synthese
und weniger zur Analyse: ein Wissen, vergleichbar mit dem,
das Dompteure über ihre Tiere haben, Eltern über ihre Kinder oder
Dirigenten über ihre Orchester, im Gegensatz zu dem Wissen,
das Chemiker den Inhalt ihrer Reagenzgläser erkennen läßt oder
Mathematiker die Regeln, denen ihre Symbole gehorchen. Wem
diese Fähigkeit fehlt, der wird – mag er noch so viele andere
Qualitäten besitzen, mag er noch so schlau, gebildet, phantasievoll,
höflich, edel, attraktiv oder anderweitig begabt sein – völlig zu
Recht als politisch unfähig erachtet.«

Isaiah Berlin, *Über politische Urteilskraft*

Man muß ja kein Prophet sein: Wenn dieses Buch in den Buchhandlungen auftaucht, dann wird es irgendwo im Kabinett des Kanzlers Schröder kriseln. Das wird auch im Frühjahr 2001 oder im Sommer 2002 noch so sein. Und daran wird sich nicht das geringste geändert haben, wenn im Winter 2003 der Kanzler womöglich nicht mehr Schröder heißt, sondern Stoiber, Scharping oder wie auch immer. Ganz gleich in welchem Jahr, in unseren Zeitungen, Magazinen und Illustrierten wird immer mal wieder nachzulesen sein, daß die Regierung ihre Arbeit schlecht macht, daß die große Linie und Perspektive fehlt, daß der Kanzler nicht richtig führt und zuviel Symbolpolitik betreibt, daß die Koordination zwischen Ministerien, Kanzleramt und Regierungsfraktionen nicht klappt, daß es

7

zwischen den Koalitionsparteien gärt, daß da wieder der eine ehrgeizige Politiker am Stuhl des anderen sägt. Immer wieder werden uns fette Schlagzeilen darüber belehren, daß wir noch niemals so dilettantisch und konzeptionslos regiert wurden wie gerade jetzt.

Denn so war es stets in der deutschen Republik. Politik war hier kaum einmal der große, kühne, streng nach einem Masterplan agierende Vollstrecker des Volkswillens, sondern überwiegend Krisenmanagement, Stückwerk, Flickschusterei, natürlich auch Intrige, Zerwürfnis, Verrat. Die Panne und der Mißerfolg, der schlechte Kompromiß und das Vertagen des Problems waren nicht die Ausnahme, sie waren die Regel der Politik. Doch kurioserweise stellen sich das die Menschen immer noch anders vor. Immer noch erwarten sie von der Politik das große Projekt, die generalstabsmäßig entworfene Strategie und deren ebenso professionelle wie zügige Umsetzung. Und merkwürdigerweise haben sie meist den Eindruck, daß in ihrer jeweiligen Gegenwart besonders jämmerlich regiert wird. Sie erinnern gern an den charismatischen Patriarchen Adenauer, an den Wohlstandsheiland Erhard, an den Reformpropheten Brandt, an den effizienten leitenden Angestellten der Bundesrepublik Deutschland, Helmut Schmidt. Und selbst Helmut Kohl, den im September 1998 die meisten Deutschen nicht mehr sehen und ertragen konnten, wirkte bereits wenige Monate nach seiner Abwahl, bis ihn seine Geschichte der schwarzen Kassen einholte, als ein weiser und großer Kanzler, der im Gegensatz zu seinem Nachfolger das Handwerk verstanden und die Nation sicher geführt hatte.

Während seiner Regierungszeit klang das zumindest 15 Jahre lang ganz anders. Mit Ausnahme des Jahres 1990 sangen die Leitartikler der Republik in der Ära Kohl die gleichen Krisenarien wie in den ersten zwölf Monaten der Kanzlerschaft

Schröders. »Das alles verschmilzt zum Bild einer Regierung«, schrieb etwa Gunter Hofmann im August 1984 in der *Zeit*, »die schier nichts mehr im Griff hat; einer Koalition ohne inneren Zusammenhalt; und eines Kanzlers ohne Autorität.« Solche Sätze konnte man 1985 während vieler Monate lesen, auch 1987, 1989, 1992, 1997; würde man sie allesamt dokumentieren, hätte man rasch den Umfang der Marx-Engels-Gesamtausgabe erreicht. Die Krise war ein Dauerzustand: Immer bekam Kohl die Sachen nicht geregelt, immer herrschte Streit zwischen den Koalitionspartnern, immer stand die Koalition kurz vor dem Abgrund, nie wurden die Probleme angepackt. Verblüffenderweise war all das schnell vergessen.

Erst recht vergessen ist, welch fundamentalistische Züge die innerkoalitionären Auseinandersetzungen zwischen Christdemokraten und Freidemokraten trugen, wie wenig Adenauer zwischen 1959 und 1963 noch gelang, wie verzweifelt die Unionsfraktion oft über die Kapriolen des Alten war, wie erbittert FDP und CDU in den frühen Sechzigern als Koalitionspartner miteinander rangen, wie sich die christlich-liberale Koalition unter dem unglücklich operierenden Kanzler Erhard in einer Dauerkrise befand. Erfolgreich verdrängt wurde auch, daß die Stimmung in Regierung und Republik 1973 abgrundtief depressiv war, weil Willy Brandt nach seinem großen Wahlsieg 1972 völlig erschlaffte und innenpolitisch nichts mehr zuwege brachte.

Ganz und gar aus dem kollektiven Gedächtnis der Nation scheint verschwunden zu sein, wie überaus glücklos Helmut Schmidt in den acht Jahren seiner Kanzlerschaft agierte. Noch immer steht er im Ruf des erfahrenen Krisenmanagers, da er Feldherr gegen terroristische Kleingruppen war und rhetorisch auf Weltwirtschaftsgipfeln glänzte. Doch politisch gelang ihm wenig. Nach dem knappen Wahlsieg 1976 konnte

Schmidt das Rentenversprechen, das er im Wahlkampf gegeben hatte, nicht halten und stürzte die Republik damit in die Krise der Parteienverdrossenheit, von der *seither* dann ständig die Rede war. Monatelang torkelte das Kabinett Schmidt von Panne zu Panne. Selbst Schmidts treuer Freund Theo Sommer wurde es leid. Bitter kommentierte er: »Die zweite Regierung Schmidt/Genscher ist schon in den Startlöchern elend ins Stolpern geraten ... Ein Wunder ist es nicht, daß die Bürger sich verschaukelt fühlen. Zynismus, Mißmut, Verdrossenheit macht sich breit im Lande.« Nach den Wahlen 1980 war dann alles noch viel schlimmer. Eine Regierungskrise jagte die nächste, ein unzureichender Kompromiß löste den anderen ab. »Wo bleibt der Aufbruch?« fragte der Parlamentsneuling Gerhard Schröder, dem damals das Sparprogramm des Kanzlers nicht gefiel, weil er es für unsozial hielt. Alle Probleme, mit denen sich die deutsche Republik im Jahr 2000 und wahrscheinlich auch noch im Jahr 2010 herumschlägt – die Finanzierung des Renten- und Gesundheitswesens, die Massenarbeitslosigkeit, die Staatsverschuldung –, haben in den Jahren der Kanzlerschaft Schmidt ihren Anfang genommen, sich jedenfalls rasant verschärft. Der große Krisenmanager hat nichts davon in den Griff bekommen. Sein Nachfolger allerdings auch nicht.

Insofern war es albern, daß die gesamte Journalistenschar, von links bis rechts, nur vier Wochen nach Bildung des rot-grünen Kabinetts wieder kräftig in die Krisentrompete blies. Alles und jeder fragte auch diesmal mit monotoner Gedankenlosigkeit nach dem großen Aufbruch, höhnte über die Fehler und Pannen im Kabinett, attackierte den Kanzler wegen seiner Führungsschwäche. Es war wie immer, nur dröhnender und ungeduldiger. Das Politikverständnis, so ist zu befürchten, wird im Zuge der modernen Medienkommunikation und

-reduktion paradoxerweise wieder vormodern. Es gibt da die *eine* Hauptstadt, die *eine* Regierungsmacht, den *einen* Regierungschef. Auf diesen einen Punkt konzentrieren sich alle politischen Erwartungen wie zu Zeiten autoritärer Feudalherrschaft. Aus dieser Sicht ist der Staat nach wie vor Zentrum und Spitze der Gesellschaft.

Doch nicht nur die Medien vermitteln ein solches Bild. Man kann es auch, etwas aufgeklärter, in der Schule lernen, wo ganze Legionen von Sozialkundelehrern ihren Schülern die Demokratie am Beispiel des englischen Westminstermodells erläutern. Dort gibt es das Mehrheitswahlrecht und die eine in Wahlen siegreiche Partei, die an der Spitze eines Zentralstaats, frei von lästigen Koalitionszwängen und föderalen Beschränkungen, über die gesamte Legislaturperiode hinweg die Möglichkeit hat, ihr politisches Programm zu verwirklichen und die Gesellschaft zu durchdringen. Ebendiese Vorstellung von Staat und Regierung als die zentral regelnden und steuernden Leitinstanzen der Gesellschaft bestimmt auch den politischen Alltagsdiskurs in Deutschland. Ja, das ist seit jeher die Erwartung der Menschen an Staat, Regierung und Politik. Im Prozeß der Modernisierung mit ihren rasch wachsenden Reibungsflächen hat sich das Bedürfnis nach einem Staat, der entschieden handelt und sämtliche Probleme zügig zu lösen vermag, noch verstärkt. Nun ist im Zuge der gesellschaftlichen Ausdifferenzierung der Steuerungs*bedarf* moderner Gesellschaften tatsächlich erheblich größer geworden, aber die Steuerungs*kapazitäten* des modernen Staates haben – nicht zuletzt durch supranationale Verflechtungen und den Aufstieg übernationaler Finanzmärkte – erheblich abgenommen. Wir denken an den alten Staat der Vormoderne und verlangen, was der moderne Staat gar nicht mehr bieten kann. Jedenfalls nicht in Deutschland. Obwohl hier die reine Lehre des englischen Westminstermodells nicht taugt, um das Regierungshandeln zu beurteilen, ist dieses Modell der Maßstab des politischen Kommentars. Daran gemessen, kann sich Regierungspolitik hierzulande leicht blamieren. Schließlich werden Kriterien an sie angelegt, die sie schwerlich zu erfüllen vermag. Der große Aufbruch, das konzise Projekt, der stimmige Reformentwurf – all das kann es schon aus strukturellen Gründen kaum geben, höchstens dann, wenn die Opposition gelähmt darniederliegt oder wenn Regierung und Opposition gewissermaßen großkoalitionär am gleichen politischen Strang ziehen. Deutsche Politik müßte sonst aber vernünftigerweise daran gemessen werden, ob ihre Akteure einen guten Kuhhandel hinbekommen, ob sie geschickt lavieren, moderieren, ausgleichen und das Management der Heterogenität zustande bringen. Doch das, was das Optimum deutscher Politik wäre, ist nach den Maßstäben des politischen Kommentars immer nur schlechter Kompromiß, ungenügendes Stückwerk, visionsloses Kleinklein. Mitunter muß man sogar den Eindruck haben, daß der Maßstab des politischen Kommentars zur Depolitisierung der Nation beiträgt.

Dabei ist eigentlich schon oft genug erzählt worden, warum in Deutschland Politik als Projekt nur selten funktioniert, jedenfalls in der Innenpolitik. Es mangelt nicht an luziden Analysen darüber, weshalb die große Reform oder die scharfe Wende trotz aller vollmundigen Rhetorik der Herren Brandt und Kohl nie zustande kam. Im Unterschied zu England fehlen bei uns die zentralstaatlichen Ressourcen und Instrumente, um die Gesellschaft über die Politik gezielt zu formen und zu bewegen. Dazu ist die Macht zu fragmentiert, dazu fahren hier der Bundesregierung zu viele mächtige Vetospieler in die Parade. Der Bundesrat und die Ministerpräsidenten reden und entscheiden mit; das Bundesverfassungsgericht zieht dem Kabinett enge Grenzen, und die autonome Zentralbank diktiert der Regierung die Geldpolitik. Ganz abgesehen davon, daß ein deutscher Bundeskanzler in aller Regel noch Rücksicht auf einen Koalitionspartner nehmen muß. Nichts davon braucht einen englischen Premierminister zu scheren. Er kann binnen kürzester Zeit von oben durchsetzen, was ein deutscher Kanzler nur nach vielen Umwegen und noch mehr Kompromissen höchstens Stück für Stück – mit einer Politik der »Trippelschritte« (Manfred G. Schmidt) – zu erreichen vermag. Höchstens, wie gesagt. Schon aus diesem Grund wäre ein deutscher Bundeskanzler gut beraten, keine Programm- und Strategiepapiere mit einem englischen Regierungschef zu lancieren. Denn letzterer kann eine Politik machen, zu der der erste gar nicht fähig ist.

Schon institutionell also ist die deutsche Regierungspolitik – wenn die Opposition intakt ist – nicht für den großen Wurf, für kraftvolle Reformen aus einem Guß gerüstet. Aber auch gesellschaftlich wird dergleichen – allerdings nicht nur hierzulande – immer schwieriger. Denn es fehlen mittlerweile die homogenen Lebenslagen, Klassenstrukturen und sozialmoralischen Milieus, die früher die Grundlage für ein stimmiges politisches Konzept waren. Als das alles noch existierte, hatten es Partei und Politik leicht, sich zum Vollzugsausschuß bestimmter politischer Projekte zu machen. Sie vertraten dabei große und geschlossene kulturelle Heimaten. Heute aber stehen die meisten Angehörigen der Mittelschicht in verschiedenen gesellschaftlichen Kontexten. Ihre Rollen sind aufgesplittert, ihre politischen Präferenzen dadurch in sich widersprüchlicher. Sie sind wie die Liberalen für eine kräftige Steuersenkung, wollen aber auch mit den Sozialdemokraten sozialstaatlichen Schutz. Sie sind keine überzeugten Christen mehr, halten aber an den Passageriten bei Geburt, Eheschließung und Todesfall ängstlich fest. Sie sortieren pedantisch den Hausmüll, empören sich aber über ökologisch vernünftige Energiepreiserhöhungen. Die Mehrheit der Deutschen ist mithin ein bißchen sozialdemokratisch, ein bißchen neoliberal, ein bißchen christlich und ein bißchen grün. Von allem ein bißchen, nur nichts wirklich ganz. Lediglich kleine Minderheiten sind dezidierte Sozialisten, überzeugte Neoliberale, eifrige Christen oder konsequente Ökologen.

Eine Partei oder Regierung also, die politisch allzu eindeutig und klar wäre, hätte den größten Teil der Wähler nicht auf ihrer Seite und müßte scheitern. Und doch schreien alle nach größerer Kohärenz. Das ist die Folge und das Dilemma der Moderne, das ist das Kreuz der Politik. Die Gesellschaft treibt weit auseinander, differenziert sich aus und minimiert dadurch die Möglichkeit eines geradlinigen, konsequenten Regierungshandelns. Angesichts der Komplexität und Unübersichtlichkeit des modernen Lebens haben viele Menschen das Bedürfnis nach Stringenz und Geschlossenheit, aber die verwirrende Vielfalt ist und bleibt die Realität.

Die Bürger und ihre Medien verlangen also von den Regierungen eine Politik der Kohärenz, die sie als inkohärente Subjekte der verschiedenen gesellschaftlichen Rollen im Ernstfall gar nicht goutieren können und die in hochfragmentierten Gesellschaften mindestens ebensoviel Schaden anrichten wie Nutzen stiften würde. Insofern laufen auch all die regelmäßig wiederkehrenden Schlagzeilenappelle, endlich den großen politischen Befreiungsschlag zu wagen, zu neuen Ufern aufzubrechen oder das zündende Innovationsprojekt zu finden, ins Leere. Nichts davon geht in der deutschen Republik. Zwar charakterisiert die Öffentlichkeit einen guten Politiker als entschlossenen Vorkämpfer, entscheidungsfreudigen Anführer, als Mann mit mitreißenden Visionen, präzisen Strategien und großer sachlicher Kompetenz. Doch von alldem darf ein Politiker, der es hierzulande zu etwas bringen und auch etwas in Bewegung setzen will, nicht allzu viel haben. Er würde sonst brutal scheitern.

In unserer fragmentierten Gesellschaft mit ihren vielen antagonistischen Machtzentren muß ein guter Politiker vielmehr äußerst geschmeidig sein, integrativ, flexibel und anpassungsfähig, über einen wachen Instinkt für Stimmungen verfügen und möglichst wenige, dann aber unbeirrbare Grundüberzeugungen haben. In allen anderen Fragen, die über diese Grundüberzeugungen hinausreichen, muß er sich weder besonders gut auskennen noch irgendwelche festen Standpunkte vertreten; das würde nur stören. Er darf auf keinen Fall hehren Utopien nachjagen, und er darf sich auch nicht einbilden, die Programme unmittelbar umsetzen zu können, für die er angetreten ist. Er muß zäh und geduldig sein, lange Wege gehen und viele Enttäuschungen einstecken können. Unter keinen Umständen darf er sich als Ordnungspolitiker zu erkennen geben. Mit Ordnungspolitik ist in der Verhandlungsdemokratie, bei der meist ein verwaschener Kompromiß herauskommt, nichts zu bestellen.

Das ist auch der Grund, warum erfolgreiche Wirtschaftsführer, erstklassige Ökonomen, hervorragende Naturwissenschaftler und großartige Techniker in der Politik meist nichts zustande bringen. Sie übertragen die Regeln ihrer jeweiligen Profession auf die Politik, gehen streng logisch vor, definieren die Ziele und entwerfen danach einen bis ins Detail ausgearbeiteten Aktionsplan. In der Politik aber geht es oft genug ganz unlogisch zu. Hier spielen Stimmungen eine große, wenn nicht gar die ausschlaggebende Rolle; die Ziele wechseln oder kristallisieren sich erst im politischen Prozeß selbst heraus. Feste Pläne schränken nur den Handlungsspielraum ein, den die Politik in komplexen und dynamischen Gesellschaften dringend braucht. Wirtschaftsführer treffen ihre Entscheidungen rasch im kleinen Kreis, die Betriebsinteressen sind eindeutig festgelegt, die Öffentlichkeit schaut nicht genauer hin und muß nicht überzeugt werden. Die Politiker dagegen stehen mit all ihren Handlungen im Scheinwerferlicht. Sie müssen sich nicht nur vor den Wählern, sondern auch in etlichen Gremien, Institutionen und Ausschüssen rechtfertigen und sukzessive Mehrheiten aus Gruppen mit höchst unterschiedlichen Interessen zusammenbasteln. Sie müssen improvisieren, lavieren und taktieren – die Wissenschaftler und Wirtschaftsführer dürfen das nicht. Die Ökonomen und Manager müssen Effizienz, Rationalität und Kohärenz anstreben – die Politiker können das nicht. In der Politik gibt es, wenn man so möchte, die Funktionalität der Ineffizienz. Ihr Pech dabei ist, daß man sie an Maßstäben mißt, die als Regelsysteme für die Teilbereiche Ökonomie und Wissenschaft trefflich passen, für die politische Steuerung von modernen Gesellschaften jedoch gänzlich ungeeignet sind.

So aber bleibt die Aufgeregtheit und Radikalität der politischen Kritik in Deutschland richtungs- und folgenlos. Alle tun so, als wollten sie die große Reform, aber niemand macht sich für die institutionellen Voraussetzungen einer entsprechenden Politik stark. In Feiertagsreden wird immer wieder der Primat der Politik beschworen, de facto aber tritt kaum jemand für die Einführung des Mehrheitswahlrechts ein, für die Liquidierung des Föderalismus, für die Abschaffung des Bundesverfassungsgerichts, für die Entmachtung der autonomen Notenbank oder gar für einen ökonomisch-sozialen Protektionismus. Nur mittels solcher Maßnahmen könnte man eine Zentralregierung bekommen, die Reformen zügig auf den Weg bringt und die Gesellschaft kräftig durchpflügt. Davor aber schrecken die Deutschen mit gutem Grund zurück. Sie ahnen, daß es dann vorbei wäre mit der Stabilität der politischen Kultur, mit Ausgleich, Konsens und sozialem Frieden, woran sich doch alle, im Grunde auch die Konfliktprediger, bestens gewöhnt haben. Im übrigen zeigt die Realität der zentralstaatlichen Wettbewerbsdemokratien, daß Minderheiten dort kaum politisches Mitspracherecht haben, daß die Gesetze dort, oft schlampig vorbereitet, im Parforceritt der Majoritätsentscheidungen durchgesetzt werden und überstürzte Fundamentalreformen nicht selten schwer korrigierbare Folgen zeitigen. Insofern entspricht die Kooperations- und Verhandlungsdemokratie der Komplexität und Vielfalt moderner Gesellschaften sehr viel besser als die zentralstaatlich uniformierte Majoritätsdemokratie. Doch obwohl die Verhandlungsdemokratie in Deutschland Teil einer langen politischen Tradition ist, liefert sie merkwürdigerweise nicht die Kriterien für den politischen Diskurs, ist sie nicht der entscheidende Maßstab für das politische Urteil.

Verrückterweise spielen die Politiker das Spiel mit. Das Publikum erwartet von ihnen die kraftvolle Pose, den starken Führungswillen. Also inszenieren sie dieses Stück. Sie übertünchen die Realität der kompromißbestimmten, unspektakulär und langsam funktionierenden Aushandlungsdemokratie durch forsches und energisches Auftreten. Dies signalisiert Problemlösung, wobei der Politik in Wirklichkeit doch die Instrumente und Strukturen dafür fehlen. Gewiß, ganz abwegig ist ein solches Verhalten nicht. Schließlich können sich die Politiker nicht einfach vor das Volk stellen und gestehen, daß sie keines der elementaren gesellschaftlichen und ökonomischen Probleme in ihrem Land lösen können, jedenfalls nicht mit einem »Ruck«. Der Soziologe Heinz Bude hat mit Recht darauf hingewiesen, daß die Bevölkerung nur ein geringes

Maß an Unsicherheit ertragen kann. Politik muß den Menschen deshalb das Gefühl von Sicherheit vermitteln und sei es nur auf symbolische Weise. Zu allen Zeiten lag erfolgreicher Politik immer auch geschickte Symbolik zugrunde. Symbole bleiben nicht nur Schein, sondern entfalten außerordentliche Wirkungskraft. Auch Placebos aktivieren Heilkräfte, wenn der Patient nur fest genug daran glaubt. Symbole können Ängste nehmen, Hoffnungen vermitteln, Energien freisetzen. Kurz, sie sind die Placebos der Politik, vermögen sie doch durch die Suggestivkraft des Als-ob Realitäten zu schaffen.

Lange waren Symbole Erfahrungsspeicher von weltlichen oder religiösen Gesinnungsgemeinschaften. Sie waren die ritualisierten Kurzformeln ihrer Weltanschauungen, Metaphern ihrer Kultur, Schlagworte ihres politischen Willens. Je stärker sich Parteien auf Gesinnungssymbole stützen konnten, desto stabiler waren sie, desto enger waren sie mit ihren Anhängern verknüpft, desto kontinuierlicher war ihre Politik. Solche Symbole hielten die Flügel der Partei zusammen und sorgten für politische Loyalität auch in schwierigen Zeiten. Heute spielen sie kaum noch eine Rolle. Die neuen politischen Symbole sind kurzfristig ausgedacht, sind Marketingprodukte für den schnellen Verbrauch. Sie versprechen heute, was sie morgen nicht mehr halten können. Sie produzieren permanent Erwartungen, die sie später enttäuschen müssen. Und sie orientieren sich nicht mehr an einer aktiven, wertgebundenen Anhängerschaft, sondern an einem konsumierenden Publikum. Aber Publikumsgesellschaften werden schnell ungeduldig, verlieren rasch das Interesse, wechseln gleichgültig das Programm. Auch das macht Politik als Projekt schwierig, da dafür Zeit, langer Atem und Kontinuität nötig ist. Die Publikumsgesellschaft untergräbt, was sie unverzüglich bekommen und konsumieren möchte: leistungsfähige Politik.

Die Politiker spielen dieses Spiel, wie gesagt, mit, obwohl sie immer mehr Opfer ihrer eigenen Inszenierung werden. Sie wissen, wie eng ihr Handlungsspielraum ist und wie stark die Verhandlungs- und Vermittlungszwänge ihre politische Souveränität begrenzen. Gleichwohl tun sie so, als seien sie die potenten politischen Gladiatoren, die mächtigen Lenker der Staatsgeschäfte. Die von ihnen selbst geschürten Ansprüche wiederum können sie nie erfüllen, denn tatsächlich haben sie »nur« eine Moderatorenrolle inne.

Ebendarin liegt die Gefahr einer exponierten Fernsehkanzlerschaft. Die Telegesellschaft verstärkt die Illusion einer im Grunde allmächtigen Zentralregierung mit einem im Grunde allmächtigen Bundeskanzler an der Spitze. In der Telepolitik gibt es keine Handlungsbeschränkungen, institutionellen Einflußstrukturen, Kompromisse und Zwänge. In ihr zählt allein die Person ganz oben, die gewinnt oder verliert. Deshalb darf der Kanzler keine Schwächen zeigen, und er mimt mit vorgestrecktem Kinn den kraftstrotzenden Siegertypen, der alles im Griff hat, im Alleingang bankrotte Firmen saniert und überhaupt die Krisen der Gesellschaft spielerisch zu meistern versteht. Doch die Notwendigkeit des Kompromisses, die nun einmal den Alltag des Regierens bestimmt, steht einer solchen Pose unweigerlich entgegen.

Telepolitiker ziehen den Fernsehauftritt der Arbeit in parlamentarischen und gouvernementalen Institutionen vor. Von einer brillanten Performance im Abendprogramm versprechen sie sich eine höhere Zustimmungsprämie bei den Wählern als von der öffentlichkeitsfernen Teilnahme an einer Gremiensitzung der Partei, Ausschußsitzung des Parlaments oder dem einsamen Aktenstudium zur Vorbereitung etwa einer Kabinettsberatung. Damit unterhöhlen Telepolitiker ausgerechnet die institutionellen Grundlagen des parlamentarischen Systems, die überhaupt noch Ansätze von Stetigkeit und Kontinuität gewährleisten könnten. Die Gremien werden nicht mehr hinreichend ernst genommen, und die Koordination gerät völlig aus dem Blickfeld. So können anfangs noch glamouröse Telepolitiker rasch zu verspotteten Pannenpolitikern werden.

Im übrigen fehlt es Telepolitikern chronisch an Zeit. Zeit ist aber eine entscheidende Ressource, wenn man die Politik als Projekt begreift, was in dieser Republik ja ein rhetorisches Herzensanliegen der Deutungseliten und ihres Publikums ist. Den Telepolitikern mangelt es an Zeit zum gründlichen Nachdenken, zur differenzierten Reflexion. Sie greifen also auf Schlagwörter zurück, die die komplexe Realität nicht fassen. Im übrigen sind Telepolitiker mit ihrer knappen Zeit gleichsam Schwämme demoskopisch ermittelter Stimmungen. Sie saugen die Mehrheitstrends auf, aber sie prägen keine Entwicklungen und führen nicht mehr politisch.

Schließlich ist es in der Telegesellschaft schwer, unorthodoxe und eigensinnige Reformprojekte – für die, wie gesagt, in Deutschland zunächst immer alle gern sind – auf den Weg der Gesetzgebung zu bringen. Denn die Scheinwerfer der Telegesellschaft leuchten schon früh die Referentenentwürfe der Ministerien aus. Das mobilisiert dann die Verhinderungsbataillone der Bürger und drängt die Regierenden in aller Regel zu eiligen Dementis und Rückzugsbewegungen. Insofern ist die hochmoderne und temporeiche Telegesellschaft selbst ein Instrument der von den Teletalkern verabscheuten Blockade, ein Instrument des Stillstands, der Lähmung, des Konservatismus. Verhandlungsdemokratien benötigen Orte der Intransparenz, um eine rationale Kooperation zu ermöglichen und um zu tragfähigen Vereinbarungen und Lösungen zu kommen, die sich dann natürlich dem Säurebad einer mißtrauisch prüfenden und kontrovers diskutierenden Öffentlichkeit aussetzen müssen. Nichtöffentliche Verfahren, so aber lehrt die Erfahrung und so wissen wir auch theoretisch seit Niklas Luhmann, erleichtern »Vernunft und Entgegenkommen«. Repräsentative Politik in komplexen Gesellschaften braucht eigene Zeit, eigenen Raum, eigene Strukturen, eine eigene Ethik und eigene Legitimationen, die sich der launischen Ungeduld der teleplebiszitären Publikumsgesellschaft entziehen.

Andernfalls werden wir wirklich eine Krise der Politik erleben und nicht nur mit den Aufgeregtheiten des politischen Kommentars zu tun haben. Doch selbst Krisen müssen ein politisches System nicht aus den Angeln heben, solange es über intakte Institutionen, robuste Parteien, solidarisch stützende Vergemeinschaftungen, über Traditionsspeicher und Loyalitätsdepots, über hinreichend modernitätsresistente Heimaten verfügt. Wir werden sehen, wie es damit aussieht.

2 Opfer ihrer Modernität: Die Freien Demokraten

»Die neue Organisation des Liberalismus muß von der Provinz aus erfolgen.«

Friedrich Naumann, 1906

Die FDP ist die modernste Partei Deutschlands. Sie wirkt exakt so, wie Publizisten und Politologen die Partei der Zukunft beschreiben: ohne den bleischweren Ballast von Mitgliedermassen und Organisationsapparaten. Sie ist offen und flexibel; tüchtige Seiteneinsteiger können es in ihr binnen weniger Monate zumindest zu Parteitagshelden, durchaus aber auch zu Ministern, zu Landes- oder sogar Bundesvorsitzenden bringen. Dagegen zählen die Parteisekretäre wenig; auf Stallgeruch kommt es nicht an, die lange Ochsentour braucht kaum jemand auf sich zu nehmen, und weit weniger als bei den Konkurrenten sind die Parteitage zentral und von oben gesteuert: Zwischen Fußvolk und Führung liegt nicht die Wand einer mittleren Funktionärsschicht. Man ist pragmatisch, programmatisch undoktrinär und hinreichend wendig, was politische Koalitionen anlangt. Soweit es also überhaupt möglich ist, nimmt die FDP das künftige Bild eines modernen Parteientyps vorweg. Traurig nur, daß sie bereits so modern ist, daß sie diese Zukunft womöglich nicht mehr erleben wird.

Ihre Modernität jedenfalls hat die Liberalen nicht an die Spitze des Parteiensystems katapultiert, sondern regional Schritt für Schritt unter fünf Prozent gebracht. In den Ländern sind sie nicht mehr die dritte, sondern nur noch die fünfte, oft sogar lediglich die sechste Kraft – mit Wähleranteilen, die allmählich ins Bodenlose rutschen. Daher hat sich der Generalsekretär der FDP, Guido Westerwelle, ein moderner Mann und perfekter Medienkommunikator, auf die Suche nach traditionellen Formen gemacht, durch die eine Partei Stabilität gewinnt. Westerwelle möchte seiner schwindsüchtigen Partei ein »Milieu« erschließen. Mit dieser Formel tingelt er seit nun fünf Jahren von Parteitag zu Parteitag, von Interview zu Interview. Dabei denkt er weniger an klassische Milieus wie das katholische oder das sozialistische; sein Vorbild sind vielmehr die Grünen, deren furioser Aufstieg in den Jahren seiner ersten politischen Erfahrungen und jungen Karriere lag und ihn außerordentlich prägte. Wie es die Grünen geschafft haben, zum Repräsentanten der ökologisch-pazifistischen Jugendbewegungen der Siebziger zu werden, so wollte Westerwelle die FDP zur Milieupartei jener postalternativen Jahrgänge machen, denen er sich selber zurechnete, zur Partei der technikbejahenden, leistungsorientierten, optimistischen bürgerlichen Jugend der Achtziger und Neunziger. Dieses Ziel verkündet er unverdrossen seit 1983, dem Jahr, in dem er Bundesvorsitzender der Jungliberalen wurde. Großen Erfolg kann er indessen nicht vorweisen. Gerade in seiner Generation, bei den Dreißig- bis Vierzigjährigen, ist die FDP besonders unbeliebt. Das Milieu- und Generationenprojekt ist gescheitert, die FDP nach wie vor einfach nur modern. Genau deshalb zittert sie um ihren Bestand.

So allerdings war es bei den Liberalen schon immer. Seit Bismarcks Zeiten litten sie an ihrem Mangel an fester Organisation, an Ideologie, an verläßlichem Milieu. Und sie litten an ihren Erfolgen. Im Grunde haben die liberalen Bürger in der Zeit der Reichsgründung, in den frühen Siebzigern des 19. Jahrhunderts ja alles erhalten, was ihnen wichtig war. Ihr Lebensziel, die Einheit Deutschlands, hatte sich erfüllt. Ein ausgefeiltes bürgerliches Rechtssystem war hergestellt, die kapitalistische Industrie expandierte, und Bildung, Wissenschaft und Kultur standen in hohem Ansehen. Die parlamentarische Demokratie gehörte keineswegs zu den Hauptanliegen der Liberalen. So waren sie zu Beginn der Wilhelminischen Ära vollauf mit sich und der Welt zufrieden. Und damit begann der lange Abstieg des organisierten Liberalismus in Deutschland, fehlte ihm nun doch eine zündende Idee, die auf nachwachsende Generationen hätte ausstrahlen, die sie hätte begeistern können. Die Liberalen, noch eben die Spitze des Zeitgeists, wurden ohne eigenes Zutun konservativ, vergreisten kulturell wie personell, und da die Fragen von Nation, Recht, Individuum, Gewerbeordnung oder Versammlungs- und Pressefreiheit plötzlich niemanden mehr wirklich mitrissen, wandte sich die Jugend des Bürgertums schon im Kaiserreich gelangweilt von ihnen ab, um sich fortan für ein halbes Jahrhundert lieber in völkischen Verbänden zu tummeln. Der Erfolg der Liberalen hatte die Voraussetzungen ihres Bestehens selbst unterminiert. Ganz erfolgreich dürfen Parteien offensichtlich nicht sein. Sie verlieren dadurch, was einmal der Ausgangsstoff für ihre Gründung und ihre beste, unwiderlegliche Legitimation gewesen ist.

Zu all dem kommt hinzu, daß sich gesellschaftlich erfolgreiche Menschen schwerlich in die Maschinerie straff geführter Parteien oder in weltanschaulich mehr oder weniger streng geschlossene Milieus einordnen. Das hat Sinn lediglich für Underdogs, für die Geächteten und Ausgegrenzten einer Gesellschaft; sie brauchen den Schutzraum der Partei, um Isolation, Randständigkeit, Entrechtung ertragen und lindern, womöglich sogar bekämpfen zu können. Die im klassischen Sinne liberalen Bürger aber gehörten in aller Regel zu dem, was sich heute Establishment nennt: zur städtischen Honoratiorenschicht. Nichts drängte sie in ein Milieu, nichts trieb sie in die Massenorganisation einer Partei. Sie waren Individualisten, keine Parteifunktionäre, schon weil sie auf die Autonomie des einzelnen setzten, auf Offenheit, Pluralität und Erkenntnisgewinn durch Debatte und freies Gespräch. Doch ebendiese sozial und normativ begründete Unfähigkeit, sich in einem Milieu zu sammeln, in der Trutzburg einer organisierten Eigenwelt, machte sie zugleich heimatlos und kostete sie in schwierigen Zeiten immer wieder Anhänger und Wähler.

Solch eine für die Liberalen schwierige, ja unglückliche Zeit waren die Jahre der Weimarer Republik. Die Liberalen waren ihren Gegnern nicht nur organisatorisch unterlegen, ihnen fehlte auch die Leuchtkraft des Visionären, das am Horizont sichtbar werdende Bild einer ganz anderen, besseren Gesellschaft. Die Sozialisten hatten das, auch die katholische Zentrumspartei, natürlich die Nationalsozialisten; sie alle schickten ihre Anhänger mit einem Heilsversprechen in die politische Kampagne. Die freisinnigen Liberalen konnten da nicht mithalten. Treu standen sie auf dem Boden der Verfassung, klug und bieder rechtfertigten sie die Demokratie, lobten den Rechtsstaat, warben für die Eigenverantwortung der Menschen. Doch all das war in der Dauerkrise der Republik so ehrenhaft wie hilflos: Es lockte keine Wähler, es band nicht einmal die eigene Klientel. Verfassungspatriotismus, so zeigte sich, war nicht der Stoff, der die deutschen Mittelschichten zusammenhielt. Aber auch der republikfeindliche Nationalismus der Rechtsliberalen konnte, da immer noch zu moderat, das deutsche Bürgertum nicht im liberalen Lager halten. Am Ende von Weimar waren beide liberalen Parteien kaum mehr als politische Sekten und brachten zusammen nicht einmal drei Prozent der Wähler hinter sich.

So hatten die Liberalen von allen großen Parteifamilien die

wenigsten Integrationsmittel und zugleich die treuloseste Klientel, den selbständigen Mittelstand, der in Deutschland nie marktradikal, nie leidenschaftlicher Verfechter einer strikten Deregulierung gewesen ist. Man zahlte zwar ungern Steuern und schimpfte über hohe Abgaben. In Krisenzeiten aber schrie man nach dem helfenden Arm des Staates, nach Subventionen und Schutzmaßnahmen – dann war der selbständige Mittelstand illiberal und stets auf dem Sprung nach weit rechts. Tatsächlich verhielt sich keine andere gesellschaftliche Gruppe in der deutschen Geschichte politisch so illoyal wie die kleinen Händler, Krämer und Handwerker, die sich immer nur für kurze Zeit an eine Partei banden und in ihren Interessen ausschließlich ökonomisch geleitet waren. Wirtschaftliche Sicherheit gab ihnen Halt, Sinn und Ziel, und nie wären sie auf die Idee gekommen, sich über Heilshoffnungen oder diesseitige Erlösungsutopien zu definieren. Sie taten es mittels Eigentum, das sie emsig mehren und ihren Kindern weitergeben wollten, eine Lebensform, die sehr viel gegenwärtiger ausgerichtet und bei Schwierigkeiten sehr viel schneller zu erschüttern war als die in langen Zukunftsperspektiven entwickelten Trost- und Befreiungsvisionen des Sozialismus oder Katholizismus. Gläubige Katholiken und programmfeste Sozialisten konnten vertrauensvoll warten, zweifelten auch in Krisenzeiten nicht am Erfolg ihrer Mission und blieben daher in hohem Grade milieu- und parteitreu. Den Mittelstand hingegen jagten wirtschaftliche Probleme sofort zur nächsten Partei, weshalb die über Jahre wachsende ökonomische Krise der Weimarer Republik die Mittelständler quer durch das rechte Spektrum des Parteiensystems schob. Am Ende waren die meisten bei den Nationalsozialisten angekommen. Der organisierte Liberalismus lag in Trümmern. Um so erstaunlicher, daß der parteipolitische Liberalismus nach 1945 eine bemerkenswerte Renaissance erlebte. Die Bonner Republik war zutiefst freidemokratisch imprägniert. An allen entscheidenden innen- und außenpolitischen Weichenstellungen war die FDP beteiligt; keine Partei regierte länger als sie, wenn auch nur als der stets schwächere Koalitionspartner. Wie kam es zu dieser Wiedergeburt, zur überraschenden Überlebensfähigkeit des Liberalismus nach dem Niedergang von 1933? Was waren die Quellen für die Reetablierung und lange Bestandssicherung der Freien Demokraten? Die meisten Interpreten tun sich mit der Antwort nicht schwer. Sie glauben, daß die FDP als moderne Funktionspartei reüssierte, als entscheidende koalitionsbildende Kraft, als Zünglein an der Waage oder, in der derben Sprache des schwäbischen Remstal-Liberalismus: als »Waagscheißerl«. Entsprechend sei sie erst dann in Schwierigkeiten geraten, als ihr diese komfortable Rolle aufgrund der Veränderung des Parteiensystems nicht mehr zur Verfügung stand.

So kann man es überall nachlesen. Aber diese Deutung greift entschieden zu kurz. Denn der Verschleiß der FDP begann, eben *weil* sie Funktionspartei war, *weil* sie, zuweilen wenigstens, als »Waagscheißerl« operierte, *weil* sie eine Partei mit zwei Optionen in der Koalitionsbildung sein wollte. Gerade ihre politische Offenheit nach verschiedenen Seiten entfremdete sie ihren Wählern und führte zu drastischen Verlusten in den Regionen und Kommunen. Am Ende verschwand sie aus den Länder- und Gemeindeparlamenten. Dadurch hatte die Funktionspartei nicht mehr die Basis, die man braucht, um als Funktionspartei wirken zu können.

So zerschlug das, was an der FDP moderne Funktionspartei ist oder sein will, die Grundlage, auf welcher der Liberalismus nach 1945 wieder entstand und die ihn lange Zeit als selbständige Kraft im politischen System der Bundesrepublik trug. Diese Grundlage war die Kommune, auch die Region. Als zentralstaatliche Kraft ging der Liberalismus 1932/33 unter, doch gab es damals Regionen und Städte, in denen besonders die linksliberale Staatspartei bei Wahlen noch über zehn Prozent, ja mitunter sogar über zwanzig Prozent der Stimmen erzielte – namentlich in den Hansestädten, außerdem in einigen Kommunen Württembergs, Ostsachsens und Thüringens. In diesen liberalen Hochburgen hatten weder Sozialdemokraten noch Katholiken oder Konservative wirkliche Wurzeln schlagen können, während insbesondere freisinnige Liberale als angesehene Unternehmer oder Akademiker, als Kommunalpolitiker, als Vorsitzende von Schiller- und Goethe-Vereinen oder auch als Chorleiter von Liedertafeln im engen Geflecht honoratiorenhafter Bürgerlichkeit das kulturelle wie auch soziale Bild der Stadt bestimmten.

Auf solchem Humus wuchs die neue FDP als Nachfolgepartei des alten Freisinns wieder heran. Die Liberalen hatten überall dort überlebt, wo sie Repräsentanten einer von Katholiken und Sozialdemokraten streng unterschiedenen, ganz eigenen Lebenswelt waren; auf diesem kommunalen Fundament bauten sie nun wieder auf. Und ebendas macht die Lage der FDP heute so dramatisch: Sie hat ihre traditionellen Regenerationsmöglichkeiten verloren. Die liberalen Honoratioren sind verschwunden, die lokalen Grundlagen der Partei vernichtet. So gesehen, stehen die Liberalen sogar noch schlechter da als am Ende der krisengeschüttelten Weimarer Republik.

Indessen hatte der Wiederaufstieg der Liberalen nach 1945 noch eine zweite Quelle, und die lag im rechten Spektrum des deutschen Bürgertums. Einige junge Freidemokraten nutzten den Umstand, daß sich infolge der strengen Lizenzierungspolitik der Alliierten rechts von der FDP zunächst keine Partei bilden durfte. In ihrem Einflußbereich – in Hessen, Niedersachsen, Nordrhein-Westfalen – gingen sie in den frühen fünfziger Jahren auf Stimmenjagd; die FDP sollte als nationale Rechtspartei jene bürgerlichen Schichten um sich scharen, die sie vor 1933 an die Deutschnationalen und Nationalsozialisten verloren hatte. Sie war gleichsam die PDS des Postfaschismus: Sie umwarb die frustrierten, verbitterten Anhänger der vergangenen Diktatur, die ehemaligen Träger von Regime, Partei und Streitkräften. Das war zwar nicht freisinnig und auch nicht libertär, keineswegs radikaldemokratisch und alles andere als sozialliberal – aber es war zunächst durchaus erfolgreich. Große Teile des protestantischen Bürgertums hatten sich mit der noch deutlich katholisch geprägten CDU nicht anfreunden können. Bei ihnen kam das deutschnationale Agitationsvokabular der Freien Demokraten gut an, weshalb sich der parteipolitische Liberalismus als Rechtspartei des nationalen Bürgertums bald ein kräftiges Wählerpotential jenseits der CDU erschloß. In Hessen, der Hochburg des rechten FDP-Flügels, übertrafen die Freien Demokraten Anfang der fünfziger Jahre die Christdemokraten mit über dreißig Prozent der Stimmen sogar recht deutlich.

Doch war die FDP in dieser ganzen Zeit unmißverständlich Teil des bürgerlichen Lagers und fester Partner an der Seite der Union. Insofern läßt sich die Partei in den ersten Jahren der Bundesrepublik keineswegs als Funktions- und Scharnierpartei, als »Zünglein an der Waage« bezeichnen. Sie war vielmehr Lagerpartei, wiedererstarkt in einer Zeit, da eine Allianz mit den Sozialdemokraten in den bürgerlich-nationalen Lebenswelten und ihrer politischen Repräsentanz noch ein unbedingtes Tabu darstellte. Die neue Generation allerdings, die Mitte der fünfziger Jahre in der FDP – aber nicht nur dort – nach vorn preschte, dachte anders. Mit ihr, den Angehörigen der Front- und HJ-Jahrgänge, kam die Moderne in die deutsche Gesellschaft und das deutsche Parteiensystem. Mit den alten Verheißungen, Glaubensbekenntnissen, Riten und sozialmoralischen Verbindlichkeiten der Weimarer Parteimilieus hatte die Generation der Frontkämpfer gebrochen, man war unsentimental, machtbewußt, hart und energisch. So begann die Umwandlung der FDP in eine Funktionspartei. Man nahm das Spiel mit dem zweiten, dem sozialdemokratischen Joker auf, nicht aus besonderer Sympathie für die SPD, sondern weil man Möglichkeiten, über die eine national-bürgerliche Lagerpartei nicht verfügte, für sich eröffnen wollte. Hier, in diesen Jahren, setzte sie allmählich ein: die »Genscherisierung« der FDP. Die Generation der Genscher, der Scheel und Weyer liebte an der Politik das taktische Manöver und den gelungenen Schachzug. Aus Prinzipien machte sie sich wenig, mit prätentiösen Zukunftsentwürfen gab sie sich nicht ab. Sie dachte und handelte in politischen Optionen, nicht in langfristigen Konzeptionen. Sie war es, die die FDP ins gesellschaftliche Aus führte.

Die erste große Stunde der schlitzohrigen Jungtürken schlug 1956, als sie in Nordrhein-Westfalen ein Stück Machtwechsel probten. Im Handstreich drängten sie den bisherigen Koalitionspartner aus der Landesregierung und holten sich die Sozialdemokraten ins Kabinett. Das war der Startschuß für jene Politik der Option, die die Freien Demokraten von nun an im ganzen Land betrieben. Denn als es 1956 in Düsseldorf zum Kabinettswechsel kam, ging es der FDP darum, den Christdemokraten zu bedeuten, daß man nicht auf das Bündnis mit der Union festgelegt war: Eine sozialliberale Idee lag dem Entschluß nicht im geringsten zugrunde, und tatsächlich besaß das sozialdemokratisch-freidemokratische Kabinett denn auch weder ein gesellschaftliches Fundament noch eine ausgewiesene politische Perspektive. Den freidemokratischen Anhängern alten Stils allerdings hatte man durch die unvermittelte Allianz mit den bis dahin als rotes Schreckgespenst bekämpften Sozialdemokraten einen bösen Schock versetzt, so daß das nationale Bürgertum, das die Partei in den späten vierziger Jahren durch ihre Politik der rechten Sammlung rekrutiert hatte, in Scharen zur CDU überlief, die bei den nachfolgenden Landtagswahlen deshalb die absolute Mehrheit erreichte. Ein Drittel der FDP-Bundestagsabgeordneten verließ die Partei, darunter alle vier Bundesminister.

Mit dem Vormarsch der Genscher-Generation begann der innere Zerfall der FDP, auch wenn das lange unbemerkt blieb. Ihr wendiger Optionskurs zerschnitt die sozialmoralischen Bindungen der bürgerlich-honoratiorenhaften Lebenswelten an die Partei, gleichviel ob diese linksliberal gestimmt oder neunational waren. Jetzt, in den späten fünfziger Jahren, zersetzten sich allmählich die kommunalen und regionalen Fundamente der Partei, eingeleitet durch eine Reihe deftiger Wahlniederlagen in zahlreichen Bundesländern. Am Ende des Manövers stand die absolute Mehrheit der Union: 1957 im Bund, 1958 in Düsseldorf. Die FDP hatte an Macht verloren, nicht gewonnen.

Damals bestand das Elektorat zumindest in der bürgerlichen Mitte der Gesellschaft noch keineswegs aus zahlreichen flott-flexiblen Wechselwählern, welche immer wieder, kühl kalkulierend, die Seiten tauschen. Abschied aus einem Lager galt als Verrat an der politischen Heimat, weshalb die FDP ihren Schritt am Ende teuer bezahlte. Das setzte sich, selbst in den jüngeren Jahrzehnten, fort, als die Wahlforscher vom unaufhörlichen Anstieg der ungebundenen Wechselwähler, der *rational-choice*-Typen erzählten. Die FDP hätte von einem solchen Trend eigentlich profitieren müssen. Aber so war es nicht. Auch die moderne Gesellschaft nahm Koalitionswechsel übel, schimpfte über »Umfall«, »Verrat«, »Opportunismus«, »Prinzipienlosigkeit« und »Machtgeilheit«. Ihre Koalitionspolitik hatte die FDP im Volk unbeliebt gemacht. Dabei erwies sich die Partei in Bonn letztlich nur zweimal wirklich als »Zünglein an der Waage«, nämlich 1969 und 1982. Es waren entscheidende Stationen auf dem Weg der Auflösung des organisierten Liberalismus in Deutschland.

1969 lief alles so ab wie 1956. Kaum war Gustav Heinemann zum Bundespräsidenten gewählt und die sozialliberale Koalition gebildet, setzte der Exodus nationalliberaler Mitglieder aus der Partei ein. Das kommunale Wurzelwerk des bürgerlich-nationalen Liberalismus war weggerissen, zahlreiche Land- und Stadträte, Bürgermeister und Stadtverordnete gaben ihr Parteibuch ab. Die letzten großen Hochburgen der Liberalen in Nordhessen und Württemberg wurden nun geschleift. Auch im höheren Parteiestablishment waren die Verluste wieder beträchtlich: Rund ein Fünftel der Bundestagsabgeordneten trat zwischen 1969 und 1972 aus, darunter ein früherer Bundesvorsitzender, ein ehemaliger Bundesminister, ein langjähriger Fraktionsvorsitzender und ein ebenfalls langjähriger Geschäftsführer der Bundestagsfraktion.

Vom personellen Aderlaß der »Wende« 1982, als die FDP erneut die Seiten wechselte, diesmal von der SPD zur CDU, haben sich die Freien Demokraten bis heute nicht erholt. Wieder zog ein Viertel der Mitgliedschaft von dannen. Vor allem aber: Bei dieser Wende ging, anders als 1956 und 1969, die Führungsreserve verloren, die Nachwuchsgeneration. Zurück blieb die alte Parteielite. Ebendas jedoch führte zu dem ungeheuren Problem, das sich der FDP seit Mitte der achtziger Jahre stellt und darin besteht, geeignetes Personal zu finden. Am Ende hatte die moderne Funktionspartei unten keine Lebenswelt und oben keine Köpfe mehr. Und wahrscheinlich hing beides ganz eng zusammen.

Natürlich, Liberale haben es mit den bürgerlichen Wählern und ihrer Lebenswelt nie einfach gehabt. Ein enger Konnex zwischen Partei und Sozialgruppe, wie es ihn im Katholizismus und im Sozialismus gab, ließ sich hier schlechterdings nicht schmieden: Bürger von Besitz und Bildung waren keine disziplinierten Parteisoldaten, hatten keine lebenslang gültige parteipolitische Fixierung, waren nicht in das Milieu einer gegenorganisatorischen Subkultur zu pressen. Und es kam noch hinzu, daß die altbürgerliche Welt des selbständigen Mittelstandes in den sechziger Jahren überall zugrunde ging. Die klassische, wenngleich von jeher labile Grundlage der Liberalen schmolz weg, nicht nur politisch, auch soziologisch. Die Zahl der Bauern, von denen viele traditionell nationalliberal gewählt hatten, sank seit den fünfziger Jahren eklatant, und insgesamt reduzierte sich der Anteil der Selbständigen und ihrer mithelfenden Familienangehörigen zwischen 1950 und den frühen neunziger Jahren von 28 auf 9 Prozent.

Selbst die überlieferten Feindbilder kamen den Liberalen allmählich abhanden. Die CDU wurde weniger katholisch, die Sozialdemokraten seit Godesberg weniger klassenkämpferisch-sozialistisch. Das raubte den Freidemokraten wichtige Abgrenzungen, die die liberalen Anhänger lange Zeit verklammert hatten. Deshalb erlebte der altmittelständische Honoratiorenliberalismus in den sechziger Jahren seine Abenddämmerung und schließlich seinen Untergang. Die bundesdeutsche Politik entideologisierte sich, die Gesellschaft entkonfessionalisierte und enttraditionalisierte sich.

Darin allerdings lagen für die Freien Demokraten nicht zuletzt beträchtliche Chancen: Im Grunde wurde die Gesellschaft dadurch ja aufgeschlossener für liberale Einstellungs-

und Verhaltensmuster. Ein Teil des frühliberalen Normenkatalogs aus den ersten, noch vorindustriellen Jahrzehnten des 19. Jahrhunderts erfuhr jetzt, zu Beginn der postindustriellen Zeit, eine Art Renaissance auf neuer, gesellschaftlich sehr viel breiterer Basis: Autonomie etwa, Bildung, Individualität. Eine neue, nachindustrielle Mittelschicht bildete sich heraus, die all diese Werte transportierte, und zwar infolge der Tertiärisierung der Gesellschaft und durch die Bildungsexpansion, die in den sechziger Jahren einsetzten. Dagegen verloren die großen industriegesellschaftlichen Kollektivorganisationen, die den Liberalen seit je Probleme bereitet hatten, nun laufend an Bedeutung. Insbesondere die beiden Bundesgeschäftsführer der FDP in den sechziger Jahren, Karl Hermann Flach und Hans Friederichs, wollten diese Entwicklung nutzen und den Liberalismus auf neue soziale und normative Fundamente stellen, wollten ihn für stärker linkslibertäre Schichten öffnen und in eine eher bürgerrechtlichradikaldemokratische Richtung führen. Tatsächlich gab es damals, wohl zum ersten Mal in Deutschland, eine gesellschaftliche Chance für einen erneuerten linkslibertären Freisinn. Aber Friederichs und Flach wurden von Scheel und Genscher gestoppt. Die beiden glaubten nicht an einen kulturellen Wandel der bürgerlichen Mitte; sie hielten das Ganze für eine schnell vergängliche Mode, für eine akademische, jedenfalls unpolitische Phantasterei.

So entwickelte sich die FDP nicht zur linksliberalen Bürgerrechtspartei, sondern beschränkte sich weiterhin auf die Rolle der Funktions- und innerkoalitionären Korrektivpartei. In der Koalition gab sie sich als Bremser sozialdemokratischen Reformüberschwangs und hielt bald demonstrativ die Option eines neuerlichen Bündnisses mit der CDU offen – Genscherismus pur. Die alten liberalen Lebenswelten waren durch den

Koalitionswechsel 1969 verloren, die neuen ließ man links liegen. Die Gelegenheit, die die Freien Demokraten auf diese Weise ausschlugen, sollten später, in den achtziger Jahren, die Grünen nutzen. Sie wurden zu Repräsentanten der neuen, gebildeten, human- und sozialdienstleistenden Mittelschichten, zur Partei des postindustriellen linkslibertären Freisinns.

Gleichwohl hatten die Liberalen damit noch nicht ihre letzte Chance vertan. Die achtziger Jahre nämlich, mit ihrer neureichen Unbekümmertheit und Individualisiertheit, waren im Grunde ein goldenes Jahrzehnt für Liberale verschiedener Schattierungen, für einen neuen Freisinn einerseits, aber auch für einen neuen Wirtschafts- und Rechtsliberalismus andererseits. Die neubürgerliche Mitte war erheblich breiter als die alte; in ihren humandienstleistenden Teilen bot sie Platz für eine linksliberale, postmaterialistische Partei; in ihren säkularisierten gewerblichen und privatdienstleistenden Segmenten schuf sie den Ort für einen eher rechts stehenden Neoliberalismus. Das konnte man in vielen Ländern Mittel- und Westeuropas beobachten, und gegen 1985 bahnte es sich auch in der Bundesrepublik an. Bis 1987 gewannen Freie Demokraten wie Grüne bei Landtagswahlen und Bundestagswahl, wobei beide vor allem in den ökonomisch modernen und prosperierenden Regionen kräftig zulegten. Dagegen schienen die christlichen und sozialdemokratischen Großparteien, schwer beladen mit Organisationsapparaten, mit Tradition und Restmilieus, in den modernen und beweglichen Schichten des Landes nicht mehr anzukommen, und manch allzu fixer Kommentator schrieb damals schon einen Nachruf auf die Ära der Volksparteien. Die Grünen profitierten von den Verlusten der Sozialdemokraten, die Freien Demokraten sammelten die Stimmen der abtrünnigen Christdemokraten ein. In vielen

europäischen Ländern setzte eine tiefe Krise der christdemokratischen und konservativen Parteien ein. Das kam überwiegend den Liberalen zugute. So auch in Deutschland.

In der Tat deutete einiges auf eine Blütezeit des Liberalismus.
Im Bürgertum hatten sich konfessionelle Bindungen mittlerweile weiter reduziert, wodurch Loyalitäten zur CDU noch
einmal erheblich lockerer geworden waren, während die FDP
sich als Auffangbecken säkularisierter, nichtsozialistischer bürgerlicher Schichten geradezu aufdrängte. Die Informations-
gesellschaft, von der damals alle sprachen, verlangte Mobilität, Flexibilität und Selbständigkeit, Eigenschaften, mit denen
die beiden Volksparteien ihre Schwierigkeiten, die FDP indessen keine Probleme hatte, da sie gerade diese Tugenden,
alles Zauberworte der achtziger Jahre, zu ihrem Programm zu
machen suchte – nicht erst seit Guido Westerwelle. Schon seit
1985 beschrieb sich die FDP im Parteienwettbewerb als die
Avantgarde der postindustriellen Gesellschaft, als der Vor-
trupp der Privatinitiative und als Herold des starken, eigen-
verantwortlichen Individuums. Programmatisch charakteri-
sierte sie sich damit als der einzige verläßliche Anwalt der Leistungsträger, der dynamischen, wirtschaftlich erfolgreichen
und nicht zuletzt besserverdienenden Schichten. All das lag
durchaus in der allgemeinen Strömung der Zeit und spiegelte
einen mächtigen Entwicklungstrend. Auch mit der Botschaft
einflußreicher Leitartikler (zumindest in den Wirtschaftstei-
len) deckte es sich vorzüglich. Und doch wurde die FDP nicht
zur Erfolgspartei der neunziger Jahre: Die Avantgarde blieb
ohne Gefolgschaft, verlor gar noch mehr an Anhang und
Stimmen, war zum Ende des Jahrzehnts fast so sehr Sekte wie
bereits 1932. Aber wieso eigentlich?

Kein Zweifel, die FDP hatte während der letzten dreißig Jahre
ein beträchtliches Glaubwürdigkeitsproblem. Man prangerte

die hohen Steuersätze an, wetterte über die Fülle der Abgaben, höhnte über den »fetten Staat« und forderte wieder und wieder die Verschlankung der Verwaltung, die Entbürokratisierung des öffentlichen Dienstes und der Sozialsysteme. All das war fast schon ein allgegenwärtiger, immer passender liberaler Refrain, und das Publikum hörte ihn in den siebziger Jahren, hörte ihn unverändert in den achtziger Jahren und auch noch in den neunziger Jahren. Ein wenig verblüfft, ja zunehmend verärgert, fragte es sich irgendwann, warum die FDP, was sie so wortreich forderte, nicht längst gouvernemental verwirklicht hatte. Schließlich stellte sie über ein Vierteljahrhundert den Wirtschaftsminister und war, wenn in Nachkriegsdeutschland regiert wurde, fast immer dabei – 41 Jahre lang.

Die Sozialdemokraten konnten als Partei und Bewegung ganz gut ohne den Staat auskommen. Die Liberalen hingegen waren ohne die Ressourcen des rhetorisch verdammten Staats nicht denkbar, weil gerade sie das Personal wie die finanziellen Mittel und Einrichtungen der ministeriellen Bürokratien benötigten, um Politik zu machen. Die FDP brauchte mehr als andere Parteien die staatliche Parteienfinanzierung, um überhaupt existieren zu können, und während sie Bürger und Staat zur Sparsamkeit, zum Schuldenabbau mahnte, war doch keine zweite Partei in all den Jahren so stark verschuldet wie sie. Sie redete gern von Selbstverantwortung, ihre Mitglieder aber, die Besserverdienenden der Gesellschaft, waren bei den Beiträgen für die eigene Partei weit geiziger als Sozialdemokraten, Christdemokraten oder Grüne. Auch deshalb, so muß man vermuten, reagierten die deutschen Wähler so mißmutig auf die liberalen Postulate von Deregulierung, Flexibilität und Mobilität. Sie wollten sich dergleichen wohl einfach nicht von einer Partei sagen lassen, die sie als heuchlerisch verachteten und die selbst allzulange wie die Made im Wohlfahrtsspeck des bundesdeutschen Staates gelebt hatte, schon gar nicht aber von einem Generalsekretär, der nie aus Bonn/Bad Honnef hinausgekommen war, kommod lange studiert hatte und einfach seinen Mund gewohnheitsmäßig zu weit aufriß, zu parolenhaft daherkam und im übrigen als Jurist von Ökonomie erkennbar keine Ahnung hatte.

Überhaupt war das Führungspersonal der FDP in den neunziger Jahren ein weiteres Problem für die Partei. Immer hatten die Liberalen in erster Linie von ihren Köpfen gelebt, von tüchtigen, wirtschaftlich erfolgreichen, oft auch hochgebildeten Honoratioren. In Sachen Organisation konnten sie mit ihren Konkurrenten nicht mithalten. Insofern war bei ihnen der Faktor Persönlichkeit von jeher entscheidend, und daß sie während der Weimarer Republik neben Gustav Stresemann keine weitere herausragende Persönlichkeit hervorbrachten, dürfte ihren Niedergang in den bürgerlichen Schichten von 1933 zumindest beschleunigt haben. Nach dem Krieg lebte die FDP dann lange ganz gut von der Reputation Theodor Heuss', vom rechtsstaatlichen Feuer Thomas Dehlers, von der gepflegten Bürgerlichkeit Erich Mendes; sie lebte von unorthodoxen oder intellektuell brillanten Außenseitern wie Ralf Dahrendorf, Werner Maihofer oder Rudolf Augstein, vom außenpolitischen Ansehen Walter Scheels oder Hans-Dietrich Genschers, von der unzweifelhaften wirtschaftspolitischen Kompetenz des Grafen Lambsdorff. Aber nach Lambsdorff und Genscher kam nichts mehr. Die Wende von 1982 hatte einige der quirligen, unkonventionellen Talente der sozialliberalen Generation aus der Partei gedrängt. Es blieb der etwas träge und behäbige Typus des Lehrers, des Juristen und mittleren Verbandsfunktionärs, also der Typus der Gerhardts, Kinkels und Rexrodts. Als Schrittmacher der programmatisch gefeierten Modernisierung und Flexibilisierung der Wissensgesellschaft machte dieses Führungspersonal keine sonderlich überzeugende Figur. Die Freien Demokraten glänzten nicht vor den Kameras der Telegesellschaft. Es mangelte ihnen an jener Aura, die sie gebraucht hätten, um gerade die von ihnen umworbenen flexiblen Wähler zu beeindrucken, und es fehlte ihnen nicht zuletzt an einer Parteispitze, die das vorgelebt hätte, was sie als liberale, innovative, dynamische Marktgesellschaft täglich aufs neue zu ihrem Programm erhoben.

Ebendarin unterscheiden sich die deutschen Freien Demokraten von den Stars des europäischen Liberalismus, von der niederländischen »Volkspartei für Freiheit und Demokratie« (VVD). Die VVD hat die sozialen und kulturellen Trends der letzten beiden Jahrzehnte im Unterschied zur FDP voll genutzt. Zuvor war auch sie nicht mehr als eine unbedeutende Kleinpartei im Bürgertum ihres Landes, während die politische Hegemonie über Jahrzehnte beim christlichen Lager lag, welches das Land so dauerhaft regierte wie sonst nur die KPdSU die russischen Sowjetrepubliken, nämlich über siebzig Jahre lang. Doch schon mit der Säkularisierungswelle der sechziger Jahre begann der Aufstieg der holländischen Liberalen einerseits, der Abstieg der Christdemokraten andererseits, und seit Mitte der neunziger Jahre sind die Christdemokraten nur noch eine bessere Kleinpartei im Abseits ohnmächtiger Opposition. Die Liberalen dagegen stellen die unbestrittene Mehrheitspartei des niederländischen Bürgertums dar und stehen im Zentrum der Regierung. Sie sind die wirkliche Avantgarde der liberalen Internationale.

Zu einem großen Teil haben sie das den politischen Künsten ihres langjährigen Partei- und Fraktionschefs, des heutigen Binnenmarktkommissars der EU, Frits Bolkestein, zu verdanken. Er besaß all das, was den führenden deutschen Freidemokraten fehlt. Im Unterschied zu den Herren Westerwelle und Gerhardt war er, bevor er in die Politik eintrat, ein wirklich mobiler Mensch und verfügte über eine Menge ökonomischer Erfahrungen: Als Manager der Shell-Gruppe hatte er in Afrika, Zentralamerika, Asien und Europa gearbeitet. Zudem war er ein außerordentlich belesener Mann, selbst Autor von zahlreichen staatsphilosophischen Essays und Büchern und wirkte in seiner aktiven politischen Zeit wie eine kraftvolle Synthese aus Lambsdorff und Maihofer, ausgestattet überdies mit dem Machtinstinkt Hans-Dietrich Genschers. Kein Zweifel, eine solche Figur hat die FDP der neunziger Jahre nie besessen. Möllemann und Westerwelle boten kaum mehr als alberne Gags, Gerhardt und Kinkel gepflegte Langeweile. Identifikationsfiguren für leistungsorientierte Bürger waren sie allesamt nicht.

Doch wesentlicher noch für die Erfolgsstory der niederländischen Liberalen war ihr politisches Programm. In der Geschichte der VVD hatte es auch in den frühen siebziger Jahren keine links- oder sozialliberale Episode gegeben; ihre Mitglieder waren durchweg wirtschafts- und rechtsliberal gestimmt. Daher konnte die Partei in den achtziger und neunziger Jahren die neuen gesellschaftlichen Gegebenheiten für einen rechtsorientierten Wirtschaftsliberalismus ganz ohne Widerspruch und Selbstwiderlegung nutzen. Dabei zog sie das holländische Bürgertum nicht vornehmlich durch marktradikale Losungen an, sondern durch einen scharfen politisch-kulturellen Rechtskurs. Sie war und ist die Partei von Law and order, hart in der Kriminalitätsbekämpfung, mißtrauisch gegen Asylbewerber, skeptisch gegenüber einer zu großzügig gefaßten Europäischen Union. Man ist neoliberal und rechts, und ebendeshalb ist man bedauerlicherweise erfolgreich.

Jedenfalls operiert die zweite Erfolgspartei im europäischen Liberalismus, die dänische »Venstre«, nach dem gleichen Muster: Auch sie hat mittlerweile – sogar noch erheblich stärker als in Holland – die einst dominierenden Konservativen marginalisiert, auch sie hat sich in Wahlkämpfen vehement für »Ruhe und Ordnung« eingesetzt und vernehmlich für eine Verschärfung der Einwanderungsgesetze plädiert. Und erst damit, erst mit diesem rechtsliberalen Populismus begann ihr Aufstieg. Zuvor hatte sie es, noch gut marktradikal, mit dem Bekenntnis für einen »Minimalstaat« versucht, aber das brachte kaum Zuwächse an Wählerstimmen. Inzwischen hat der rüde Law-and-order-Liberalismus sie, zumindest in Umfragen, zur stärksten Partei des Landes, zu einer neuen Volkspartei gemacht. Seither ist die Parole vom »Minimalstaat« in der Partei verdrängt, ja für die führenden dänischen Liberalen sogar ziemlich peinlich. Für Großparteien ist »Marktradikalismus pur« eben nicht das rechte Rezept. Großparteien allerdings konnten die Liberalen in Holland und in Dänemark auch nur deshalb werden, weil sie schon zuvor bemerkenswert mitgliederstark, organisations- und kampagnefähig waren.

Die Liberalen in Deutschland sind nichts davon. In ihrer langen Niedergangsphase haben sie viele Mitglieder verloren und Organisationskraft wie Kampagnefähigkeit eingebüßt. Ja, in gewisser Weise ist ihnen ihre Parteiförmigkeit selbst abhanden gekommen, da sie in großen Teilen des Landes schon nicht mehr präsent sind: Der Unterbau – Bürgermeister, Stadtdirektoren, Landräte, Landtagsabgeordnete, Länderminister – ist weitgehend verschwunden; dadurch fehlen die für jede Partei wichtigen Vermittler von Lebensrealitäten, weshalb die Politik der FDP oft so unterkomplex, so einseitig, so rigoros, so abschreckend kalt wirkt. Von der Wärme und dem grasverwurzelten Realismus eines Milieus besitzt sie nichts. Augenfälliger als alle anderen Parteien verkörpert sie die Heimatlosigkeit der Politik.

Dabei spricht besonders ihr Generalsekretär, Guido Westerwelle, viel von einem neuen liberalen Milieu. Doch gerade sein Neoliberalismus ist radikal milieuwidrig. Milieus und Lebenswelten haben feste Rituale, verbindliche Normen und kollektive Strukturen, während der Liberalismus der Marke Westerwelle durch und durch individualistisch ist. Hier hat jeder nach seiner Fasson glücklich zu werden. Und in der Tat haben die jungen Leistungsträger, von denen Westerwelle schwärmt, meistens weder Sinn noch Zeit für gemeinschaftliche Einrichtungen und Unternehmungen. Intakte Milieus und Parteien aber sind nun einmal auf Menschen angewiesen, die bodenständig, gemeinschaftsbildend und beruflich abkömmlich sind, außerdem eine gewisse Solidarität, ein bestimmtes Maß Altruismus mitbringen. Dergleichen zieht Neoliberale nicht an. Insbesondere die Kommunalpolitik ist für sie uninteressant; schließlich bietet die Arbeit in den Gemeinden ihnen nichts, was angesichts ihrer Lebensplanung wichtig wäre: In Kommunen wird vorwiegend der Mangel verwaltet, werden keine üppigen Pfründen mehr verteilt. Da wenden sich die Aufsteiger verächtlich ab und überlassen den öffentlichen Dienstlern, Sozialarbeitern und Pädagogen das Feld. So verhindert der Neoliberalismus des freidemokratischen Generalsekretärs, was er anstrebt: die Bildung einer neuen liberalen Lebenswelt und die Regeneration der entkräfteten Partei.

Auch sonst hat Westerwelle seine Partei soziologisch, kulturell und politisch allem Anschein nach in eine Sackgasse geführt. Seit über 15 Jahren sucht er das weltoffene, tolerante, mobile und flexible Bürgertum. Doch er findet es nicht, jedenfalls nicht als Klientel oder Bündnispartner der Freien Demokraten. Vielleicht, so könnte man vermuten, existiert es gar nicht, all dem dröhnenden Modernisierungsgerede, das auf Symposien, in Akademiegesprächen, bei Bundespräsidentenreden und in Leitartikeln wohlfeil ertönt, zum Trotz. Die Wirklichkeit jedenfalls sieht anders aus. Eine Mitte der neunziger Jahre durchgeführte Studie über 10.000 Führungskräfte etwa ergab, daß die leitenden Angestellten in Deutschland keineswegs überaus beweglich und dynamisch sind. Vor allem das mittlere Management besteht mehrheitlich aus seßhaften Menschen ohne große Fremdsprachenkenntnisse und Auslandserfahrung, die in eher fortgeschrittenem Alter Kinder bekommen, schon deshalb nur widerwillig ihren Wohnsitz wechseln und wie die meisten Arbeitnehmer um den Erhalt ihres Arbeitsplatzes fürchten. Sie zahlen zwar ungern Steuern, aber eine deregulierte Gesellschaft wünschen sie sich auch nicht. Eine neoliberale Lebenswelt wird man unter den real existierenden Leistungsträgern im Management dieser Republik also ebensowenig finden wie im selbständigen Mittelstand. Nicht ohne Grund war der letzte freidemokratische Wirtschaftsminister, Günter Rexrodt, denn auch nirgendwo so verhaßt wie hier, und selbst Guido Westerwelle hat unter den Mittelständlern wenig Freunde. Allein Rainer Brüderle genießt Sympathien – als robuster Vertreter mittelständischer Interessen freilich, nicht als Prediger marktradikaler Deregulierung.

Entsprechend ist das prinzipielle, aus etwa 15 Prozent der Wählerschaft bestehende FDP-Potential, wie alle Erhebungen der letzten Jahre zeigen, im ganzen weitgehend kleinbürgerlicher Provenienz. Wirtschaftlich neigt es nur wenig zum Risiko, politisch steht es eher rechts. Nirgendwo ist beispielsweise die Ablehnung einer Liberalisierung der Ladenschlußzeiten so stark wie ausgerechnet in der freidemokratischen Klientel, nirgendwo gibt es so viele Gegner einer europäischen Einigung. Umgekehrt findet man hier die nachdrücklichsten Befürworter einer Großen Koalition sowie die heftigsten Verfechter des großen Lauschangriffs. Die Sympathisanten der FDP sind alles andere als linksliberal, doch auch nicht konsequent wirtschaftsliberal, sondern – wie das liberale Elektorat in anderen europäischen Ländern – ganz eindeutig rechtsliberal. Eine rechtsbürgerliche Partei, irgendwo zwischen holländischer VVD und österreichischen Freiheitlichen, hätte in den letzten Jahren, in der Krise der CDU Helmut Kohls, in Deutschland sicherlich gute Karten gehabt. Und auch künftig müßte man ihr wohl beträchtliche Chancen einräumen, Einfluß und Anhängerschaft auszudehnen. Nur hat die FDP heute vermutlich weder den organisatorischen Apparat noch das Personal, um solche Gelegenheiten, wenn sie es denn wollte, auch politisch wahrzunehmen.

Die FDP hat, mit einem Wort, sozial und kulturell weitgehend ihren Ort verloren. Es gibt in ihrem Umfeld keine autonom liberalen Kommunikationsstrukturen, keine Verkehrskreise mehr, die die Partei stützen und das politische Personal gleichsam an der gesellschaftlichen Wurzel sammeln, intellektuell verpflichten und dauerhaft binden könnten. So ist die Partei gegenwärtig nur noch eine marginale Größe im bürgerlichen Lager, ein zeitweiliges und jederzeit austauschbares Vehikel für taktisch wählende oder frustrierte CDU-Anhänger. Das mag sie hier und dort wieder in Landtage bringen, beim nächsten Mal vielleicht auch wieder in den Bundestag. Doch eine eigenständige politische und parlamentarische Kraft wird sie auf diese Weise nicht mehr sein.

Oder ist es doch ganz anders? Ist das Schicksal der FDP möglicherweise so etwas wie der Lackmustest für die Realitätstauglichkeit eines modernen Parteientyps? Vielleicht kommt es ja künftig in der Tat nicht mehr auf Milieus und Lebenswelten, auf Organisationsfähigkeit, Mitgliederaktivität und Infotische an. Vielleicht gehört die Zukunft tatsächlich jenen Parteien, die, virtuos im Umgang mit den Medien und konzise in politischen Konzepten kurzfristiger Art, zu raschen, flexiblen Reaktionen fähig sind. Dann könnte aus der Depression der FDP rasch ein Höhenrausch werden. Die richtige Parteistruktur hätte sie bereits, und programmatisch war sie zuletzt immer fixer als die Großparteien. Nur drei oder vier telegene Spitzenpolitiker bräuchte sie noch.

Auch dann allerdings bliebe sie, wie wir sie allezeit kannten: ohne Parteiapparat, ohne Funktionärskörper, ohne Traditionsschwere. Die FDP von gestern wäre der Erfolgstypus von morgen; man würde in den Spiegel der liberalen Vergangenheit blicken und die Parteistruktur der Zukunft erkennen. Das jedoch müßte jeden Modernisierer im Grunde erschrekken: Denn vor allem die Modernität der Liberalen hat ja ihren Zerfallsprozeß vorangetrieben. Immer wieder fehlte es ihr an jenen Kräften von Resistenz und Beharrung, Tradition und fester Überzeugung, ohne die sich die Krisen der Moderne weder wirtschaftlich noch intellektuell überstehen lassen und die man nicht nur braucht, um eine unpopuläre Politik durchzusetzen, sondern auch, um populistischen Versuchungen zu trotzen. Der moderne Parteitypus gebietet nicht über die Loyalitäten und Legitimationen, mit denen sich in schwieriger Zeit allein noch Politik machen läßt. Modernisierung ist immer auf Tradition angewiesen, andernfalls werden die Modernisierer selbst die ersten Opfer ihres Tuns. Nicht nur Revolutionen pflegen ihre Kinder zu fressen.

3 Eine Generation nimmt Auszeit: Die Grünen

>»Auch im Reich der Utopien gibt es kein Vakuum. Wir leben nie
> ohne Utopie, auch wenn wir es uns einreden. Wo die großen Uto-
> pien verblassen oder – was schlimmer ist – dem Gelächter der Skep-
> tiker und dem Hohn der Gegner preisgegeben werden, schleichen
> sich die kleinen banalen, schäbigen Utopien ein. Da geht es dann
> nicht mehr um die Vision des neuen, sondern um die Wünsche des
> alten Adam. Die schäbige Utopie meint nicht die neue Gesellschaft,
> sondern die alte, in der man sich einrichtet, jeder für sich.«
>
> Erhard Eppler, *Die tödliche Utopie der Sicherheit*

Eigentlich müßte das Schicksal der FDP die Grünen ziemlich
ängstigen. Denn im Grunde sind sie enge Verwandte der freidemokratischen Bürger. Der grüne Parteitypus ist weit entfernt von der Mitglieder- und Organisationspartei der Sozial-
und Christdemokraten, aber nahe am lockeren Honoratio-
renverein der Liberalen. Auch die Grünen haben nur wenige
Mitglieder, wenig Apparat, es gibt kaum noch programmatische Verbindlichkeit und tragende Mythen. Die Grünen sind
inzwischen, wie die Freien Demokraten immer schon, Partei
der Besserverdienenden. Und sie sind Partei der – wenngleich
überwiegend jungen und mittelalten – gebildeten Bürger in
dieser Republik. Auch das verbindet sie mit dem organisierten
Liberalismus. Man kann daher die Grünen mit gutem Grund
als zweite liberale Partei bezeichnen, als Partei des modernen,
postindustriellen Freisinns.
Doch einige ihrer raffinierten Strategen sind bereits eine
Runde weiter und pirschen im anderen Sektor des bürger-

lichen Liberalismus. Die Berningers, Özdemirs, Metzgers und Vespers wollen auch das Erbe des wirtschaftlichen Liberalismus antreten, wollen die Hinterlassenschaften der maroden FDP übernehmen. Die Freidemokratisierung der Grünen ist ohne Zweifel ein gutes Stück vorangekommen. Denn seit einiger Zeit bimmeln nun auch den Grünen die berüchtigten Totenglöcklein, die sonst nur den armen Freidemokraten in den Ohren schrillen. Die ersten Nekrologe auf die Grünen sind schon verfaßt. Die nötigen Textbausteine waren unschwer früheren Nachrufen auf die FDP zu entlehnen. Geht es nun also der zweiten modernen Partei in Deutschland an den Kragen, ausgerechnet in dem Moment, wo alle klugen Experten die Schlußarie auf den alten Parteientypus singen?

Es kann sein, daß die Grünen davonkommen, daß sie der Freidemokratisierung und damit der inneren Auflösung entgehen, weil sie doch noch eine gute Portion traditionellen Parteienstoffs in sich tragen. Denn die Grünen mögen zwar die erste erfolgreiche postindustrielle politische Kraft sein, aber sie sind nach dem klassischen Muster industriegesellschaftlicher Parteibildung entstanden. Ihre Konstituierung verlief strukturell genauso, wenngleich im Zeitraffer der beschleunigten Gesellschaft, wie hundert Jahre zuvor die der Sozialdemokraten und des katholischen Zentrums. Ebendeshalb konnten sie sich behaupten – im Unterschied zu vielen anderen neuen Parteien, die sich ebenso rasch formierten, wie sie wieder verschwanden. Kurz, die Beharrungskräfte der Grünen waren bislang größer, weil sie als Milieupartei entstanden sind, nicht als politischer Klub etablierter bildungsbürgerlicher Honoratioren, auch nicht als lediglich fluide ökologische Bürgerinitiative.

Das war erstaunlich genug, denn die Zeit der Milieus schien eigentlich mit den sechziger Jahren abgelaufen. In jenem

Jahrzehnt kam es zum großen Einbruch der katholischen Lebenswelt, lösten sich die letzten Reste der sozialistischen Eigenkultur auf. Von da an war es weitgehend vorbei mit Volks- und Kolpinghäusern, mit »Fichte« oder »Deutsche Jugendkraft«, mit Marienfesten und August-Bebel-Feiern. Die wohlfahrtsstaatliche und pluralistische Konkordanzdemokratie ließ keinen Platz mehr für abgeschottete, ideologisch verhärtete Subkulturen; die modernen kommerziellen Massenkulturen hatten die überkommenen Klassenkulturen hinweggespült. So lautete der durchaus plausible sozialwissenschaftliche Befund.

Doch dann, mitten im Prozeß der gesellschaftlichen Entstrukturierung, formierte sich in der zweiten Hälfte der siebziger Jahre wider Erwarten ein neues Milieu. Zumindest waren einige der charakteristischen Muster der klassischen Milieus aus der Sattelzeit des deutschen Parteiensystems zu erkennen. Es gab die sozialräumliche Verdichtung, den Hang zur Utopie, eine eigene Welt der Rituale, eine autonom organisierte Infrastruktur. Es gab die Heimat des selbstgewählten Ghettos. Und es gab die soziale Gruppe, die das alles trug, weil sie sich von der Gesellschaft ins Abseits gedrängt, ausgegrenzt fühlte: das Alternativmilieu zwischen Brokdorf und Mutlangen, konzentriert in den studentischen Wohnvierteln der Universitätsstädte, mit dem Habitus von Schlabberlook und Zottelhaaren und mit Gegenorganisationen wie rote Buchläden, Kinderhorte, Wohngemeinschaften, selbstverwaltete Handwerksbetriebe, Anwaltskollektive, Bioläden oder Vollkornbäckereien. Eine vergleichbare »Infrastruktur« hatte es in den Alternativbewegungen der anderen europäischen Länder nicht gegeben. Das erklärt nicht nur die Wucht der Demonstrationszyklen in den späten siebziger und frühen achtziger Jahren, sondern auch den außergewöhnlich lang anhaltenden

Erfolg der deutschen Grünen. Weit stärker als andere postmaterialistische Parteien stützten sie sich auf das Fundament eines organisatorisch unterfütterten Generationenmilieus.

Allerdings war es keineswegs ein Milieu der Achtundsechzigergeneration, wie immer zu lesen ist. Die Achtundsechziger hatten, sieht man von einigen unglücklichen SDS-Führern und verirrten Kadern der kleinkommunistischen Aufbauorganisationen ab, in der ersten Hälfte der siebziger Jahre einen leichten Einstieg in das akademische Berufsleben und machten danach rasch und bequem Karriere. Politisch waren sie überwiegend gute, wenn auch linke Sozialdemokraten, oft aktiv in der ÖTV oder der GEW, was dem beruflichen Aufstieg ebenfalls nicht im Wege stand. Als es mit dem alternativen Milieu losging, waren die Achtundsechziger bereits etablierte Bürger, die es ins behagliche Eigenheim zog, nicht in schmuddelige, anstrengende WGs. Sie mögen dem alternativen Milieu den Boden bereitet haben, aber ein aktiver Teil waren sie nicht. Die Achtundsechziger bildeten weder die Kernwählerschaft noch – mit wenigen Ausnahmen – das Personalreservoir der Partei des alternativen Milieus.

Das alternative Milieu und die Grünen wurden von den Nachachtundsechzigern getragen, vom Babyboom der jungen Republik, den Jahrgängen 1954 und folgende. Das war die Generation, die von der Bildungsexpansion profitierte, aber zugleich mit den Bildungszertifikaten plötzlich nicht mehr vorankam. Es war eine blockierte Generation. Zehntausende hatten auf Lehramt studiert, doch kaum noch einer kam unmittelbar in den Schuldienst. Der Weg in den öffentlichen Dienst war versperrt. Die geburtenstarken Jahrgänge, die man mit großen Versprechungen auf die Bildungsreise geschickt hatte, strandeten schließlich in einem sozialliberalen Land der Massenarbeitslosigkeit. Ihr spezifischer Radikalismus war nicht zuletzt auf diese Kluft von hochgesteckter Erwartung und enttäuschender Realität zurückzuführen. Die jungen gebildeten Babyboomer fühlten sich gesellschaftlich marginalisiert, politisch durch Extremistenbeschlüsse verfolgt, ökonomisch ohne Perspektive.

Die Sozialdemokraten, welche jene Hoffnungen, die nun enttäuscht wurden, geweckt hatten, konnten nicht das politische Ventil für die angestauten Frustrationen sein. So trieb es die jungerwachsenen Kinder der Bildungsexpansion in das alternative Milieu, dann zu den Grünen. Sie verfügten über wichtige Voraussetzungen der Milieu- und Parteibildung: über Bildung und Kompetenz, über Zeit, unverbrauchte Energie und vor allem das nötige Maß an Frustration, das sich in einen politischen und organisatorischen Aktionismus entladen konnte. Keine andere Kohorte hat in der Geschichte der Bundesrepublik so viele Kampagnen, Kundgebungen, Demonstrationen auf die Beine gestellt wie sie, keine zweite hat sich so sehr in wüsten Fraktionskämpfen und Redeschlachten geübt und bisweilen auch aufgerieben. Dadurch ist sie zu einer wirklichen Erfahrungsgeneration geworden, mit außergewöhnlich stabilen politischen und kulturellen Grundorientierungen. Von diesem Stabilitätsdepot der Achtundsiebziger sollten die deutschen Grünen zehren. Deshalb überstanden sie in den achtziger Jahren alle Flügelstreitigkeiten, Zerwürfnisse und Krisen. Die Achtundsiebzigergeneration ertrug chaotische Parteitage, politische Phantastereien und abenteuerliche Beschlüsse. Denn die Grünen waren Partei und politisches Projekt ihres Generationenmilieus. Das gab den Grünen die Konstanz, aber auch ihr besonderes Flair, die Aura des Unangepaßten, Eigenwilligen und Exzentrischen. Nach wie vor haben die Grünen ihre stärksten Bataillone bei den Jahrgängen 1954 bis 1963, sowohl was Aktivisten und Parlamentarier als auch was die Wählerschaft angeht. Doch es gehört zu den Merk-würdigkeiten der modernen Parteien, daß ihnen ihre Ur-sprungs- und Kernmilieus eher peinlich sind – und zum guten Ton aller Modernisierer, den Auszug aus dem Milieu zu pro-pagieren. Meist beginnt damit dann der Abstieg der Partei insgesamt.

Nun ist von den grünen Milieus gesellschaftlich in der Tat nicht viel übriggeblieben. Insofern unterscheidet sich das al-ternative Milieu der späten siebziger und frühen achtziger Jahre elementar von den klassischen sozialmoralischen Mi-lieus des Katholizismus und Sozialismus. Diese beeinflußten nicht nur einen spezifischen Lebensabschnitt einer Genera-tion, sondern prägten die Milieuangehörigen dauerhaft, das ganze Leben lang und über mehrere Generationen hinweg. Die klassischen Milieus reproduzierten sich über Jahrzehnte, vererbten sich familiär weiter. Das ist der eigentliche Grund für den Bestand der christlichen und sozialdemokratischen Parteien. Dem alternativen Ausgangsmilieu der grünen Partei mangelte es an einer solchen lebenszyklischen Weite, es war begrenzt auf lediglich eine Generation oder, genauer, auf de-ren postadoleszenten Lebensabschnitt.

Als die Aktivisten der Ökologie-, Frauen- und Friedensbewe-gung in der zweiten Hälfte der Achtziger auf das dreißigste Lebensjahr zugingen, da löste sich der Milieuzusammenhang rasch auf. Viele hatten dann doch nach einigen Umwegen und mehreren befristeten ABM-Verträgen eine Anstellung in den öffentlichen Kultur-, Bildungs- und Sozialdiensten ergattert. Der Protest verbeamtete. Damit begann der Abschied aus der Wohngemeinschaft, und auch der Habitus veränderte sich. Die Haare der Männer wurden kürzer, die der Frauen wieder länger. Die Kleidung war nun teurer und modischer, die Latz-hose verschwand aus den Kleiderschränken und wurde durch den Markenanzug italienischer Herkunft ersetzt. Die Anti-AKW-Plakette landete als Erinnerungsstück an die großen Kämpfe gegen die Energieindustrie und den »Bullenstaat« in der Schreibtischschublade. Kurz, die zunächst blockierte Generation der Bildungsexpansion war Ende der achtziger Jahre zu großen Teilen in der (linken) Mitte der Gesellschaft angekommen. Materiell nun doch gut versorgt und politisch mit der Republik versöhnt, verspürte sie fortan eine ironisch-liebevolle Distanz zu den alten Mythen und Utopien aus der Zeit des postadoleszenten Alternativmilieus.

Für die Grünen war dieser Entwicklungsschub kein Problem, änderten sie sich doch einfach mit. Das war der Vorzug einer Generationenpartei. Sie mußte lediglich den Lernprozeß einer einzigen Generation aufnehmen, abbilden und politisch ausdrücken, nicht zwischen den oft gegensätzlichen Erfahrungen und Einstellungsmustern verschiedener Generationen vermitteln, wie dies die alten Volksparteien notwendigerweise zu leisten hatten. Dadurch wirkten die Grünen in den achtziger Jahren trotz aller Fundi-Realo-Konflikte homogen, dynamisch und veränderungsfähig, die Großparteien dagegen heterogen, langsam und verkrustet. Für die Grünen war es infolgedessen ein goldenes Jahrzehnt. Eliten und Anhänger waren vom Bildungsprofil, von der Sozialstruktur und der politisch-kulturellen Orientierung her weitgehend identisch. Das ersparte den Grünen den mühseligen Spagat zwischen verschiedenen Wählersegmenten. Sie konnten sich politisch mühelos stärker in Richtung linke Mitte bewegen, weil ihre Anhänger, je älter und arrivierter sie wurden, dies ebenfalls taten. Das Ursprungsmilieu hatte sich in seinen lebensweltlichen Bezügen und Infrastrukturen aufgelöst, aber die emphatischen Generationsprägungen waren geblieben und flossen, selbst als Ende der achtziger Jahre der Weg zur bürgerlich-liberalen Honoratiorenpartei eingeschlagen wurde, in das grüne Projekt.

Natürlich: Als bloße Generationenpartei hatten die Grünen nicht viel Zukunft. Sie wären dann im Laufe der neunziger Jahre allmählich zur angegrauten Trachtengruppe der spätsiebziger Protestkultur zusammengeschmolzen und politisch weit diesseits der Fünfprozenthürde verendet. Doch wurden die Grünen allmählich mehr als nur eine Generationenpartei. In der ersten Hälfte der Neunziger erschlossen sie neue Schichten und nachwachsende Jungwählergruppen, expandierten kräftig auf kommunaler und regionaler Ebene und hielten gleichzeitig den Kern ihrer Gründergeneration. Sie gewannen – selbst noch und durchaus im Unterschied zur Union, der SPD und der FDP bei den Bundestagswahlen 1998 – überproportional viele Jungwähler hinzu, die in den Jahren der Friedens- und Anti-AKW-Demonstrationen bestenfalls den Kindergarten besuchten, vielfach aber noch nicht einmal geboren waren. Die Grünen fanden nun sogar Unterstützung in großbürgerlichen Wohnquartieren mit traditionell ausgesprochen freidemokratischen und christdemokratischen Parteipräferenzen. Insofern waren die Grünen weit mehr als eine Kohortenpartei des grün-alternativen Protests.

Die Anhängerschaft der Grünen hatte sich also erweitert und verändert – und in nicht unerheblichem Maße entpolitisiert. Besaßen die Grünen in den achtziger Jahren noch die mit Abstand am stärksten politisierten Wähler unter den bundesdeutschen Parteien, nivellierte sich diese Differenz in den frühen Neunzigern. Anfang 1997 kamen dann die professionellen Meinungsforscher zu dem verblüffenden Ergebnis, daß sich im Lager der Grünen von allen Parteien die meisten politisch desinteressierten Menschen fanden. Die Grünen waren in diesen Jahren einfach Teil eines bohemehaft-bürgerlichen Lebensstils geworden, galten im Vergleich zu den Altparteien irgendwie als unkonventioneller, kreativer, origineller. Mit dem realistisch-provokativen Joschka Fischer konnte sich das besserverdienende Bürgertum weit besser identifizieren als mit den drögen Vogels, Scharpings, Kinkels und Kohls. Überhaupt war den jungen Neureichen der Republik die SPD zu proletarisch, die CDU zu kleinbürgerlich. Die Grünen hingegen waren chic und spätestens seit Mitte der neunziger Jahre auch für bürgerliche Schichten jenseits des früheren Alternativmilieus mit dezidiert ökologischer Gesinnung wählbar. Dadurch wiederum griffen sie in das freidemokratische Terrain über, was zum Verfall der FDP und zur Dezimierung des altbürgerlichen Koalitionslagers in jener letzten Phase der Ära Kohl erheblich beitragen sollte. Sie hatten damit die Voraussetzungen für rot-grüne Regierungswechsel geschaffen; zuerst in den Kommunen und Ländern, dann im Bund.

Doch wie es mit Erfolgen eben so ist, in ihnen lauern stets die Keime der Niederlagen. 1996/97 schienen die Grünen noch unbeirrt auf dem Weg zur großen modernen Integrationspartei der postindustriellen Mitte, interessant für zottelbärtige Ökos und gelfrisierte Yuppies, attraktiv für Studienräte und Abiturienten, wählbar für verbeamtete Gleichstellungsbeauftragte und junge Unternehmensgründer. So sah die Wählerkoalition der Grünen vor dem Wahljahr 1998 aus. Nicht wenige in der Partei träumten von Wahlergebnissen zwischen zehn und zwanzig Prozent. Und viele Publizisten und Politologen hielten ebendas für gut möglich.

Indes fingen die Probleme der Grünen jetzt erst an. Sie hatten es nun nicht mehr nur mit einer homogenen, allzeit belastbaren und verläßlichen Wählergruppe zu tun. Sie mußten plötzlich, ganz wie ihre parteipolitischen Konkurrenten, zwischen

55

unterschiedlichsten Wählersegmenten vermitteln. Vor allem waren die neuen Wählergruppen, weder durch ein Generationserlebnis noch durch Milieuzugehörigkeit miteinander verbunden, keine treuen Kantonisten. Sie hatten mit der Wahl der Grünen in der Mitte des neunten Jahrzehnts ein wenig kokettiert, hatten das Flair des Nicht-Ganz-Angepaßten, die expressive Attitüde eines politischen Exklusivmodells goutiert. Sie dachten an alles andere, nur nicht an die radikale sozialökologische Reform, als sie in den Wahlkabinen ihr Kreuzchen bei den Grünen machten. Das war solange unerheblich, wie die Grünen in der Opposition waren, wie die Rhetorik der Partei und das Votum für sie an den Wahlsonntagen ohne realpolitische Folgen blieb. Schlagartig ändern sollte sich das erst, als Anfang 1998 eine rot-grüne Bundesregierung nicht mehr ausgeschlossen erschien. In dem Moment mußte man ernst nehmen, was Grüne forderten und beschlossen. Und jäh ergriffen die Kohorten und bürgerlichen Schichten jenseits des grünen Kernmilieus die Flucht, als der Magdeburger Parteitag im Frühjahr 1998 die schrittweise Erhöhung des Benzinpreises auf fünf Mark beschloß. Hätten damals alle demoskopischen Daten auf die sichere Fortsetzung der christlich-liberalen Regierung hingewiesen, dann hätte sich wohl niemand über den grünen Maximalismus aufgeregt, dann hätte man ihn wahrscheinlich sogar als couragierte Ausnahme in einer ansonsten kleinmütigen, grauen und opportunistischen Welt der Politik gefeiert. Der Aufstieg der Grünen hätte gut weitergehen können. Aber so fielen sie binnen kürzester Zeit auf ihre Klientel der achtziger Jahre zurück. Am Ende jedenfalls war es der traditionellen Stammwählerschaft zu verdanken, daß sie 1998 den Einzug in den Bundestag und dann den Eintritt in die Bundesregierung schafften.

Die Grünen jedenfalls gerieten 1998 in jene Bredouille, wie

sie die Altparteien schon seit ewigen Zeiten kannten. Auch sie mußten nun mit der Spannung von Kern- und Wechselwählern leben, mußten zwischen den unterschiedlichen Ansprüchen unterschiedlicher Wählergruppen moderieren. Die Grünen waren auf diese Aufgabe, verwöhnt durch die Homogenität ihrer langjährigen Klientel, schlecht vorbereitet, und daher ging der Integrationsspagat 1998 komplett daneben. Die mit diesem Spagat verbundenen Schwierigkeiten sind seither nicht geringer geworden. In dem Maße, wie sich die Grünen durch Entradikalisierung, durch größere Professionalität und Seriosität in ihrem Auftreten wie in ihrem Programm um die bürgerlichen Wechselwähler und natürlich auch um den Beweis der Regierungsfähigkeit bemühten, in dem Maße büßten sie auch ihre frühere exklusive Stellung als eigenwillige und eigenständige Vetopartei ein. Sie verloren nicht nur bei den Jugendlichen, sondern ebenfalls einen Teil ihrer Kernanhängerschaft, der bei den letzten Wahlen demonstrativ zu Hause blieb. Eine Partei aber, deren Kernwählerschaft demobilisiert ist, wirkt gelähmt und hat auch keine Anziehungskraft auf die umworbenen Wechselwähler.

Womöglich hat der Rollenwechsel von der Oppositions- zur Regierungspartei sogar Raum für einen neuen politischen Konkurrenten freigegeben, der ebenjene oppositionellen, linken und fundamentalistischen Mentalitäten in der deutschen Gesellschaft repräsentieren könnte, die die Grünen auf ihrem Weg zur Mitte und in das Kabinett abgekoppelt haben. Es mag sein, daß es hier mittelfristig einen Platz für die PDS gibt; einige Wahlergebnisse in den früheren universitätsstädtischen Hochburgen der Grünen deuten darauf hin. Im Osten Deutschlands hat die PDS sowieso die Sozialstruktur und ein gut Teil der früheren Oppositionsmentalität der Grünen abgedeckt. Ein eigenständiges und großförmiges grünalternatives Milieu gab es in der DDR der siebziger und achtziger Jahre bekanntlich nicht. Insofern fehlt den Grünen dort das Generationenmilieu, das sie im Westen stark gemacht hat. Die Kulturdienstleister der ehemaligen DDR sind Teil des ostigen PDS-Milieus. Die Grünen dagegen haben im Osten weder Klasse noch Milieu, noch Generation. Sie haben dort keine Heimat, daher keinen parlamentarischen Bestand und keine politische Zukunft.

So sind für die Grünen 1998/99, gewissermaßen mit dem Eintritt in die Bundesregierung und dem Umzug nach Berlin, die schönen altbundesrepublikanischen Jahre vorbei. Vorbei ist die Zeit, da das Umweltbewußtsein ganz hoch im Kurs der deutschen Bevölkerung stand; vorbei ist die Hoffnung, daß sich ein postmaterialistischer Wertewandel – angestoßen von einer alternativen Avantgarde – immer weiter in der Gesellschaft ausdehnt. Die alten materialistischen Themen haben die *soft issues* rüde von der politischen Agenda verdrängt. Das macht den Grünen, die im Urteil der Bürger monothematisch allein für ökologische Kompetenz stehen, schwer zu schaffen.

Seit September 1998 haben die Grünen den Wettbewerbsvorteil der ersten 18 Jahre – den Ruf, Partei der Unangepaßten zu sein, Partei mit oppositionellem Witz und mit kreativen Einfällen – verloren. Dabei war es für sie anfangs ganz leicht, den politischen Provokateur auf der parlamentarischen Bühne mit authentischer darstellerischer Kraft zu spielen. Ihre Anhänger tolerierten das nicht nur, sie verlangten es von ihnen. In den frühen achtziger Jahren war die grüne Klientel jung, ungebunden, ohne Geld und Stellung. Die politische Provokation gefährdete keine Besitzstände. Im Gegenteil, sie verschaffte der blockierten Generation Gehör und schließlich Einfluß. Ohne politische Provokation hätte die Generation der Bil-

dungsexpansion nicht ein nach BAT II a finanziertes Berufs-
netz von Gleichstellungsbeauftragten, Umweltreferenten, Sozialarbeitern, Therapeuten knüpfen und weit über die christdemokratisch regierte Republik aufspannen können.

Doch dämpften beruflicher Aufstieg und allmähliches Altern
der früheren Protestkohorte die Lust auf radikales und kom-
promißloses Provozieren. Der ganze partizipatorische Sturm
und Drang ließ nach. Die Dauerrebellion hatte Kraft geko-
stet. Im übrigen trat die grüne Klientel in die Familienphase
ein. In den neunziger Jahren stand die Kerngruppe der Grünen im mittleren Alter, viele hatten Kinder und damit eine
Menge Erziehungsaufgaben und Ausbildungskosten zu übernehmen. Dazu kam ein harter Berufsalltag. Die Partizipations-
generation der frühen achtziger Jahre war in den neunziger
Jahren weitgehend verschlissen, ausgebrannt, zu zeitaufwen-
digen Aktionen nicht mehr zu bewegen. Die vormaligen Akteure zahlloser Kampagnen und Demos nahmen ausgerechnet
in der Periode, in der sich der rot-grüne Regierungswechsel
vollzog, eine politische Auszeit.

Es mag sein, daß genau das den Regierungswechsel überhaupt
erst möglich gemacht hat. In den Jahren des überspannten
grün-alternativen Aktionismus war es den Christdemokraten
leichtgefallen, große Teile der ängstlichen gesellschaftlichen
Mitte davon zu überzeugen, daß eine rot-grüne Machtübernahme mit immensen Gefahren verbunden sei. Bezeichnenderweise vollzog sich die christlich-liberale Wende und die
Inthronisierung Helmut Kohls im Kanzleramt in der Zeit der
größten Demonstrationszüge in der Geschichte der Bundesrepublik. Die grün-alternative Generation war voller jugend-
lichem Tatendrang. Erst als dieser fünfzehn Jahre später ver-
siegt und erschöpft, als ein exaltierter Radikalismus grüner
Anhängerschaften nicht mehr zu befürchten war, wagte die

deutsche Republik den Regierungswechsel, riskierte sie das rot-grüne Experiment.

Insofern profitierten die Grünen also von der Demobilisierung ihrer früheren Kernmilieus. Inzwischen aber verlieren sie durch die Passivität und Schwunglosigkeit ihrer einstigen Multiplikatoren immer mehr an Ausstrahlung. Die Partei wirkt langweilig, farblos, etabliert. Das aber wiederum mißfällt ihren Wählern, auch wenn diese mittlerweile selbst ruhige und gesetzte Zeitgenossen sind, politisch keinen Handschlag mehr tun, an Demonstrationen nicht mehr teilnehmen. Die Wähler der Grünen stellen in den neunziger Jahren kaum noch partizipatorische Forderungen, sie sind vielmehr außerordentlich anspruchsvolle *Konsumenten* der Politik. Ihre Partei soll den eigenen neuen pragmatischen Realismus widerspiegeln, aber doch nicht ganz auf die Utopien der früheren Jugendzeit verzichten. Ihre Partei soll professionell sein, aber doch auch den Charme der Basisdemokratie beibehalten. Ihre Partei soll endlich Schluß machen mit den nervenden Flügelauseinandersetzungen, aber doch weiterhin Paradebeispiel für eine offene Diskurskultur sein. Ihre Partei soll berechenbare Politik betreiben, aber ihre ursprüngliche Spontaneität dennoch nicht vollständig ablegen. Kurz, die Wähler der Grünen wünschen sich einen nonkonformistischen Realismus oder besser noch: einen realistischen Nonkonformismus.

Liberale und linkslibertäre Parteien haben es tatsächlich nicht leicht. Ihr Publikum stellt hohe Ansprüche an die Politik, ist außerordentlich kritisch, will immer wieder durch Kompetenz, Leistung und Originalität überzeugt werden. Doch es bleibt Publikum, distanziertes, betrachtendes, kommentierendes Publikum. Das gilt auch für die gegenwärtige Anhängerschaft der Grünen. Viele davon sind ohnehin nicht Mitglied; die Grünen sind organisationsschwächer als alle anderen im

Bundestag vertretenen Parteien, schwächer sogar als die FDP. Seitdem sich ihre Kernmilieus aufgelöst und die früheren Basisaktivisten ihre Kampagnekraft verloren haben, sind die Grünen noch stärker Honoratiorenpartei, ja Fraktionspartei. Sie sind dadurch professioneller geworden, aber haben eben auch an Basisnähe, Schwung, Authentizität, Phantasie eingebüßt. Ihr bürgerliches Publikum möchte beides, kann es aber nicht bekommen, eben nicht zuletzt deshalb, weil das bürgerliche Publikum nur Publikum bleiben will. Das entzieht den Parteien die gesellschaftlichen Kräfte, nimmt ihnen die Talente.

Dabei liebt das bürgerliche Publikum den Joschka. Und es jammert darüber, daß es nicht mehr von seiner Sorte gibt, auch nicht bei den Grünen. Doch wie sollen solche rhetorischen und politischen Kraftnaturen in Fraktionsparteien wachsen? Leute wie Fischer haben pralle Biographie schon vor der Politik, sie sind Irr- und Umwege gegangen, kommen aus der Unordnung von doktrinärer Verblendung und sektiererischem Übereifer, von Enthusiasmus und Enttäuschung; sie haben rhetorische Schlachten in überfüllten Versammlungssälen hinter sich, haben harte Fraktionskämpfe überstanden und Niederlagen erlitten; sie haben sich mit ihren Freunden geprügelt und mit ihren Gegnern fraternisiert. Die politischen Anführer, die das bürgerliche Publikum schätzt, kommen aus dem Chaos, das das bürgerliche Publikum nicht mag. In den achtziger Jahren hatten die Grünen mehrere Joschkas, die am Ende alle verschlissen waren, ob nun Thomas Ebermann, der Fischer in zahlreichen Diskussionen rhetorisch und intellektuell deutlich ausstach, oder die Jeanne d'Arcs der Bewegung, Petra Kelly und Jutta Ditfurth. Die Berufspartei der Parlamentarier dagegen bringt allein den Typus Matthias Berninger hervor, einen gepflegt aussehenden, intelligenten jungen

Mann, der inzwischen fließend vorgetragene Kommentare in Rundfunkmikrofone hineinsagen kann. Aber das war es dann auch schon.

Eine Regierungskoalition ist für die kleinen Parteien des akademischen und urbanen liberalen Bürgertums überaus schwierig. Die prätentiöse Wählerklientel erwartet nach wie vor die besondere reformerische Note, einen guten Schuß Unverwechselbarkeit, Eigenwillen und – wenn es um die Substanz geht – Kompromißlosigkeit. Das bringt alle linkslibertären Parteien, so auch seit 1998 die Grünen, in ein besonderes Dilemma. Je stärker und aggressiver sie in der Koalition ihr Eigenprofil zeigen, desto mehr Streit und Unruhe erzeugen sie. Das allerdings schätzt das Gros des Wahlvolkes nicht, und so gehen die Umfragewerte der Regierung schnell auf Talfahrt. Dies nun beschädigt auch die Position des kleineren Regierungspartners, der daher um der Stabilität und des Erfolges der Koalition willen zum Krisenmanagement bereit ist, strittige Fragen in kleinen, dem Auge der Öffentlichkeit entzogenen Runden klärt, Kompromisse sucht, Konflikte zurückstellt, dadurch aber alles in allem an Farbe verliert und schließlich nur noch wie ein blasser Wurmfortsatz der mächtigen Kanzlerpartei erscheint. Das wiederum empört das linksliberale Publikum, welches verdrossen schmollend die Lust am Wahlakt verliert. Es protestiert durch Liebesentzug.

Insofern könnten die Grünen demnächst all das erleben, was die älteste postmaterialistische Partei in Europa, die niederländische D'66, bereits seit den siebziger Jahren zyklisch durchlitten hat. Die D'66 wurde dreizehn Jahre vor den Grünen gegründet, als Teil des studentischen Protests in den Sechzigern. Mittlerweile ist sie eine Partei des linksliberalen Establishments, der Lehrer, Journalisten, Sozialarbeiter und Marketingexperten. In ihrer dreiunddreißigjährigen Geschichte war sie dreimal an der Regierung beteiligt, und jedesmal ist sie am Ende ihrer gouvernementalen Teilhabe bei den anschließenden Wahlen furchtbar abgestürzt. Das linksliberale Bürgertum gewann den zähen Kompromissen im Kabinett nichts ab. In den siebziger und achtziger Jahren stand die D'66 daher mehrfach kurz vor der Auflösung. Doch dann erneuerte sie jeweils rechtzeitig ihr linksliberales Profil und katapultierte sich in der Wählergunst wieder nach vorn, zuletzt 1994 mit einem Stimmenanteil von 15,5 Prozent, der aber 1998, nach vier Regierungsjahren, erneut drastisch schrumpfte.

Nun hatten die Grünen ein erheblich stärkeres Gründermilieu als die D'66, die von Beginn an eine Elitenpartei war. Ihre Generationenwurzeln stecken tief im Boden der akademisch-libertären Mitte der deutschen Gesellschaft, so daß sie wohl nicht so schwanken werden wie das niederländische Äquivalent. Und selbst das Beispiel der D'66 zeigt, daß sich in nach-industriellen Gesellschaften das soziale Substrat für linksliberal-ökologisch-postmaterialistische Parteien erweitert hat. Sie sind die Parteien der sozialen und kulturellen Dienste, die sich den Imperativen allein privatwirtschaftlicher Produktions- und Funktionslogiken verweigern, die zumindest ursprünglich stärker auf Idealismus, Diskurs, Partizipation, Autonomie, Dezentralisation und »Graswurzelpolitik« gesetzt haben. Aus dieser gesellschaftlichen Spannungslinie, dem Primat der diskursiv-partizipatorischen Öffentlichkeit und der humandienstleistenden Kultur, nähren sich die linksliberalen Parteien. Entscheidend für ihre Zukunft ist nun, daß sie die Konfliktlinien, auf denen sie stehen, immer wieder reaktivieren, aktualisieren, zeitgemäß übersetzen. Gelingt ihnen das nicht, verlieren sie diese Konfliktlinien aus den Augen, verlassen sie sie sogar, dann gehen sie aller historischen Erfahrung nach rasch zugrunde.

Das könnte den Grünen durchaus passieren. Ihre Strukturreformen der letzten Jahre zielten zu sehr auf Angleichung an die übrigen Parteien, auf Zentralisierung und Hierarchisierung von Kommunikation, Abstimmung und Entscheidung. Das war natürlich Reflex auf das Chaos, die Dysfunktionalität und Unprofessionalität der Gründerjahre. Aber damit lösen sich die Grünen zugleich von der erfolgreichen Repräsentation der Konfliktlinie, welche sich seit den siebziger Jahren durch die europäischen Gesellschaften als Negation der bürokratischen und hermetisch verschlossenen Strukturen in Parteien und staatlichen Verwaltungen zog. Diese Konfliktlinie ist in den Neunzigern keineswegs schmaler geworden. Sie ist nur nach der ernüchternden Erfahrung mit einer ebenso euphorisch wie konzeptlos inszenierten Basisdemokratie schwieriger zu besetzen, zumal die Anhängerschaft der postmaterialistisch-linksliberalen Parteien in den letzten Jahren – von der partizipatorischen Anstrengung erschöpft – eine Auszeit genommen hat.

Doch ist diese Anhängerschaft durch Kompetenz und Bildung weiterhin außerordentlich teilhabefähig, durch ihre gewachsene Lebenserfahrung mittlerweile auch hinreichend vernünftig und rational, durch ihre familiären und beruflichen Lasten indes in ihrem Aktionsradius und Zeitbudget beschränkt. So müßten die Grünen nach Formen und Foren professioneller, effizienter, dezentraler Partizipation suchen, über die die Großparteien nicht verfügen – und derart ihrer gegenwärtig unter Zeitnot leidenden Kernanhängerschaft mittleren Alters die Möglichkeit bieten, ihre beträchtliche Qualifikation in den politischen Prozeß einzuschleusen. Nur so können die Grünen die skizzierte gesellschaftliche Konfliktlinie nutzbringend reaktivieren, nur so läßt sich die zuletzt brüchig gewordene Beziehung von Klientel und Partei festigen. Allein mittels Partizipation vermag eine organisationsschwache Partei des launisch libertären Bürgertums noch zu integrieren.

In der Zukunft kann es dann nur besser werden. Neuere soziologische Studien zeigen, daß Menschen mittleren Alters in besonderem Maße Sicherheit suchen und vor Experimenten zurückschrecken. Ebendas gilt für die Kernanhängerschaft der Grünen in den neunziger Jahren. Nach diesem Lebensabschnitt aber, zwischen sechzig und siebzig Jahren, wird man nach Auskunft unserer Soziologen ein »junger Alter«. Dann, ohne die Bürde von Beruf und Kindern, beginnt eine neue Phase gesellschaftlicher Teilhabe, experimenteller, neugieriger Aktivitäten. Dann werden die alten Grünen mental wieder zu jungen Grünen, wird aller soziologischen Wahrscheinlichkeit nach der Kampf um die sozialökologische Republik mit gereiftem Elan von neuem losgehen. Im Jahr 2026 sollten wir deshalb eigentlich einen furiosen Wahlkampf erleben, in dem sich Hunderttausende hochmotivierte und rüstige Rentner mit dem gesamten Know-how vergangener Demonstrationserfahrungen aus den späten siebziger und frühen achtziger Jahren wieder für die autofreie Gesellschaft, für autonome Stadtteilprojekte und für die Ökorepublik Deutschland in die Schlacht werfen. Das müssen, da gibt es keinen Zweifel, glänzende Jahre für die Grünen werden.

Wenn, ja wenn die FDPisierug der Grünen bis dahin noch nicht zu weit fortgeschritten ist. Denn sonst könnte es sein, daß sie das Jahr 2026 nicht mehr als ernstzunehmende politische Kraft erleben. Zuviele Berningers und Metzgers dürften sie ihre Existenz kosten; zuviel privatwirtschaftlicher Eifer würde ihnen das eigene Fundament wegsprengen. Im Grunde sollten die Grünen zu harten Interessenvertretern des öffentlichen Sektors werden. Dieser Sektor muß ja nicht ausschließlich altsozialdemokratisch etatistisch, er kann auch komplementär kommunitaristisch oder subsidiär organisiert werden. Gerade die Alternativökonomie der späten Siebziger lebte von der Mischung sozialstaatlicher Zuwendung und eigenverantwortlich genossenschaftlicher Regelungen. Das ist die gesellschaftliche Quelle, die soziale Grundlage des grünen Postmaterialismus geblieben.

Die Grünen zehren von den besonderen Qualitäten, Normen und Ansprüchen der Sozial-, Kultur- und Humandienstleister der Republik. Ohne diese Dienstleister gäbe es das grüne Projekt nicht, gäbe es keinen modernen linksliberalen Freisinn. Der Humandienstleistungssektor ist gleichsam die Heimat der Grünen. Hieraus stammt das Personal für Partei und Fraktion, für Kommunalpolitik und unterstützendes Vorfeld. Das liberale Pendant im privatwirtschaftlichen Sektor, die FDP, hat solches Personal seit langem nicht mehr zur Verfügung. Die Grünen sollten daher ihren gesellschaftlichen Rückhalt nicht ohne Not aufs Spiel setzen, nur um modern zu erscheinen. Man muß nicht so modern werden wie die FDP. Schließlich ist es wenig erstrebenswert, dem Exitus der eigenen Partei auch noch zuzuarbeiten.

4 Die Fußkranken machen nicht mehr mit: Die SPD

»Ich habe regelrecht Angst, daß unsere Gesellschaft zerfällt: in Kernbelegschaften und Randbelegschaften; in zwei Drittel saturierter Bürger auf sicheren Arbeitsplätzen und mit guten Renten; und einem Drittel Abgeschmierter: Kleinrentnerinnen und Kleinrentnern, Arbeitslosen, jungen Leuten ohne Arbeitsplatz, Gastarbeitern. Die SPD darf nicht zu einer Partei werden, die sich unter den zwei Dritteln einen sicheren Wählerstamm von 40 Prozent sucht und das restliche Drittel links liegenläßt. Sie darf sich aber auch nicht auf dieses untere Drittel abdrängen lassen. Nur: Wie mobilisiert man die Kernbelegschaften *für* die Randbelegschaften?«

Peter Glotz, *Kampagne in Deutschland.*
Politisches Tagebuch 1981–1983

Der Exitus droht der deutschen Sozialdemokratie nun doch nicht. Zwar hatte sie im ersten Jahr nach der Bundestagswahl 1998 eine Menge Probleme am Hals, kämpfte schwer mit den gewaltigen Wählereinbußen und dem Verdruß über die Regierungspolitik, mit der Skepsis gegenüber dem Kanzler und den programmatischen Konfusionen. Aber sie hatte immer noch den Halt der Tradition, der in Jahrzehnten aufgebauten Bindungen und Loyalitäten. Ohne diese Tradition hätte die SPD zuvor schon die gesellschaftlichen Modernisierungswellen und politischen Tragödien dieses Jahrhunderts nicht überstanden. Und wahrscheinlich verfügt sie auch zu Beginn des Jahrtausends noch über genügend Traditionsreserven, um selbst eine so launische Generation wie die der »Enkel« aushalten und überleben zu können. Eine Partei, die solche Restspuren von Heimat, Milieu und Sentimentalität nicht kennt, hätte diese harte Probe schwerlich bestanden. So aber gibt es die SPD auch nach Lafontaine. Es wird sie auch nach Schröder geben. Und noch nach Scharping. Selbst nach Andrea Nahles. Der Verschleiß des über Jahrzehnte kumulierten Loyalitätskapitals könnte dann allerdings beträchtlich sein.

Aber natürlich: Im sozialdemokratischen Traditionalismus lag nicht nur Segen. Die SPD lieferte stets verläßlich Anschauungsmaterial für die Zwiespältigkeiten politisch geschlossener Heimaten, für Licht und Schatten weltanschaulich ein- und abgegrenzter Milieus. Das klassische Milieu war Refugium und Kraftquelle für die sozialdemokratische Arbeiterklasse. Hier fand sie in Zeiten der Bedrohung Schutz, Wärme und Sicherheit, hier schöpfte sie Energie, Zuversicht und Selbstvertrauen. Doch war es eine schwierige Identität, die die Sozialdemokraten so herstellten. Sie kapselten sich ab, nahmen die Außenwelt nur noch selektiv und verzerrt wahr, setzten die eigene Existenz und Ideologie absolut. Das war die Crux von zuviel Heimat und Milieu: Die Vergemeinschaftung und Integration nach innen ging mit Isolation und Abgrenzung nach außen einher. Diese Crux der sozialdemokratischen Gründerzeit sollte noch über Jahrzehnte hinweg spürbar sein.

Es sind die Primärerfahrungen, die Erscheinungsbild und Verhalten einer Partei auf lange Zeit prägen. Intensität und Dauer des Basiskonflikts entscheiden über ihre Stabilität und Verankerung, über ihre Kultur und ihr Selbstbewußtsein. Eine Partei, die sich in langen, zähen Kämpfen gegen staatliche Verbote und gesellschaftliche Ausgrenzung behaupten mußte, verfügt über tradierbare Legenden und Mythen, über Helden und Märtyrer, Mission und Sendungsbewußtsein. In Krisenzeiten geht sie nicht so schnell in die Knie wie andere politische Kräfte. Jede neue Bedrohung von außen reaktiviert die Basiserfahrungen und den Gründermythos, schafft wieder Geschlossenheit. Solch eine Partei hat aber nicht nur ungeheure Ressourcen, sondern natürlich auch viele Macken: Sie igelt sich ein, ist voller Mißtrauen gegenüber dem Rest der Welt, hält starrsinnig an alten Doktrinen fest, pflegt ihre Neurosen und fürchtet sich vor Offenheit und Neuerungen.

So war lange die SPD. Und Überbleibsel von alldem sind selbst noch in der Truppe von Gerhard Schröder zu erkennen. Die folgenreiche Grunderfahrung der deutschen Sozialdemokratie war das vom liberalen Bürgertum mehrheitlich mitgetragene Bismarcksche Sozialistengesetz von 1878 bis 1890, Jahre, in denen die Führer und Funktionäre der Partei verfolgt, inhaftiert und außer Landes gejagt wurden. Die Partei war verboten, die sozialdemokratische Presse durfte nicht erscheinen. Diese Erfahrung führte zu ausgeprägten antibürgerlichen Ressentiments, die bis heute nicht vollständig aus der Sozialdemokratie verschwunden sind. Bei sozialdemokratischen Funktionären verfestigte sich das bipolare Weltbild: hier proletarisch, dort bürgerlich; hier die Friedensfreunde, dort die Kriegstreiber; hier die Kämpfer für soziale Gerechtigkeit, dort die Nutznießer der sozialen Kälte. Kurz: hier die Guten, dort die Bösen.

Lange erhalten blieb auch der Organisationspatriotismus. Als die Sozialdemokratische Partei verboten war, gründete man gewissermaßen als Ersatz zahlreiche Freizeit-, Kultur- und Sportvereine. Es entstand das sozialdemokratische Milieu, die Solidargemeinschaft der Arbeiterchöre, Samariterbünde, Naturfreunde, proletarische Turner, Angler und Lebensreformer. Diese Organisationen wurden für Jahrzehnte die Trutzburg der zunächst verfolgten und entrechteten, später dann politisch diskriminierten und marginalisierten Sozialdemokraten. Die Organisation als Heimat, der Funktionär als Heimatpfleger, der Marxismus als Heimatideologie – das waren lange Zeit die Stabilitätspfeiler der chronisch angefeindeten und gefährdeten Sozialdemokratie.

Auch mit dem Untergang des wilhelminischen Obrigkeitsstaates 1918 hörte das nicht auf. Nur in den ersten 15 Monaten der ersten deutschen Republik schien es so, als könnte eine offene sozialdemokratische Volkspartei an die Stelle des geschlossenen sozialistischen Heimatmilieus treten. Doch nach herben politischen Rückschlägen und den schweren gesellschaftlichen Niederlagen der Arbeiterbewegung in der Inflationskrise der frühen zwanziger Jahre zog sich die sozialdemokratische Anhängerschaft verbittert und erschöpft in die sichere Wagenburg ihres Organisationswesens zurück. Die Distanz zu Staat und Bourgeoisie blieb auch in der Republik erhalten, ja der Ausbau der sozialistischen Eigenwelt wurde in den späten Zwanzigern und frühen Dreißigern sogar verstärkt vorangetrieben. Die Sozialdemokraten pflegten und schützten ihren eigenen Bereich. Sie blieben unter sich, sangen ihre radikalen Lieder, erinnerten sich an die heroischen Kämpfe der Vergangenheit, hofften auf eine bessere Zukunft und beschworen das sozialistische Endziel. So sicherten sie Bestand, Identität und Moral ihrer Kernmannschaft, was nicht wenig war in den Verwerfungen und Auflösungsprozessen der Weimarer Republik. Doch durch den Rückzug auf sich selbst verloren sie große Teile der Gesellschaft aus dem Blickfeld, und ihr Einfluß auf die Politik schwand zusehends.

Das war das ewige Dilemma der deutschen Sozialdemokratie. Ihr Traditionalismus, ihre Proletariertümelei, ihr Organisationsstolz, ihre subkulturelle Eigenwelt – all das gab der Partei Halt und Selbstbewußtsein, aber es machte sie auch schwerfällig, doktrinär, sozialautistisch und sozialkonservativ. Die SPD war dadurch lange Jahrzehnte relativ krisenresistent, aber zur Bewältigung der Krisen des Landes trug sie in der Regel nicht bei.

Allerdings hatte sie es in den Jahren der Weimarer Republik strukturell schwer genug. Die Verhältnisse waren nicht so, daß eine Öffnung hin zur Gesamtgesellschaft, daß der Wandel zur modernen Volkspartei hätte gelingen können. Dafür waren auch die anderen Milieus noch zu geschlossen, ganz abgesehen davon, daß das deutsche Bürgertum nach wie vor entschieden antisozialistisch eingestellt war. Allein bei den Wahlen zur deutschen Nationalversammlung im Jahr 1919 schien es so, als sei der Sozialdemokratie der Sprung zur Volkspartei gelungen. Sie hatte nun erstmals beträchtliche Stimmenanteile auch bei Landarbeitern, Angestellten und Beamten zu verzeichnen. Lange aber hielt die sozialdemokratische Neuwählerkoalition nicht; sie brach in ganz unterschiedliche Richtungen auseinander. Das Gros der Landarbeiter und kleinstädtischen Handwerker marschierte zu den Deutschnationalen, das radikalisierte großstädtische Proletariat zog zur linkssozialistischen USPD. Erstmals geriet die Sozialdemokratie, wenn auch nur für kurze Zeit, als Volkspartei in die Zangenbewegung heterogener Anhängerschaften.

Anfang der dreißiger Jahre sollte sich das wiederholen: Ein Teil der Wähler lief zur KPD über, ein anderer, keineswegs unerheblicher versuchte es mit der NSDAP. Es gab keine Zauberformel, mit der die verschiedenen Schichten der deutschen Arbeiterschaft hätten integriert werden können. Die einen waren ländlich national, die anderen urban, antiklerikal, internationalistisch, die nächsten katholisch und kirchennah. Angestellte und Beamte hatten noch ein ganz anderes Einstellungsprofil, von Bildungsbürgern und selbständigen Mittelständlern ganz zu schweigen. Es hätte die Sozialdemokratie zerrissen, wäre sie in den Krisenjahren der Weimarer Republik den Weg zur Volkspartei zu weit gegangen. Neue Anhänger waren schwer zu gewinnen und noch schwerer zu halten. Eine Offenheit nach allen Seiten hätte die alten Kernschichten verunsichert und letztlich wahrscheinlich sogar abgestoßen. Dann hätte den Sozialdemokraten das Schicksal der Liberalen gedroht, der Absturz in ungeahnte Tiefen.

Es hatte also seinen guten Grund, daß die Sozialdemokraten stärker auf die angestammte Anhängerschaft als auf volksparteiliche Modernisierung setzten. Wie wichtig Organisation und Milieu für die Bestandsfähigkeit der Sozialdemokratie waren, zeigte sich vor allem in den Mutterländern der deutschen Arbeiterbewegung, in Sachsen und Thüringen. In den Industrierevieren dieser beiden Länder feierten die deutschen Sozialdemokraten vor 1914 ihre größten Erfolge; sie holten hier Wähleranteile zwischen fünfzig und achtzig Prozent. Jahrzehntelang erinnerte man sich an Sachsen und Thüringen denn auch als Hochburgen der Sozialdemokratie. Für die SPD war es eine niederschmetternde Erfahrung, daß nichts davon übriggeblieben war, als es dort 1990 nach über einem halben Jahrhundert wieder ans freie Wählen ging.

Allerdings hatte man vergessen, daß schon in Weimarer Zeiten in großen Teilen Sachsens und Thüringens die sozialdemokratische Herrlichkeit dahin war. Im Laufe der Zwanziger, besonders aber in den frühen Dreißigern erlitt die SPD katastrophale Einbrüche im Vogtland, im Erzgebirge und in den Arbeitergemeinden des Thüringer Waldes. Die bis 1920 so imposanten roten Zitadellen der deutschen Arbeiterbewegung hatten sich 1932 braun eingefärbt. In Sachsen und Thüringen hatte die NSDAP nicht nur das bürgerliche Lager aufgemischt, hier war sie zudem in weiten Teilen zu einer Sammelpartei für enttäuschte und daher abtrünnige Sozialisten geworden. Es gab aber auch sächsisch-thüringische Industriezonen und Arbeiterquartiere, die nicht einbrachen. Im Elbtal um Dresden, im Raum Leipzig und in Ostthüringen hielten die Sozialisten ihre Anhänger selbst in schlimmsten Inflations- und Depressionszeiten beieinander. Die Arbeiterbewegung war hier krisenresistent, die NSDAP allein Lagerpartei des nationalen Bürgertums.

Doch warum, fragt man sich, zerfiel die Sozialdemokratie in dem einen Gebiet, und hielt sich im anderen? Entscheidend war die Organisation. Das war und blieb die Grunderfahrung der deutschen Sozialdemokraten. Die SPD ging dort nicht unter, wo sich seit der Jahrhundertwende um die Partei herum ein enggeknüpftes Netz von Freizeitvereinen gelegt hatte. Diese Vereine schufen und trugen das Milieu der Sozialdemokratie. Mit ihnen grub sie sich in die Lebenswelt auch der vielen eher unpolitischen Arbeiterfamilien ein, die von Marx nichts kannten, vom Erfurter Programm nichts wußten und sich für Flügelkämpfe in der SPD nicht interessierten. Die von sozialdemokratischen Aktivisten geleiteten Arbeiterfußballvereine, Arbeiterchöre, Kinderfreunde und roten Turnerschaften aber waren ihnen wichtig. Der Verein war die Klammer zur Sozialdemokratischen Partei, das Bindeglied zwischen Parteiavantgarde und politisch eher nachlässiger Wählerschaft. Er konstituierte die sozialdemokratische Heimat, welche die Wähler gerade dann nicht verließen, als die wirtschaftlichen Krisen drückten und viele ihren Arbeitsplatz verloren. Denn allein das Vereinswesen bot ihnen in solch schweren Zeiten Halt, Identität, Freundschaften, Aufgaben und auch wohlfahrtliche Unterstützungsleistungen. Eine Abkehr von der Sozialdemokratie hätte Heimatverlust bedeutet. Dort, wo die Sozialdemokraten organisationsstark waren, wo sie als Milieupartei agierten, wo sie also Heimaten geschaffen hatten, riskierte das in den frühen dreißiger Jahren kaum jemand.

Nur war es der SPD nicht gelungen, in sämtlichen Industrie-
gebieten und proletarischen Wohnquartieren ein derart dich-
tes Organisationsnetz zu knüpfen. Und ebendas wurde zum
Problem, zu ihrem Verhängnis in den letzten Jahren der Weimarer Republik. Zwar war die SPD beispielsweise im Raum
Chemnitz-Zwickau oder auf den rauhen Höhen des Thüringer
Waldes während des Kaiserreichs als fundamentaloppositio-
nelle Bewegung gegen Staat und Bourgeoisie zur überragen-
den Mehrheitspartei geworden, aber eine Organisations- und
Milieupartei war sie nicht. Trotz aller überwältigenden Wahl-
erfolge hatten sich die Sozialdemokraten hier nie tief in das
Arbeits- und Freizeitleben der Menschen hineingefräst, es war
hier nie ein kraftvolles Milieu entstanden mit sinnvermittelnden Angeboten, mit Abwechslung schaffenden Geselligkeiten,
mit Funktionen und Verantwortlichkeiten, die das Leben der
Arbeiter und auch den Alltag von Arbeitslosen hätten füllen
und strukturieren können. Es gab hier kein eigenes sozialdemokratisches Ordnungs- und Deutungssystem, keine sozialdemokratische Heimat, deren Verlust zu fürchten hatte, wer
sich von der Partei abwandte.

Wahrscheinlich läßt sich die schwache Ausprägung des Milieus auf die spezifischen Arbeitsstrukturen zurückführen. Industriearbeit bedeutete im Erzgebirge, im Vogtland und im
Thüringer Wald zuallererst Heimarbeit. Der Ausgangspunkt
des sozialistischen Organisationswesens und der Milieubildung war aber die Fabrik, das Industrieunternehmen. In der
tariflich geregelten Freizeit reproduzierten sich die kollektiven Strukturen der Fabrikarbeit in den Sport-, Kultur- und
Geselligkeitsverbänden des Sozialismus. Die Heimarbeiter
dagegen waren isoliert und hatten keine festen Arbeits- und
Freizeiten. Die Saison diktierte Rhythmus und Leben der
Heimarbeiterfamilien. Nicht selten arbeiteten sie gerade im

Sommer bis tief in die Nacht. Andernorts lagen in den Monaten Juli bis September die Höhepunkte sozialdemokratischer Vereinsfeiern, Sportveranstaltungen und Wanderungen. Anders als die Fabrikarbeiter waren die Heimarbeiter also ganz auf sich gestellt und nicht Teil eines gemeinschaftlichen Zusammenhangs, eines aktiven Vereinslebens. Die Heimarbeiter lebten für sich in ihrer Wohnung, die Fabrikarbeiter verkehrten mit anderen im Volkshaus.

Es war die Individualisierung der Arbeit, die die sozialdemokratische Milieubildung in manchen Gebieten verhinderte. In diesen Gebieten, in denen viele sozialdemokratische Wähler keine besondere Loyalität gegenüber der Partei verspürten, brach die SPD in den Krisenjahren der Weimarer Republik dramatisch ein. Sie wurden zur leichten Beute des radikalfaschistischen Populismus, während in den kollektiv organisierten Milieuheimaten die nationalsozialistische Agitation einfach verpuffte. Wo die Milieus infrastrukturell und kulturell intakt waren, da hatte die NSDAP keine Chance. Hätten sich in der Weimarer Republik sozialdemokratische – oder auch katholische – Milieus flächendeckend ausgebreitet, dann wären die Nationalsozialisten zu Beginn der dreißiger Jahre lediglich eine politische Sekte geblieben. So aber profitierte die NSDAP von den leeren Räumen des bürgerlich-liberalen Individualismus und von bestimmten entkollektivierten Arbeitsstrukturen. Sie sammelte, so könnte man sagen, die Heimatlosen der Weimarer Republik. Ja, die Heimatlosigkeit in der Gesellschaft war die Quelle der nationalsozialistischen Diktatur.

So gesehen, hat sich der Typus der sozialdemokratischen Milieupartei in der Auseinandersetzung mit den Nationalsozialisten noch achtbar geschlagen. Aber es blieb die Zwiespältigkeit des Milieus. Dreizehn Jahre nach Hitlers Machtübernahme nämlich, als in Gestalt der SED die zweite totalitäre Versuchung anstand, versagte gerade das sozialdemokratische Milieu außerordentlich kläglich. Entscheidend dafür war, daß die Kultur und das Vereinswesen im Umfeld der Sozialdemokratie nicht allein *sozialdemokratisch*, sondern auch *sozialistisch* war. In den Arbeiterfußballvereinen, bei den Naturfreunden und in den Arbeiterchören spielten, wanderten und sangen neben den Sozialdemokraten immer auch Kommunisten mit. Je geschlossener das Milieu war, desto enger kooperierten Kommunisten und Sozialdemokraten im Alltag, desto mehr verschwammen die weltanschaulichen Unterschiede zwischen den beiden Parteien. Im Milieu überwogen der gemeinsame antibürgerliche Affekt, der Glaube an die Mission der Arbeiterklasse, die visionäre Endzielrhetorik und all die kulturellen Symbole des Sozialismus – von der klassenkämpferischen Sprache über die roten Fahnen bis zu den revolutionären Liedern.

Es war diese gemeinsame Weimarer Arbeiterkultur, die 1946 den Weg zur SED ebnete, die vielen milieugebundenen Sozialdemokraten gleichsam als politische Repräsentanz der im sozialistischen Vereinswesen erlebten Einheit erschien. Aktiven Widerstand jedenfalls leisteten die meisten Sozialdemokraten nicht gegen die Verschmelzung mit der KPD, auch nicht in den früheren Hochburgen der Weimarer SPD; im Gegenteil, vielerorts waren es sogar die Sozialdemokraten selbst, die in den ersten Nachkriegsmonaten die politische Vermählung mit den Kommunisten mit besonderem Eifer betrieben.

Als es die SED dann gab, war es für prinzipienfeste Sozialdemokraten, die den Grundsatz des demokratischen Sozialismus über die Einheit der Arbeiterklasse stellten, schwer, zu opponieren oder gar Widerstand zu organisieren. Für sie erwiesen sich die Verhältnisse in der SBZ beziehungsweise in der DDR makabrerweise als noch ungünstiger als unter der nationalsozialistischen Herrschaft. Denn zwischen 1933 und 1945 hatte die sozialdemokratische Funktionärselite, soweit sie dem physischen Zugriff des Regimes entging, als Solidargemeinschaft geschlossen überwintern können. Nach 1946 aber war dies nicht mehr möglich. Unter Hitler standen die alten sozialdemokratischen Führungsschichten mit ihren Familien geschlossen in Opposition zur herrschenden Diktatur. Unter Ulbricht jedoch ging der Riß mitten durch das zuvor noch homogene Milieu: Die einen stützten das System aufgrund der sozialistischen Doktrin, die anderen lehnten es aus reformistisch-republikanischen Motiven ab, was sie aber selbst im engsten Kreis nicht offen aussprechen konnten.

Zudem waren die sozialdemokratischen Mentalitäten, Verhaltens- und Kulturmuster nicht widerstandsfähig genug, um den SED-Staat zu überstehen. Denn die sinnstiftenden Manifestationen der Sozialdemokratie gehörten zu einem großen Teil auch zum Selbstbild und zur Außenpräsentation der SED, so der Gesang der »Internationale«, die 1.-Mai-Demonstration, das Pathos der Sozialismusformeln oder die Anrede »Genosse«. Sozialdemokratische Verweigerer im SED-Staat waren dadurch symbolisch enteignet, um eine abgrenzende Sprache und Identität gebracht. Der kulturelle Habitus der alten Sozialdemokratie war den Äußerungsformen der SED zu ähnlich, um als Bezugspunkt alternativer politischer Wertmaßstäbe die Diktatur überleben zu können. Im Laufe der DDR-Jahrzehnte versickerte alles Sozialdemokratische denn auch nach und nach im Staatssozialismus, bevor es schließlich ganz verschwand.

Gerade in den frühen fünfziger Jahren gab es gewiß nicht wenige Sozialdemokraten, die aus der neuen Partei ausgestoßen, die eingesperrt, terrorisiert, auch umgebracht wurden. Doch viele arrangierten sich mit den Verhältnissen, nutzten die enormen sozialen Aufstiegsmöglichkeiten, die sich in der DDR boten. Aus Facharbeitern wurden in diesen Jahren Lehrer, Richter, Ingenieure, Parteisekretäre oder Betriebsleiter. Die soziale Emanzipation integrierte die anpassungsbereiten früheren Sozialdemokraten und deren Kinder in die Gesellschaft der DDR, band sie an Partei und Staat. Zwar gelangten sie nur selten an die Spitze der Einheitspartei, waren wohl auch mehrheitlich keine sonderlich eifrigen Marxisten-Leninisten, aber sie gehörten zum mittleren Establishment des ostdeutschen Staates, in Verwaltung und Schulen, Wirtschaft und Massenorganisationen.

Ebendeshalb verschwanden die autonomen sozialdemokratischen Kulturen und Orientierungen, ebendeshalb sollte die 1989/90 im Osten Deutschlands neugegründete SPD in der Arbeiterschaft keine Traditionen finden, an die sie hätte anknüpfen können. Zwar lebten noch einige Veteranen der alten sozialdemokratischen Arbeiterbewegung, aber sie und ihre Kinder und Enkel gehörten nicht mehr zur industriellen Arbeiterklasse. Sie waren sozial emporgekommen und größtenteils Mitglieder der SED. Zur neuen SPD kam kaum jemand von ihnen, nicht zuletzt deshalb, weil sie dort gerade in den Anfangsjahren ausdrücklich unerwünscht waren. Auf ein positives Zeichen wären 1990 wohl mehrere zehntausend frühere SED-Mitglieder mit sozialdemokratischer Familientradition in die SPD eingetreten. Diese wäre dann eine starke Mitgliederpartei geworden, hätte über organisatorische Erfahrung verfügt und würde sich wohl heute sehr viel weniger mit dem PDS-Problem herumschlagen müssen.

Doch die Gründergruppe der ostdeutschen Sozialdemokratie, die Außenseiter, Eigenbrötler und Bürgerrechtler der DDR-

Gesellschaft, sperrte sich gegen Zulauf aus der Partei ihrer früheren Unterdrücker. So trieb es nicht wenige Menschen mit sozialdemokratischen Familientraditionen aus der Weimarer Zeit in die PDS, die eben auch darum Milieupartei ist wie vor 1933 die SPD. In der PDS sind erheblich mehr personelle, mentale, organisatorische und kulturelle Spurenelemente der alten, 1946 untergegangenen SPD enthalten als in der neuen SPD der protestantisch-bildungsbürgerlichen Individualisten. Daher hat die PDS all das, was der Sozialdemokratie im Osten fehlt: disziplinierte, einsatzfreudige, belastbare Funktionäre und eine Menge Mitglieder, die in einem solidargemeinschaftlichen Netzwerk im vorpolitischen Raum von Vereinen, Verbänden und Initiativen zu Nutz und Frommen ihrer Partei wirken.

Dafür ist die ostdeutsche SPD wenigstens sehr modern. Das jedenfalls redeten ihr in den neunziger Jahren einige Politologen ein, die im Osten und da vor allem bei der SPD einen zukunftsträchtigen neuen Parteientyp zu entdecken meinten: mitgliederarm, traditionslos, organisationsschwach, daher angewiesen auf professionelle Führung insbesondere der Parlamentsfraktionen als entscheidende Schaltstelle einer ansonsten entstrukturierten Partei. Diese Prognose schmeichelte vielen ostdeutschen Sozialdemokraten, die sich eine Zeitlang schon als Avantgarde des gesamten deutschen Parteiensystems fühlten. Mittlerweile aber dürfte der Sozialdemokratie etwas weniger Avantgardismus und Modernität in Landesverbänden wie Thüringen und Sachsen gewiß nicht ganz unlieb sein. Schließlich leidet sie schon seit langem unter ihren vom Organisationsballast »befreiten« baden-württembergischen und bayerischen Landesverbänden. Gegenwärtig jedenfalls droht die moderne ostdeutsche SPD von den Traditionsbataillonen der CDU und der Stammwählerschaft der PDS zerrieben zu

werden. Eine gute Portion alten Milieus hätte die Sozialdemokratie in den neuen Bundesländern gut gebrauchen können. Der Mangel an Milieu und Heimat war es auch, der sie
1999 weit nach unten trieb.

Im Westen Deutschlands entwickelten sich die Dinge natürlich anders. Allein die Rekonstruktion der Partei im Frühjahr
und Sommer 1945 verlief ähnlich. In Ost und West knüpfte
man an die Strukturen der Weimarer SPD an. Die neuen
Gründerfiguren waren die alten Funktionäre. Als sie sich nach
1945 auf den Parteiversammlungen wiedersahen, lagen sie
sich gerührt in den Armen, entrollten die alten Banner, sangen die alten Lieder und skandierten die alten Losungen. Hier
war sie wieder, die Zwiespältigkeit von Milieu und Heimat,
Tradition und Bindung: Das alles hatte die Sozialdemokraten
zwar überraschend unversehrt über die harten zwölf Jahre der
braunen Diktatur gebracht, aber es behinderte auch den Neuanfang, die Korrektur früherer Fehler, die fällige Öffnung zur
Gesellschaft. Jene Kräfte, die die SPD nach innen integrierten, isolierten sie zugleich nach außen. Das setzte sich nach
1945 so fort, wie es 1933 aufgehört hatte.
Besonders der Parteivorsitzende Kurt Schumacher hielt die
Sozialdemokraten in den Grenzen des eigenen Milieus. Wenn
Schumacher auch kein Apparatschik nach Art der Weimarer
Parteibürokratie war, sondern ein Tribun, so erinnerte seine
Rhetorik doch an den unversöhnlichen, schrillen, verletzen-
den und apodiktischen Agitationsstil der zwanziger Jahre. Das
kam bei der Mehrheit der nach Krieg, Flucht und Vertreibung
erschöpften und politisch zutiefst ernüchterten Deutschen
nicht mehr an. Schumachers Rechthaberei schloß zwar rasch
die Reihen der Sozialdemokraten, vergraulte aber potentielle
Sympathisanten. Er führte die SPD in allen entscheidenden

Fragen in eine Sackgasse. Die Partei war Ende der vierziger, Anfang der fünfziger Jahre völlig an den Rand gedrängt, war ohne jeden Bündnispartner in der deutschen Innenpolitik. Das verstärkte den historisch eingeübten Reflex der Sozialdemokratie, sich in einer Welt von Feinden noch stärker in das eigene Ghetto zurückzuziehen, von wo aus die Politik der bürgerlichen Gegner kassandrahaft benörgelt wurde. Die Sozialdemokraten saßen schmollend und phlegmatisch in ihrer Wagenburg und warteten auf die große Krise der Erhardschen Marktwirtschaft. Im übrigen pflegten sie das sozialistische Brauchtum, führten am ersten Mai ihre roten Nelken spazieren und beschworen feierlich die Solidarität. Auf junge Leute, ob aus dem Bürgertum oder aus der Arbeiterklasse, übte das in den Aufbruchsjahren der jungen Republik keinen großen Reiz aus. Die Sozialdemokratie drohte zu vergreisen, die Heimat zeigte ihre Schattenseiten, war miefig, spießig, borniert und allem Neuen gegenüber verschlossen.

Nach Schumachers Tod 1952 wurde es nicht besser. Schumacher hatte immerhin noch Feuer und Leidenschaft gehabt; sein Nachfolger indes, Erich Ollenhauer, war ganz und gar temperament- und ehrgeizlos. Ollenhauer, ein durch und durch honoriger Mann, war zeitlebens Funktionär der Arbeiterbewegung und im Grunde nie aus der Welt des sozialdemokratischen Apparats und der Parteigremien hinausgekommen. Unter Ollenhauer beschäftigte sich die SPD zunächst noch stärker mit sich selbst als zuvor schon. Auch die zweite schwere Bundestagswahlniederlage, 1953, konnte die Sozialdemokraten nicht veranlassen, sich von ihrem entschieden zu schmalen Traditionsfundament ein wenig zu lösen und erste Schritte in neues gesellschaftliches Gelände zu wagen. Durch die Partei ging jedenfalls ein Sturm der Entrüstung, als prominente Neumitglieder aus dem Bildungsbürgertum, wie

Carlo Schmid und Heinrich Albertz, Ballast abwerfen wollten, wie sie sagten, und darunter den Abschied von den traditionellen Symbolen und Ritualen der Arbeiterbewegung verstanden. Das griff zu kalt an die Seele der Partei, das verhielt sich zu gleichgültig gegenüber den Überzeugungen langjähriger Sozialdemokraten, die in den elenden Depressionszeiten und unter der Diktatur der Nazis aus dieser überlieferten sozialistischen Kultur Kraft, Zuversicht und Widerstandswillen geschöpft hatten. Man geht nicht ohne Gepäck aus der Heimat, man macht nicht voraussetzungslos einen Neubeginn. Das hatten die kühlen akademischen Ballastabwerfer, denen die ganze sozialistische Folklore biographisch fremd und unbehaglich war, zu wenig bedacht.

Reform und Öffnung der Sozialdemokratie gelangen schließlich nur deshalb, weil die Modernisierer Rückhalt und Flankenschutz bei den Traditionalisten – besonders bei Erich Ollenhauer – fanden. Das alles vollzog sich zwischen 1958 und 1968, dem wahrscheinlich erfolgreichsten Jahrzehnt in der Geschichte der deutschen Sozialdemokraten, zumindest ein mentalitäts- und sozialgeschichtlich geradezu ideales Jahrzehnt für Neuerungen, da hier noch ausreichend Traditionsdepots bestanden, die den Wandel stabilisierten und absicherten. Das war ein entscheidender Unterschied zur SPD der neunziger Jahre. Die Modernisierer der Sechziger konnten noch auf den Traditionsstoff Disziplin und Loyalität auch bei ihren modernisierungsskeptischen Genossen bauen. Deshalb gelang ihre Reform. Den Modernisierern der Neunziger dagegen stand dieser Stoff kaum noch zur Verfügung; sie selbst hatten ihn zuvor höhnisch aufgebraucht und weggeworfen. Daher schlingerten sie von Krise zu Krise, von diesem Vorsitzenden zu jenem Vorsitzenden, von einem strategischen Hü zum nächsten taktischen Hott.

Meistens sind es Niederlagen und Krisen, die Institutionen auf Trab bringen. So war es denn auch der für die SPD verheerende Ausgang der Bundestagswahl 1957, der die introvertierte sozialdemokratische Milieupartei in Bewegung setzte: Als erste und bislang letzte Partei in der deutschen Parlamentsgeschichte hatte die Christliche Union die absolute Mehrheit der Stimmen geholt. Mittlerweile war eine Gruppe junger, energischer und zielstrebiger Reformer in der SPD nach vorn gekommen, der die Ohnmacht sozialistischer Prinzipientreue nicht mehr genügte, die entschlossen die politische Macht in Bonn ansteuerte. Herbert Wehner und Fritz Erler gehörten dazu, auch schon Helmut Schmidt und als repräsentative Figur natürlich Willy Brandt. Die Gruppe ging mit brutaler Konsequenz vor, Schritt für Schritt kam sie ihrem Ziel näher. Zuerst, 1958, entmachtete sie mit der Stuttgarter Organisationsreform den alten Parteiapparat. Dann, 1959, erfolgte in Godesberg die Revision der überkommenen programmatischen Grundsätze. Kurz danach schließlich, 1960, ersetzten die sozialdemokratischen Neuerer den bisherigen Wahlkampfführer, den notorisch erfolglosen Erich Ollenhauer, durch den jungen Regierenden Bürgermeister von Berlin, Willy Brandt.

Mit der Kanzlerkandidatur Willy Brandts begann die neue SPD, begann die Entkernung und Enttraditionalisierung der Partei, der Marsch in die diffuse Mitte, der Bückling vor der Mediengesellschaft. Die Sozialdemokraten kürten Brandt nicht, weil sie sich von ihm eine leuchtende politische Vision, ein mitreißendes Demokratisierungsprojekt oder den Aufbruch zu einem neuen Reformismus erhofften. Für nichts davon stand Brandt im Jahr 1960. Seine Rhetorik war vage und nebulös, staatsmännisch und gravitätisch. Die Traditionalisten in der SPD mißtrauten ihm zutiefst, hielten ihn für einen unzuverlässigen, wankelmütigen Dandy. Aber auch die Reformer selbst glaubten nicht wirklich an ihn, hielten ihn für ein Leichtgewicht. Niemand in der Partei zweifelte daran, daß die Krone eigentlich Fritz Erler gehörte, daß dieser der weitaus klügere, kompetentere und auch fleißigere Politiker war. Aber das Medienzeitalter war angebrochen. Erler machte im Fernsehen keine gute Figur. Er wirkte spröde, besserwisserisch und allzu intellektuell. Kurz, er war ebenso schwer zu popularisieren wie zuvor Erich Ollenhauer.

Und deshalb fiel die Wahl auf Brandt. Er war das erste große Zugeständnis der SPD an die Mediengesellschaft. Diese Geschichte fing nicht erst mit Gerhard Schröder an. Gerade die sozialdemokratischen Aktivisten konnten bis 1968 nicht viel mit Brandt anfangen, aber er kam nun einmal gut an im Fernsehen und bei den Journalisten. Er war in diesen frühen sechziger Jahren der Liebling der Springer-Presse und wirkte zudem ein bißchen so wie der bundesdeutsche John F. Kennedy. Und vor allem: Er stand am meisten rechts von den prominenten Sozialdemokraten. Und nach rechts, weg vom linken Ghetto der Gesellschaft hin zur Mitte der Republik, wollten die neuen Strategen ihre Partei mit harter Hand manövrieren. Die SPD schluckte Brandt, weil sie an die Macht wollte. Inzwischen hat die Partei all das vergessen. Man erinnert sich dort nur an den großen Entspannungsmissionar und Prediger der inneren Erneuerung. Doch lange Zeit tat sich die SPD der sechziger Jahre mit Brandt ebenso schwer wie die SPD der neunziger Jahre mit ihrem Gerhard Schröder.

Daß aber die Sozialdemokraten in den Ortsvereinen, Unterbezirken und Bezirken zu Beginn der Sechziger den Modernisierern auf ihrem Weg folgten, dazu allerdings hat insbesondere Erich Ollenhauer beigetragen. Ohne Ollenhauers Loyalität hätten die Parteireformer ihren forschen Kurs nicht halten können, jedenfalls nicht so reibungslos. Ein gewichtiger Teil der Partei hätte sich von ihnen abgewandt. Doch Ollenhauer zähmte die Traditionalisten. Er selbst war zwar nicht in der Lage, die Erneuerungsbewegung in der SPD anzuführen, aber er stützte sie, indem er die verunsicherten, oft empörten Sozialdemokraten alten Schlages beruhigte, in einigen Fällen gar von Aufruhr abhielt.

1959/60 forderte Ollenhauer die Kanzlerkandidatur von Willy Brandt und baute dadurch die Distanz zu den vielen Sozialdemokraten ab, die sich nur schwer an den Berliner Regierenden als Spitzenmann der Partei gewöhnen konnten. Und zur Verabschiedung des »Godesberger Programms« trug Ollenhauer mehr bei als die dezidierten Parteireformer Brandt, Erler, Wehner und Schmidt. Die rein *machtpolitischen* Parteireformer hätten die für sie schwer kalkulierbare Programmdebatte am liebsten zurückgestellt oder ausfallen lassen; Ollenhauer aber hatte den *programmatischen* Revisionisten wie Heinrich Deist und Willi Eichler den Raum verschafft, den sie brauchten, und ihren Entwurf vor der in weiten Teilen durchaus skeptischen Basis verteidigt. So half Ollenhauer, die Sozialdemokratie zu reformieren, ohne dabei die Traditionalisten zu verprellen. Seine Führungsposition war zwar seit 1958 durch die Organisationsreform der Modernisierer beschädigt und beschränkt, aber er war trotzdem nicht gekränkt oder nörgelnd von dannen gezogen. Zu Ollenhauers Traditionalismus gehörte das in der späteren SPD nur noch verschroben wirkende Ethos, daß der einzelne hinter die kollektiven Ziele von Partei und Arbeiterbewegung zurückzutreten habe, daß er sich diszipliniert der Parteiräson fügen müsse.

Dieses traditionelle Ethos galt in jenen frühen Sechzigern im übrigen auch noch für die Partei, die ihren Vorsitzenden trotz der bitteren Wahlniederlagen und offensichtlichen Unzuläng-

lichkeiten in der öffentlichen Selbstdarstellung nicht fallen-
ließ. In der vollentwickelten Mediengesellschaft und in der
durchmodernisierten, nachproletarischen SPD hätte Ollenhauer keine Chance gehabt. Doch den Modernisierern der
sechziger Jahre wäre es ohne Ollenhauer wohl kaum gelungen, die sozialdemokratischen Basisaktivisten mit auf ihren
Weg zu nehmen. In diesem Jahrzehnt konnten sich die Neuerer noch auf alte Mentalitätsressourcen stützen, auf Loyalität,
Anhänglichkeit, Treue, Disziplin. Nur deshalb vollzog sich
der Wandel in der SPD der Sechziger so reibungslos. Bald darauf versiegten diese Traditionsquellen, und ebendarum sollten die Erneuerungsbemühungen der Folgezeit auch so häufig fehlschlagen.

Die Mischung von Tradition und Modernität hatte die Sozialdemokratie stets am weitesten vorangebracht. Mit dieser
Kombination baute sie sich auch in den ersten Jahren der Reform ihre neue Hochburg auf: das Ruhrgebiet. Das Ruhrgebiet war zuvor, trotz seiner hochindustrialisierten Verstädte-
rung, keineswegs ein Schwerpunkt der sozialdemokratischen
Arbeiterbewegung gewesen. Der Konfessionsfaktor hatte hier
lange den Klassenkonflikt überlagert und dominiert. Ursprünglich war das Ruhrgebiet ein Heimatrevier der katholischen Arbeiterkultur und der katholischen Zentrumspartei,
aber auch die Kommunisten waren stark. Die Sozialdemokraten lagen meist auf dem dritten Platz. Nach 1945 trat zunächst
die CDU an die Stelle der alten Zentrumspartei, und bis weit
in die fünfziger Jahre hinein blieb sie führende Partei zwischen Duisburg und Dortmund. Dann aber verlor sie ihre he-
gemoniale Stellung an die Sozialdemokraten, in den Kommunen wie auf Landesebene.

Die Sozialdemokraten profitierten vom Niedergang der kommunistischen und katholischen Heimaten in den industriellen

86

Ballungszentren. Das kommunistische Milieu im Ruhrgebiet brach aufgrund der abschreckenden Praxis des SED-Sozialismus in der SBZ und der DDR ein; das katholische Arbeitervereinswesen verlor im Zuge der zunehmend protestantisch grundierten Verbürgerlichung der Christdemokratie an Anhängern. Das war die Chance der Sozialdemokratie, die durch den Zusammenbruch der alten Milieus frei gewordene Räume nutzen konnte. Sozialmoralische Milieus und politische Heimaten sind, das sollte man nicht vergessen, nicht einfach Reflexe sozialstruktureller Entwicklungen. Vielmehr werden sie gemacht, geschaffen, erbaut. Sie sind das Ergebnis spezifischer Leistungen, das Ergebnis der Arbeit politischer Aktivisten, die die Chancen gegebener Sozialkultur ergreifen.

Die neuen sozialdemokratischen Heimaten im Ruhrgebiet waren solch ein »gemachtes« Milieu. Auf die Erosion der kommunistischen und katholischen Milieus hätte auch die entstrukturierte Gesellschaft folgen können wie in anderen Teilen Deutschlands, was dort dann stets als zwingende Folge gesellschaftlicher Modernisierung gedeutet wurde. Im Ruhrgebiet aber spannten die Sozialdemokraten, begünstigt durch die kollektiven Strukturen von Montanindustrie, Zechen und Einheitsgewerkschaft, ein neues Netzwerk durch die verlassenen Landschaften der alten Milieus. Die Manager dieses Netzwerkes waren die Funktionäre von Gewerkschaften und Sozialdemokratie, die in enger Kooperation in Betrieb und Kommune, in Wohnungsgenossenschaften, Energieversorgungsunternehmen und Freizeitvereinen Präsenz zeigten. Es war das Milieu der sogenannten kleinen Leute, um das sich die gewerkschaftlich-sozialdemokratischen Multifunktionäre in paternalistischer und unideologischer Weise kümmerten. Hier lag der Unterschied zum klassischen sozialdemokratischen Milieu der Wilhelminischen und der Weimarer Zeit:

Das Ruhrgebietsmilieu der fünfziger, sechziger und siebziger Jahre war offener, kleinbürgerlicher, unpolitischer und sehr viel weniger bestimmt von kultursozialistischem Bekenntnis- und Abgrenzungseifer. Daran knüpfte sich sein Erfolg, und damit führte es die SPD zur Mehrheitspartei, zur Volkspartei des Ruhrgebiets. Dieses Milieu basisnaher Stellvertretung konnte so lange funktionieren, wie die Einzelteile des Systems eng verzahnt blieben, wie die großkollektiven Wirtschaftsstrukturen für die lebensweltliche Vergemeinschaftung des Milieus bei der Arbeit und in der Freizeit sorgten, wie Gewerkschaften und Partei sich personell und organisatorisch wechselseitig durchdrangen, wie Basis und Stellvertreter eine gemeinsame Herkunft und Heimat hatten. In den sechziger Jahren, jenem glücklichen Jahrzehnt traditionsgestützter Modernisierung in der Sozialdemokratie, existierten all diese Voraussetzungen noch, die Milieu und Volkspartei trefflich zusammenbrachten.

Natürlich profitierten die Sozialdemokraten auch vom generellen sozialen Strukturwandel dieser Zeit. Der alte Mittelstand, an den sie nie herangekommen waren, schrumpfte nun beträchtlich; die neuen Mittelschichten dagegen, in denen es die SPD leichter hatte, wuchsen gewaltig an. Zudem schliff sich der frühere Gegensatz von Arbeitern und Angestellten mehr und mehr ab, versicherungs- und sozialrechtlich, aber auch im Denken der Menschen. Die deutsche Gesellschaft schien auf dem Weg zur homogenen Arbeitnehmergesellschaft, und die SPD schien zur zeitgemäßen Partei dieser modernen Arbeitnehmergesellschaft zu werden. So sah es gegen Ende der Sechziger aus. Noch bereitete es den Sozialdemokraten keine Probleme, die verschiedenen Segmente der Arbeitnehmerschaft zusammenzuhalten. Sie benutzten das Füllhorn großzügiger materieller Wohltaten, denn es waren die

schönen Jahre üppiger Wachstumsraten. Sie gaben kurzer-
hand die Parole »Wohlstandsmehrung für alle« aus, und die
SPD avancierte zur Partei des prallen Optimismus. Für alles
hatte sie expertokratisch ausgeklügelte Zukunftskonzepte parat, für das Bildungswesen, den Gesundheitsbereich, die Infrastruktur, die Technologieförderung, die Raumordnung, die
Sozialpolitik und für das Rentenwesen. Alles sollte besser,
größer, umfangreicher werden. Das imponierte damals noch
den neuen Mittelschichten.

Die SPD gewann Wahlen, schaffte nach langen Oppositions-
jahren 1966 den Einzug in die Bundesregierung, aber am Ende
war der Bruch mit den alten Parteitraditionen doch gewaltig.
Selbst das »Godesberger Programm« hatte in den Sechzigern
keine Rolle mehr gespielt; das Vokabular des »demokratischen Sozialismus« war der Gruppe um Brandt und Wehner
lästig, stand der Modernisierungsstrategie im Weg. Nach einem Jahrhundert der ideologischen Überfrachtung war der
Gestus der führenden Sozialdemokraten in das andere Extrem
umgeschlagen. Der Politik der SPD mangelte es an einem
normativen Fundament, an einer wertorientierten Perspektive. Sozialdemokratische Politik schien nicht viel mehr zu
sein als die sachverständige Exekution technischer Imperative
in den jeweiligen gesellschaftlichen Teilbereichen. Da gab es
keine reformistischen Konzepte oder ethisch-sozialistische
Überzeugungen, die das expertokratische Handeln überwölbt
und politisch definiert hätten. Nach einer solch radikalen
Entideologisierung der Sozialdemokratie mußte das Pendel
nahezu notwendigerweise irgendwann wieder zur anderen
Seite ausschlagen.

Die neue Ära utopischen Überschusses, politischen Morali-
sierens und doktrinärer Rechthaberei begann nicht erst 1970,

wie meist zu lesen ist, als Folge des Achtundsechzigerprotests, der Linksentwicklung der Jusos oder auch der überzogenen Aufbruchsrhetorik des ersten sozialdemokratischen Kanzlers der Bundesrepublik. Das brach sich schon seit 1966 auf sozialdemokratischen Parteitagen Bahn, noch bevor der Jugendprotest Einzug in die Partei hielt. Die Parteiaktivisten an der Basis hatten den Öffnungs- und Anpassungskurs der Parteispitze zwar diszipliniert hingenommen, aber begeistert und ganz überzeugt davon waren sie nicht. Als Herbert Wehner die Sozialdemokraten dann noch in die Große Koalition prügelte, in die Allianz mit der verhaßten Partei der Schwarzen und Kapitalisten, da waren Selbstverleugnung und Geduld ziemlich erschöpft. Den Auszug aus dem Milieu in die offene und fremde Welt konnten die Parteifunktionäre nur ertragen, indem sie die alte Heimatfolklore reaktivierten. Über Jahre hatte man auf sozialdemokratischen Parteikonferenzen die Anrede »Genosse« nicht mehr gehört – seit 1966 wurde sie schlagartig wieder üblich.

Das sozialdemokratische Fußvolk lechzte nach einem Thema, das den Kontrast zur verachteten Union und die moralische Überlegenheit des demokratischen Sozialismus deutlich machen konnte, für das man sich endlich wieder mit Lust und Verve in den politischen Kampf werfen konnte. Dieses Thema sollte die Ostpolitik werden, welche die Sozialdemokraten als Friedens- und Entspannungspolitik definierten und propagierten. Ihr Künder war Willy Brandt. Das machte ihn jetzt, Ende der sechziger und zu Beginn der siebziger Jahre, doch noch zum Helden der Funktionäre und Delegierten: Acht Jahre nachdem er zum Kanzlerkandidaten ausgerufen worden war, hatte er die Parteiaktivisten der unteren und mittleren Ebene endlich hinter sich gebracht und das richtige Integrationsthema gefunden. Sein außenpolitischer Entwurf traf sich vorzüglich mit den friedenspolitischen Sehnsüchten der sozialdemokratischen Basis. Tatsächlich gingen reale Außenpolitik und sozialdemokratische Entspannungspolitik nur selten zusammen, aber in der Konstellation jener Jahre schien beides zu verschmelzen. Das ließ Brandt, den lange ungeliebten Spitzenkandidaten, zum legendären Heroen des demokratischen Sozialismus in Deutschland werden.

Und es lockte Hunderttausende von jungen Leuten in die SPD. Eine derartige Verjüngung hatte in der deutschen Parlaments- und Parteiengeschichte zuvor nur die USPD im Jahr 1919 erlebt. Schon damals ging das schlecht aus. In der Regel deutet man die Resonanz bei jungen Menschen als Ausweis der Reformfähigkeit und als Garantie auf eine sichere Zukunft. Für die Sozialdemokraten aber erwies sich die Radikalverjüngung als Last und Bürde.

Mit der Anpassung der sozialdemokratischen Führung an die Zwänge und Zumutungen parlamentarischen Regierens war es jedenfalls bald vorbei: Die jugendlichen Stürmer und Dränger stellten all das radikal in Frage. In der SPD kam es zu heftigen Kämpfen, die als Flügelstreit bezeichnet wurden, obwohl es sich in Wahrheit um Generationen- und Kulturkonflikte handelte. Es stießen Kohorten mit vollkommen unterschiedlichen Erfahrungen aufeinander, aber auch alte Facharbeitermentalitäten auf neuakademische Allüren. Die reformistische Facharbeiterpartei, die die SPD in den fünfziger Jahren, und die arbeitnehmerische Volkspartei, die sie in den sechziger Jahren gewesen war, ging schwer ramponiert aus dieser Auseinandersetzung hervor. Der Ansturm der bildungsbürgerlich sozialisierten jungen Leute war so gewaltig, daß die Traditionstruppen von Ollenhauer oder auch Erler ohne Chance blieben. Die neue Generation verdrängte zunächst die Alten, später dann die Jüngeren, für die die Zugänge zur Parteikarriere über ein Vierteljahrhundert verstopft sein sollten. Bis zum Ende des Jahrhunderts blieb die frühsozialliberale Einstiegskohorte in der SPD unter sich.

Damit hatte sich die sozialdemokratische Parteielite der achtziger und neunziger Jahre im großen und ganzen auf eine einzige Generation verengt, auf den extrem schmalen kulturellen Habitus und Sozialisationshorizont der 1940er-Geburtsjahrgänge. Diese Gruppe traf über etliche Jahre in der SPD immer auf sich selbst, in den immer gleichen Kreisen, Fraktionen, Kungel- und Intrigantenrunden. Dort sprachen alle den gleichen Jargon, pflegten alle den gleichen Stil, teilten alle die gleichen Erfahrungen, beäugten und kontrollierten sich alle gegenseitig. Das war die Heimat des Justemilieus, eine spießige Enge, in der jeder alles über den anderen wußte: der Gerd über den Oskar, der Oskar über den Rudolf, der Rudolf über den Gerd. Auch die lang anhaltende Führungskrise der SPD hatte mit dieser neurotisierenden Dauerbegegnung der immer gleichen Leute in immer gleichen Konkurrenzkämpfen zu tun. Zwischen der Mentalität dieser Leute und den Mentalitäten der sozialdemokratischen Anhängerschaft tat sich in den achtziger Jahren eine beträchtliche Kluft auf, größer als je in der Geschichte der Sozialdemokratie und weitaus bedrohlicher auch als bei der christdemokratischen Konkurrenz. Das Justemilieu der neuen sozialdemokratischen Elite war irgendwie ziemlich links, irgendwie ökologisch, irgendwie postmaterialistisch. Die Mehrheit ihrer potentiellen Wähler hingegen war das alles nicht, so daß sich die Erosion der alten sozialdemokratischen Heimaten nun beschleunigte und die Bindung zwischen Partei und Wählerschaft erheblich lokkerte. Auch die während der sechziger Jahre mühselig erarbeitete Regierungsfähigkeit nahm Schaden, da sich die Spannung zwischen Partei und sozialdemokratisch geführter Exekutive lustvoll steigerte, während erfolgreiche parlamentarische Regierungen stets auf die Handlungseinheit von Partei, Fraktion und Regierung angewiesen sind.

So gesehen, kehrte zum Ausgang der Ära Schmidt das alte Oppositionssyndrom in die SPD zurück, die in wilhelminischen Zeiten von Staat und Bürgertum mehr oder weniger aufgezwungene, später dann konservierte Neigung zum sozialistischen Isolationismus. Aber in den siebziger und achtziger Jahren waren es nicht Arbeiter oder Arbeitnehmer, die vor staatlicher Repression und ökonomischer Ausbeutung Schutz im wärmenden Milieuzusammenhang suchten. Die neue sozialdemokratische Oppositionsmentalität war vielmehr provokante Attitüde von wohlstandssozialisierten, akademisch ausgebildeten Kindern der Ära Ludwig Erhards. Der Radikalismus von Theorie und Programm hatte etwas Verspieltes, Unernstes, Unstetes, blieb Instrument, um die Älteren von ihren Posten zu vertreiben, und bot probate Legitimationsformeln für den eigenen Aufstieg. Die einzelnen Versatzstücke der linkssozialistischen Gesinnung wechselten rasch mit den Jahren, ohne daß diese Generation je innegehalten hätte, um sich zu fragen, warum mit all den verschiedenen Fassungen systemüberwindender Konzepte nie etwas anzufangen war und warum das alles scheiterte (zum Glück, wie die Akteure wohl stillschweigend zugaben). Es war ein wurschtiger Radikalismus, ein Theoretisieren ohne Ort und Grund, auf das folgte, was folgen mußte: ein wurschtiger Pragmatismus, auch er ohne gesellschaftlichen Ort, ohne Wurzeln, ohne Ziel, ohne Leidenschaft.

In dieser Zeit verlor sich die Hoffnung, die die SPD in den Sechzigern gehegt hatte: auf lange Jahre die Mehrheitspartei der homogenisierten Arbeitnehmergesellschaft zu werden. Die Entwicklung verlief eher in die entgegengesetzte Richtung. Die Gesellschaft homogenisierte sich in den siebziger und achtziger Jahren nicht weiter, sondern fächerte sich im Hinblick auf Lebensstile und Orientierungsmuster nach verschiedenen Seiten auf. Und keiner Partei machte das so zu schaffen wie den Sozialdemokraten, die nicht mehr über eine geschlossene Anhängerschaft verfügten, sondern nur noch über ein kulturell hochgradig fragmentiertes Wählerpotential. Die alte Einheitlichkeit des sozialistischen Milieus war unwiderruflich dahin und die SPD nun nicht mehr in erster Linie Erfahrungsgemeinschaft und Emanzipationsbewegung einer weltanschaulich verbundenen sowie organisatorisch verzahnten Produktionsklasse, sondern überwiegend eine säkularisierte Koalition von Wähler- und Zielgruppen, deren Einstellungen, Lebensstile und Erwartungen weiter auseinanderdrifteten als bei jeder anderen Partei.

Die Auflösung des sozialdemokratischen Wählerbündnisses, das 1969 zum Machtwechsel geführt hatte, erfolgte in drei Schritten und an drei ganz unterschiedlichen Stellen. Als erstes verabschiedeten sich die markt- und produktionsorientierten Mittelschichten. Ihr Held war Ende der sechziger Jahre Karl Schiller gewesen. Seinetwegen hatten die meisten aus dieser Gruppe 1969 erstmals die Sozialdemokraten gewählt. Doch Schillers Stern sank rasch. Zuerst verließ er die Regierung, dann die Partei, in der nach mehr als zehn Jahren nun wieder tollkühn über die staatliche Lenkung von Investitionen, über die Sozialisierung der Produktionsmittel und saftige Steuerprogressionen schwadroniert wurde. Ein euphorischer Taumel herrschte – wegen Brandt, wegen der Politik des Friedens und des großen sozialdemokratischen Wahlsieges von 1972. Kaum jemand bemerkte, daß die SPD gerade bei dieser Wahl in den prosperierenden Regionen südlich der Mainlinie, in Städten wie Frankfurt und München, viele Stim-

94

men aus den neuen Mittelschichten schon wieder an die FDP und auch an die Union abgeben mußte. Und diese Entwicklung sollte sich fortsetzen, genaugenommen bis 1998.

Der zweite Rückschlag für die sozialdemokratische Wählerkoalition ereignete sich Ende der siebziger, Anfang der achtziger Jahre, und wieder waren es die neuen Mittelschichten, von denen er ausging: Zahllose Wähler wandten sich frustriert von der SPD, von der Atom- und Nachrüstungspolitik des Kanzlers Schmidt ab. Aus ihnen rekrutierte sich das Gründungspotential der Grünen.

Ein knappes Jahrzehnt später lief der alten Partei der Arbeiterklasse dann auch noch das Proletariat von den einst roten Fahnen. Ein Teil der Arbeiter wählte überhaupt nicht mehr, andere gaben den Rechtsextremisten ihre Stimmen. Die Verluste der SPD in den Souterrains der deutschen Gesellschaft waren dramatisch, und daß es gerade die Stammwähler waren, die der Partei so unsentimental den Rücken kehrten, traf die Sozialdemokratie mitten ins Herz. Allerdings gab es in den Arbeiterquartieren der deutschen Städte ohnehin kaum noch sozialdemokratische Traditionen. Und es waren auch keine sozialdemokratischen Kernschichten mehr, die man dort antreffen konnte. Denn diese Kernschichten hatten stets aus bildungsbeflissenen, aufstiegsorientierten, belastbaren und organisationserfahrenen Facharbeitern bestanden. Als in den sechziger und siebziger Jahren das bürgerliche Bildungsprivileg fiel, als sich die weiterführenden Schulen und Universitäten sozial öffneten, waren die Söhne und Töchter dieser Facharbeiterschicht sofort mit von der Partie: Sie machten Abitur, studierten – und verschwanden allmählich aus den Arbeitersiedlungen. Die Organisatoren des Milieus verließen die Wohnstätten des Milieus. Dadurch verwaisten diese Quartiere politisch und kulturell, und die zurückbleibenden an-

und ungelernten Arbeiter standen organisatorisch unbehaust da. Doch gerade die Organisationen hatten das sozialistische Milieu ja einst erst geschaffen, hatten auch unpolitische, gering qualifizierte Arbeiter mit der Sozialdemokratischen Partei verklammert. Mit dem Auszug der früheren Organisatoren aus den Unterschichtquartieren fiel diese Klammer weg, das Milieu zerfiel, die Bindungen zur Partei zerbröselten, der Rest der Arbeiterschaft verlor die Erfahrung der Kollektivität.

So verschärfte die Emanzipation der einen die Unterprivilegierung und Absonderung der anderen. Die Milieus hatten mittels Weltanschauung und Organisation verschiedene Schichten zusammengebracht, weshalb ihr Niedergang die Gesellschaft erneut desintegrieren mußte. Die Unterschichten zumindest fühlten sich in den neunziger Jahren allein gelassen. Die Folge war, daß sie sich auch politisch abkoppelten, vom Wahlakt und von der Unterstützung der Sozialdemokraten.

Fortan hatte die SPD mit einem besonderen Problem zu kämpfen. Denn sie brauchte diese Wähler – allein schon, um mehrheitsfähig zu bleiben –, und sie mußte sich auch deshalb um sie kümmern, weil darin ein wesentlicher Teil ihres Selbstverständnisses lag. Aber die Klasse der Zukunft, das Subjekt der Befreiung war das nicht mehr, wie die Theoretiker des Sozialismus es in früheren Jahrzehnten von der industriellen Arbeiterklasse noch einigermaßen plausibel annehmen durften. Aus dieser Annahme zogen die Sozialdemokraten über viele Jahrzehnte ihr Sendungsbewußtsein, den Glauben, für eine große Mission zu kämpfen. In den Unterschichtquartieren der Republik aber vertrat sie nun die Opfer, Verlierer, Ausgemusterten und Marginalisierten. Als Motoren für hehre Zukunftsprojekte und Wirtschaftsreformen taugten sie nicht. Je stärker sich die SPD dieser Gruppe annahm, desto defensiver, randständiger, karitativer wirkte auch sie selbst, gleichsam wie der sozialkonservative politische Vollzugsausschuß der Arbeiterwohlfahrt. Das mochte ehrenhaft sein. Mehrheitsfähig war es nicht. Dennoch konnte die SPD die Unterschichten nicht einfach links liegenlassen, da dies nicht bloß weniger ehrenhaft, sondern vor allem ebenfalls nicht mehrheitsfähig gewesen wäre. Hier lag und liegt das sozialdemokratische Dilemma.

Schon einmal befanden sich Sozialdemokraten in einem ähnlichen Zangengriff, als nämlich die SPD der Weimarer Republik in den Jahren 1920 bis 1924 und 1930 bis 1932 nach links *und* rechts verlor. Zeigte sie auf der einen Seite scharfes Profil, kamen ihr auf der anderen Seite die Konturen abhanden. So auch in den achtziger und neunziger Jahren. Rang sich die Partei zu einem Kurs der ökologischen und/oder marktwirtschaftlichen Modernisierung durch, verprellte sie die vom ökonomischen Umbruch und vom Wandel der Werte zutiefst verunsicherten, meist jungen Männer der Unterschichten; verharrte sie aber in der sozialstaatlichen Tradition und in der altindustriellen Subventionsmentalität, dann blieb sie Schutzpatronin der arbeitslosen Stahlarbeiter und alleinerziehenden Großmarktverkäuferinnen und verlor den Anschluß an die Aufsteigerschichten und prosperierenden Sozialkulturen in den Wachstumsgebieten des Landes.

Bis Mitte der neunziger Jahre hatte die SPD sämtliche Varianten ausprobiert. Als »Schutzmacht der kleinen Leute« war sie bei den Bundestagswahlen 1987 und 1994 angetreten und hatte dabei ihr Traditionswählerpotential gut ausgeschöpft, innerhalb der neuen Mittelschichten aber schlecht abgeschnitten. 1990 wiederum hatte sie mit ihrem Kandidaten Lafontaine ökologisch-postmaterialistische Modernität gezeigt – wenn auch als bloße Attitüde – und kosmopolitischen Abstand zur nationalen Einigung demonstriert, wodurch sie einige

Stimmen aus dem Lager der Grünen zurückgewann, sonst aber kräftig verlor. So oder so: Die SPD blieb mehrheitsunfähig. Sie durfte nicht zu traditionell sein, aber auch nicht zu modern. Am Ende war sie weder das eine noch das andere. Ihr Profil verblaßte. Man fand keine kernigen Botschaften, was wiederum die Aktivisten und Funktionäre der Partei demobilisierte. Die Wahlkämpfe der Partei verloren an Schwung, und Bundestagswahl für Bundestagswahl ging verloren.

Gewiß, die Sozialdemokraten hatten es schwer mit der gesellschaftlichen Entwicklung, mit der Heterogenität ihrer Anhängerschaft, mit der Desintegration der Arbeitnehmerschaft besonders in den achtziger Jahren. Aber die Krise der SPD war nicht nur auf eine ungünstige sozialkulturelle Struktur zurückzuführen. Sie steckte auch in der Partei selbst. Denn diese verschwiemelte nach dem Ende der sozialliberalen Koalition immer mehr, und die jungen Kämpfer der siebziger Jahre wirkten, kaum daß sie die alte Garde um Kanzler Schmidt erfolgreich zur Strecke gebracht hatten, vollends ermattet. Die Juso-Ideologen von einst hatten keine Lust mehr auf Theorie- oder Strategiedebatten und scheuten nun die harten politischen Schlachten.

Das gilt am stärksten für die Ära Vogel. In ihr wurden alle Konflikte innerhalb der SPD überdeckt, für alles gab es eine Kompromißformel, eine Konsensregelung, den Proporz und ganz besonders: die Quote. Die SPD entpolitisierte sich regelrecht, indem sie sämtliche Widersprüche rhetorisch hinwegintegrierte und die im weiten Spektrum der Partei denkbaren Positionen kunstvoll, doch leerformelhaft in ein Programm zusammenband, das auf diese Weise am Ende dick, bräsig und unlesbar war – und tatsächlich auch von kaum jemandem gelesen wurde. Es reichte, daß die Konflikte befriedet waren: Das Sedativ war die sozialdemokratische Musterlösung geworden.

Nur wirklich entschieden wurde damit nichts. Das Sozialdemokratische zerfloß, besaß keine Gestalt mehr. Die SPD
hatte ihren Sinn für politische Substanz verloren – nämlich
die Konzentration auf die Kernfragen der Nation und den
Streit darüber, an dessen Ende ein klares Votum stehen muß.
Um all das wurde in der SPD unter Vogel und Scharping ein
weiter Bogen geschlagen. Und so wußten über Jahre weder
Wähler noch Parteimitglieder, wie die Antworten der SPD auf
die wichtigsten Fragen der deutschen Politik nun eigentlich
lauteten. Auch das demobilisierte Aktivisten, Anhänger und
Wähler. Das sozialdemokratische Milieu dämmerte, lustlos
und lethargisch, vor sich hin.

Doch es war nicht das alte sozialdemokratische Milieu, das da
gewohnt oppositionell vor sich hin schmollte. Es waren nicht
mehr die Betriebsräte, die gewerkschaftlichen Vertrauens-
leute, die Mitglieder der Industriegewerkschaft Metall oder
Druck, die, wie in früheren Jahrzehnten, den Ton in den Parteiversammlungen angaben. SPD und Industriegewerkschaf-
ten hatten sich im Lauf der achtziger Jahre immer mehr voneinander gelöst. Orts- und Unterbezirksvorsitzende kamen
nun überwiegend aus dem öffentlichen Dienst, hatten meist
Abitur und waren größtenteils Mitglieder der ÖTV oder der
GEW. Und diese ÖTV- und GEW-Sozialdemokraten machten schon morgens in den Büros ihrer Verwaltungen, in den
Klassenzimmern ihrer Schulen unter sich die politische Tak-
tik aus. Sie kungelten in den Fluren der Behörden, in den großen Pausen vor den Klassenräumen und beim Mittagessen in
den Kantinen. So wurden am Vormittag die Parteiversammlungen für den Abend präpariert, Mehrheiten zurechtge-
blockt, Resolutionen ausgehandelt. Junge Leute und Arbeitnehmer aus dem produzierenden Gewerbe blieben dem Trei-

ben und der Partei fern. Was hätte sie auch zu den Sozialdemokraten locken sollen? Eine offene und farbige Parteikultur erwartete sie dort jedenfalls nicht. Kleine informelle Gruppen des öffentlichen Dienstes hatten hier das Sagen. In Hinterzimmern arbeiteten die gewieften Kungler Personaltableaus aus, die die Parteitagsdelegierten später nur noch abzusegnen brauchten. Die SPD wurde dadurch langweilig, ja gänzlich unattraktiv, und zwar für Arbeiter ebenso wie für Computerspezialisten, für Bürokaufleute wie für Ingenieure.

Für Spannung sorgte allein die chronische Führungskrise in der SPD. Im Streit zwischen den Enkeln Willy Brandts entlud sich der Konflikt, der programmatisch so hartnäckig geleugnet worden war. Auch das beschädigte die Partei, schwächte ihre Institutionen, ihre Ansprüche und Traditionen. Und da die SPD zu Beginn der Neunziger viele Ministerpräsidenten stellte, gab es zahlreiche Rivalen. Fast alle entstammten sie der gleichen Generation, und kaum einer von ihnen hatte seine Karriereplanung bereits abgeschlossen. Sie belauerten und befehdeten sich schon seit den frühen siebziger Jahren, seit den legendären Flügelkämpfen und Bundeskongreßschlachten der Jusos, so daß jeder die Schwächen, Defizite und Verfehlungen des anderen nur allzugut kannte. Diese intrigenhafte Konkurrenz unterhöhlte die Führung wie die Geschlossenheit der SPD und konnte auch durch den programmatischen Formelkompromiß nicht wettgemacht werden.

Die Mediengesellschaft hat die Rivalität und die daraus folgende Zersplitterung der sozialdemokratischen Führungsmannschaft noch weiter angeheizt. Allein in der voll entfalteten Mediengesellschaft konnten Ministerpräsidenten aus peripheren Landesteilen, die noch in den ersten beiden Jahrzehnten der Bundesrepublik ohne Beachtung geblieben wären, so weit nach vorne rücken. Unter anderen Bedingungen wäre etwa ein Mann wie Oskar Lafontaine wahrscheinlich zeitlebens ein begabter, im übrigen aber nicht weiter bedeutsamer Chef einer entlegenen, strukturschwachen Grenzregion geblieben. Nur mit Hilfe der Medien konnte er sich als instinktsicherer Provokateur und Tabubrecher in Szene setzen und zu einem der bekanntesten Politiker der Republik werden. Seine wie auch Gerhard Schröders prägende Erfahrung in den achtziger Jahren war, daß ein provokanter Medienauftritt weit mehr brachte als in irgendwelchen Parteigremien mühselig zusammengezimmerte Resolutionen. Beide sind Kinder und Akteure der Mediengesellschaft, die rasch erfaßten, daß die Presseleute ihnen immer dann besonders viel Aufmerksamkeit widmeten, wenn sie die eigene Partei stichelten, wenn sie alte sozialdemokratische Grundsätze locker beiseite schoben und gegen Establishment und Reglement der SPD verstießen. Beide lernten in jenen Aufstiegsjahren aber auch, daß man sich nicht allzu lange und intensiv bei einem Thema aufhalten oder gar mit ihm identifizieren durfte, daß die Medien Überraschungen prämierten, das Flirrende schätzten und sensationelle Positionswechsel goutierten.

Ein solch strategisches Verhalten löste die Bindungen in der Sozialdemokratie, untergrub die Loyalität, schwächte das institutionelle Fundament von Partei und Politik überhaupt. Man konnte damit wohl nach vorn und nach oben kommen, aber man konnte so nicht regieren, da von einer Regierung Konstanz, Stetigkeit und Verläßlichkeit gefordert werden und sie ihrerseits auf berechenbaren Rückhalt und die Loyalität von Partei- und Parlamentsgremien angewiesen ist. Die Medienpolitiker vernichteten, um an die Macht zu kommen, gerade jene Faktoren, die sie brauchten, um an der Macht zu bleiben. Auch das wurde ein Dilemma der SPD im ersten Jahr nach den Bundestagswahlen 1998.

Aber immerhin, sie kamen dann 1998 doch noch an die Macht, die Sozialdemokraten. Das war überraschend genug. Noch 1995 saßen sie tief im Schlamassel der Scharping-Krise; wohl kaum jemand in der Republik hätte damals einen höheren Betrag auf einen Sieg der heillos konfusen SPD bei den folgenden Bundestagswahlen gewettet. Auch nach dem Führungswechsel zu Lafontaine wurde es nicht gleich besser. Die großen strukturellen Schwierigkeiten blieben: die Verengung der Parteielite auf eine Generation, die extreme Heterogenität des Wählerpotentials, das Mobilisierungsdefizit. Zwischen 1995 und 1997 gingen sämtliche Regionalwahlen verloren, teilweise sogar auf recht drastische Weise. Von einem leidenschaftlich herbeigesehnten Regierungswechsel war so gut wie nichts zu spüren. So hat man sich denn auch angewöhnt, das Resultat der Bundestagswahl von 1998 als Ausdruck einer gewissen Verdrossenheit und Ermüdung des Wahlvolks hinsichtlich eines zu lange amtierenden Bundeskanzlers zu nehmen, vielleicht auch noch als Anerkennung für die perfekte Performance des Kandidaten Schröder in den Medien. Das sei es dann aber auch schon gewesen.

Doch das war es nicht nur. Es gab durchaus einige langfristig wirkende Faktoren für den Erfolg von 1998. Der Sieg der SPD hatte sich über einen größeren Zeitraum hinweg aufgebaut und war mehr als nur Unlust über den einen und situatives Wohlwollen für den anderen Spitzenkandidaten. Da waren nämlich immer noch traditionelle Motive, Bindungen und Prägungen, die den Sozialdemokraten nun nutzten. Ja, 1998 gewann nicht nur der Medienstar der SPD, in zumindest gleichem Maße gewann ein Stück sozialdemokratischer Klassik über die Modernität der Gesellschaft.

Zu den Voraussetzungen des Erfolges gehörte der biographische Lern- und Reifeprozeß der so sprunghaften Parteielite aus der Juso-Generation der frühen siebziger Jahre. Das dauerte bei dieser verwöhnten Generation außerordentlich lange. Doch in den neunziger Jahren gingen die »Enkel« durch das Säurebad politischer Verantwortung, und die gouvernementale Erfahrung auf Bundesländerebene verschob den politischen Ort der zuvor sehr links, sehr ökopazifistisch, sehr postmaterialistisch auftretenden Generation. Als Ministerpräsidenten und Länderminister rückten die »Enkel« des Willy Brandt zügig in die halblinke Mitte, wodurch sich die politischen und kulturellen Differenzen zum sozialdemokratischen Wählerpotential der achtziger Jahre reduzierten. Von dieser neuen Position aus konnte die SPD die Distanz zu ihren Traditionswählern etwas abbauen und erstmals seit den Tagen von Helmut Schmidt wieder aussichtsreich in den Wählermarkt der Christlichen Union vorstoßen.

Allerdings brauchte die SPD nach all den schnell wechselnden Vorsitzenden, all den die Wechsel begleitenden Querelen nun unbedingt innerparteiliche Geschlossenheit und eine handlungsfähige Führung. Dafür sorgte Oskar Lafontaine. Mit ihm als Vorsitzenden schien die über zehn Jahre schwelende Führungskrise der deutschen Sozialdemokraten endlich gelöst. Denn mit Lafontaine war der eigentliche Leitwolf der Enkelgeneration an die Spitze der Partei getreten. Schon seit den frühen achtziger Jahren war es ja immer Lafontaine gewesen, der thematisch vorpreschte und publizitätsträchtige Zuspitzungen fand. Als erster Vertreter seiner Generation hatte er den regionalen Machtwechsel geschafft und neue Orientierungen – mal links, mal rechts, mal auch über Kreuz – in die SPD hineingetragen. In ihm schien das Erwachsenwerden der Kinder der Erhard-Ära politisch Gestalt anzunehmen. Denn zwischen 1996 und 1998 hatte sich der bekennende Hedonist und launische Politflippie zum disziplinierten Truppenführer

seiner Partei aufgeschwungen. Seit Brandt hatte kein Sozialdemokrat in der Partei mehr über eine solche Autorität verfügt. Eher war sein Einfluß sogar noch größer, weil Lafontaine
im Unterschied zu dem oft schweigenden, mitunter bloß kryp-
tisch raunenden Brandt in den Leitungsgremien der SPD stets
scharf und präzise die strategische Linie vorgab. Wie Brandt
aber war Lafontaine überraschenderweise auch zur Integration der verschiedenen Parteigruppen fähig. Er kittete die zer-
splitterte Führung und band auch die Regionalfürsten und
Primadonnen der Partei durch eine Mischung aus Einschüch-
terung und Schmeichelei in das neue sozialdemokratische
Gemeinschaftsprojekt ein. Das hatte lange kein Vorsitzender
mehr zustande gebracht. So agierten die Sozialdemokraten
seit 1996 nach langer Zeit erstmals wieder geschlossen.

Und doch: Ein Sympathieträger für Wechselwähler des bürgerlichen Lagers war der aggressive Sozialagitator aus dem
Saarland nicht. Als Kanzlerkandidat der SPD hätte er es der
Union jedenfalls leichtgemacht, erneut das vielfach bewährte
Rezept des Lagerwahlkampfes anzuwenden, das brüchig gewordene bürgerliche Lager wieder zu festigen und gegen die
politische Linke geschlossen in Stellung zu bringen. Gegen
einen sozialdemokratischen Kandidaten aber, der sich als
Herold der »neuen Mitte« ausgab, war das alles sehr viel
schwieriger. Gegen ihn lief der rhetorische Antisozialismus
der Union mit Schwung ins Leere. Insofern war die Doppelspitze Lafontaine/Schröder ein plausibles Konzept, um das
sozialdemokratische Dilemma zu lösen. Die SPD mußte Traditionen wahren, durfte sich aber auch von der Moderne nicht
abschotten; sie brauchte die Reste ihres Milieus, durfte sich
aber nicht darauf beschränken; sie mußte ihre Kernschichten
anfeuern, durfte aber die Grenzschichten zum bürgerlichen
Lager nicht abschrecken.

So mobilisierte Lafontaine die sozialdemokratischen Traditionsschichten, indem er die soziale Asymmetrie in der Republik geißelte und dem Neoliberalismus den Kampf ansagte. Schröder hingegen zielte zunächst stärker auf potentielle Pendelwähler zwischen Union und SPD, die sich nach 16 Jahren Kohl, meist ganz diffus, neuen gesellschaftlichen und ökonomischen Schwung erhofften. Auf diese Weise spiegelte die Doppelspitze der SPD ziemlich genau die ambivalente nationale Befindlichkeit in der zweiten Hälfte der neunziger Jahre. Denn auch die Mehrheit der Deutschen war ja irgendwie für Innovation, ängstigte sich jedoch zugleich irgendwie davor. Die SPD-Doppelspitze umfaßte Zuversicht und Ängstlichkeit, Reform und Antireform; sie ebnete den Weg dafür, daß sich Wahrer des Wohlfahrtsstaates und Prediger der Deregulierung, erfahrene Gewerkschaftsfunktionäre und junge Firmengründer in ein und derselben Partei elektoral ansiedeln konnten.

Somit hatte die Partei erstmals seit zwanzig Jahren das Problem scharf widersprüchlicher Wählererwartungen gelöst, wenngleich nur für die Zeit des Wahlkampfes. Diesmal versuchte sie es gar nicht erst mit Zielgruppenkampagnen wie in den achtziger Jahren. Auch auf differenzierte, synthetische Programmpakete verzichtete sie, denn das hatte die Wähler noch nie erreicht. Die Bündelung des Heterogenen erfolgte über Personen, über Lafontaine und Schröder. Das Problem aber, daß es sich allein um einen personellen und symbolischen Zusammenschluß für die Zeit oppositioneller Sammlung handelte, blieb. Ein Handlungsmuster für exekutive Arbeit, die Zweideutigkeiten nicht gut brauchen konnte, war damit noch keineswegs gewonnen.

Zudem war es von Beginn an riskant, daß das Führungsduo selbst – und hier wiederum jeder für sich – seine Rolle festlegte. Kein Plan für den inszenierten Dualismus, kein Drehbuch, nicht einmal eine regelmäßige Abstimmung zwischen den Hauptakteuren existierte. Intuitiv machten Lafontaine und Schröder bis zum Wahltag fast alles richtig. Aber es hätte auch anders kommen, jemand hätte schon früher aus der Rolle fallen können. Die sozialdemokratische Doppelspitze bildete ein explosives Gemisch, das längst vor dem 11. März 1999, dem Tag der jähen Demission Lafontaines, hätte in die Luft gehen können.

Wichtig für den Wahlsieg von 1998 war ebenfalls, daß sich nicht nur die sozialdemokratische Parteiführung, sondern auch die Kernkohorte ihrer Wählerschaft – demographisch, materiell und normativ – in die Mitte der Gesellschaft bewegt, dabei jedoch die politische Grundorientierung behalten hatte. Die Kernkohorte der Sozialdemokratie wie überhaupt von Rot-Grün bildeten die Geburtsjahrgänge 1950 bis 1967. In dieser Gruppe gab es seit den frühen achtziger Jahren die größte Distanz zur Union und zur FDP, die stabilste Zustimmung für die SPD, die meiste Unterstützung für ein rot-grünes Regierungsprojekt. Geprägt durch die sozialliberale Zeit, durch den Ausbau des Sozialstaates, durch die Protestkultur der sozialen Bewegungen, hatte sie in den entscheidenden Jahren der Sozialisation politisch außerordentlich intensive Erfahrungen gemacht. Nicht zuletzt deshalb sind die erworbenen politischen Orientierungsmuster in dieser Generation erheblich stabiler geblieben als in anderen Kohorten. Der Regierungswechsel von 1998 ging zu einem guten Teil auf solche Sozialisationserfahrungen, auf früh erlerntes Wahlverhalten, also auf durchaus langfristig wirkende Faktoren zurück. In keiner anderen Kohorte haben die gegenwärtigen Regierungsparteien 1998 einen so gewaltigen Vorsprung gehabt wie in den Jahrgängen 1950 bis 1967. In dem für die SPD so düsteren

Spätsommer 1999 hielten die Sozialdemokraten in Westdeutschland allein in dieser Gruppe noch eine – wenngleich arg geschrumpfte – Majorität.

1998 war diese Kohorte gewissermaßen die reale »neue Mitte« der Republik. Demographisch jedenfalls bildeten die etwa Dreißig- bis Fünfzigjährigen das Zentrum der Nation; sie waren die Erwerbstätigen, die Eltern, die Leistungsträger und Steuerzahler der Gesellschaft. Sie hatten also viele Lasten zu tragen. Das ließ die zuvor so bewegte Generation ruhiger werden und erleichterte nicht zuletzt das Spiel von Sozialdemokraten und Grünen, die nun nicht mehr ganz so exzentrische Positionen integrieren mußten. Dennoch tickte diese »neue Mitte«, die mit der Popkultur, mit der Frauenemanzipation und dem Wertewandel groß geworden war, kulturell anders als die »alte Mitte«, die sich in den Jahren der Ära Adenauer herausgebildet hatte, weshalb der kongeniale Repräsentant der »alten Mitte«, Helmut Kohl, das Kanzleramt räumen mußte, um Platz zu schaffen für den Propheten der »neuen Mitte«, Gerhard Schröder. Doch war diese »neue Mitte« keineswegs nach Art des Jost Stollmann, übersetzte sich mithin nicht einfach in das mediale Zeitgeiststakkato von Flexibilität, Mobilität und Selbständigkeit. Die neue, aber sehr stark sozialliberal geprägte Mitte von 1998 war geformt durch den Sozialstaat, durch den Bedeutungszuwachs des öffentlichen Sektors in den Human- und Sozialdienstleistungen. Daran hing sie, das brauchte sie, zumal jetzt, da viele von ihren Anhängern sich der Mitte des Lebens mit prekären Berufsstellungen, familiären Bürden und ersten gesundheitlichen Problemen näherten.

In dieser gewissermaßen altsozialliberalen »neuen Mitte« der Republik stieß die Parole von der »sozialen Gerechtigkeit« auf große Resonanz. Das hatte es vormals nur selten gegeben.

Probiert hatten die Sozialdemokraten dergleichen immer wieder, schließlich ging es hier um ihr ewiges historisches Bündnisprojekt: die Allianz des unteren Drittels mit dem mittleren Drittel der Gesellschaft unter dem Banner von Solidarität und Gerechtigkeit. Auch in den achtziger Jahren war die SPD trotz allem Postmaterialismus am Ende ihrer Wahlkämpfe immer wieder auf den Schlachtruf von der »sozialen Gerechtigkeit« zurückgekommen. Denn dieses Motto integrierte die Partei. In ihm fanden sich alle Sozialdemokraten, gleich welchen Flügels, zusammen, in ihm besaßen sie eine gemeinsame Identität, ein moralisches Überlegenheitsgefühl gegenüber den restlichen Parteien, gegenüber der »sozialen Kälte« der Christdemokraten, gegenüber den »sozialen Schweinereien« der besserverdienenden Liberalen und auch gegenüber der sozialen Indifferenz der akademischen Mittelschicht-Grünen. Doch in den ökonomisch fetten Jahren der Ära Kohl verband man die sozialdemokratische Gerechtigkeitsmaxime eher negativ mit Ergänzungsabgaben, höheren Steuern und steigenden Lohnnebenkosten. Das alles war nicht nach dem Geschmack der Kohl-Mitte jener Jahre. Die sozial Schwachen schienen damals weit weg, schienen zumindest kein bedrohliches Zukunftsmenetekel.

Erst Mitte der Neunziger begann die Stimmung zu kippen. Inzwischen nämlich gehörten große Teile des gesellschaftlichen Zentrums zu den Verlierern der sozialen und ökonomischen Entwicklung im neu vereinten Deutschland. Überdies schreckten die rüden neoliberalen Sprüche der Herren Westerwelle und Schäuble wie des damals jungwilden Anhangs. Die Mitte bekam es mit der Angst, sie sorgte sich um den Lebensstandard. Nicht, daß sie jetzt solidarisch Arm in Arm oder auch nur Seite an Seite mit den Marginalisierten des »neuen Unten« marschiert wäre. Aber »Mitte« und »Unten« suchten gemeinsam politische Versicherungen gegen die Gefahren eines allzu schnellen sozialen Wandels. Die Mehrheit des Wahlvolkes entdeckte dabei die politische Lösung der gesellschaftlichen Krise in einem 130 Jahre alten Grundsatz der SPD, in der Forderung nach »sozialer Gerechtigkeit«. Deshalb gewann die SPD. Sie hatte den Inhalt des Basiskonflikts, aus dem sie im 19. Jahrhundert entstanden war, zum Ende des 20. Jahrhunderts erfolgreich aktiviert.

Hoch modern war demgegenüber der Stil der Wahlkampagne. Die sozialdemokratische Wahlkampfzentrale, die berühmt gewordene »Kampa«, war nach amerikanisch-britischem Vorbild in ein Großraumbüro gezogen. Man hatte junge, aktionshungrige Leute eingestellt, benutzte modernste Kommunikationstechniken und ließ sich von einem besonders kreativen Marketingteam flotte Fernsehspots und Zeitungsanzeigen entwerfen – alles mit eindeutig mehr Pep und Tempo als bei den etwas schlafmützigen Konkurrenten von der CDU. Aber auch diese Modernisierung hatte eine spezifische Traditionsquelle. Ohne Franz Müntefering, den bodenständigen Westfalen und Vertrauensmann der sozialdemokratischen Biedermänner, hätte das alles nicht funktioniert. Nur ein Typ wie er, gleichsam die zeitgemäße Variante Ollenhauers, konnte der mißtrauischen Partei einen »Waschmittelwahlkampf« aufdrücken. Keiner seiner intellektuell-individualistischen Vorgänger im Amt, weder Peter Glotz noch Günter Verheugen und erst recht nicht Karlheinz Blessing, hätte dergleichen innerparteilich durchzusetzen vermocht. In der SPD gelingt Modernisierung eben nur, wenn sie von Tradition gestützt wird.

Das war der Schlüssel, aber auch die Crux des Wahlsieges von 1998. Die SPD gewann, weil sie Tradition mit Modernität kombinierte, weil sie Schröder *und* Lafontaine herausstellte, soziale Gerechtigkeit *und* Innovation versprach, auf Verlierer *und* Gewinner der Gesellschaft zielte. So bekam sie diesmal, nach vielen vergeblichen Anläufen, das Management der Heterogenität endlich in den Griff. Durch einen glänzend inszenierten Dualismus von Personen, Habitus und Aussagen hatte man ganz verschiedene Erwartungen auf sich projiziert und diese dann, alle zusammen, am Wahlsonntag zu einer Stimmenmehrheit gebündelt. Ebendeshalb jedoch ging von der Bundestagswahl trotz des eindeutigen Resultats kein eindeutiges Signal aus, keine scharf vorgezeichnete Orientierung, erst recht kein politischer Aufbruch zu neuen Ufern.

Dadurch unterschied sich der Regierungswechsel von 1998 deutlich von den Wenden der Jahre 1969 und 1982, als sehr viel klarer war, wohin die Gesellschaft wollte. 1998 erhoffte sich der eine, eher geringere Teil der sozialdemokratischen Wählerschaft neuen Schwung für marktwirtschaftliche Reformen und couragierte Deregulierungsinitiativen. Der andere, wohl größere Teil aber fürchtete genau das und erwartete vom neuen Bonner Kabinett zuallererst Schutz, Sicherheit und materielle Wohltaten. Gemeinsam verlangte man von der Regierung, daß sie zügig, entschieden und konsistent handelte. Viel Geduld hat in einer modernen Gesellschaft ohne große Milieus und weltanschauliche Bindungen niemand mehr. Wohin auch immer die Regierung also ging, sie mußte einen Teil enttäuschen. Die SPD hatte seit den achtziger Jahren mit dem Dualismus zu kämpfen. Er war Ausdruck ihrer unausgefochtenen, nicht zur Entscheidung geführten Konflikte, aber er war auch und noch viel mehr Spiegel der auseinanderstrebenden Wählerprofile. Die SPD konnte nur als Partei des kunstvoll ausbalancierten Dualismus Wahlen gewinnen. Aber regieren konnte sie damit schwer. Auch das war ein sozialdemokratisches Dilemma.

Der Versuch, die Strukturen zu entdualisieren, warf jedenfalls gleich neue Probleme auf. Zwar stärkte der Rücktritt Lafontaines zweifellos die Position des Kanzlers, aber er lähmte und demotivierte über einige Monate große Teile der Partei, die plötzlich auf ihren langjährigen Leitwolf verzichten mußten und sich zunächst vom lange ungeliebten Schröder nicht führen lassen wollten. Die Verunsicherung stieg noch, als das Kanzleramt des Bodo Hombach – durch das von dort aus lancierte Schröder-Blair-Papier – die Verknüpfung von Tradition und Modernität gleichsam putschartig von oben sprengen wollte. Die Sozialdemokratie hat in ihrer langen Geschichte einige Glaubenssätze hervorgebracht, die Mitgliedern und Aktivisten wichtig, ja sakrosankt sind; daraus hat sich eine programmatische Kultur entwickelt, die vornehmlich in repräsentativ besetzten Gremien wirkt, gleichzeitig aber die ganze Partei umfaßt und ungeheuer viel Geduld und eine hohe Integrationsleistung voraussetzt. Sie hat ein Organisationsverständnis geschaffen, in dem Funktionäre und Delegierte einen für sämtliche Debatten und Entscheidungen wichtigen Platz einnehmen. Und ihr ist natürlich auch das Mißtrauen aller lang bestehenden Gesinnungsgemeinschaften eigen, die neue Denkformen, fremde Sprachen und andere Kulturen schon deshalb abwehren, weil sie nicht die Erdung der eigenen Heimat besitzen. Das alles ist ohne Zweifel furchtbar konservativ, aber es ist auch außerordentlich stabilisierend. Eine solche Partei läßt sich jedenfalls nicht im Handstreich revolutionieren, kann nicht durch ein flüchtiges Programmpapier großspuriger Spindoctors binnen weniger Wochen jäh, kalt und unvermittelt auf neue Begriffe, neue Inhalte, neue Ziele verpflichtet werden. Eine solche Partei läßt sich auf diese Weise nicht schlagartig umkrempeln, sondern allenfalls verunsichern.

Überhaupt gelingt Modernisierung wahrscheinlich nur unter konservativen Auspizien: Je stärker der Einschnitt in die Lebenswelten, desto nötiger die folkloristisch-sentimentale Begleitmusik, desto nötiger sinnstiftende Mythen, Glaubensüberzeugungen und Legitimationsressourcen. Ein moderner Sozialdemokrat sollte seine Reformen daher mit dem Mythos der Partei verbinden und veredeln. Der Mythos bleibt, paradoxerweise, die Voraussetzung des Modernisierungserfolges, bietet die Möglichkeit zur Überwindung von blockierenden Dogmen.

Die Enttraditionalisierung der SPD dagegen, wie sie Schröder im Frühjahr und Sommer 1999 zeitweise versuchte, enteignete die Parteisoldaten kulturell, machte sie ortlos, nahm ihnen die Legenden und beraubte sie buchstäblich ihrer Sprache. Die SPD war sich ihrer Kernbotschaften nicht mehr sicher. Eine Partei aber, die daran zweifelt, verliert das Selbst- und Sendungsbewußtsein, das immer noch der Treibstoff ist für idealistisches Engagement, für ehrenamtlichen Einsatz, für Überzeugungsarbeit im Wahlkampf, für samstäglichen Standdienst auf den Marktplätzen und für Diskussionen mit nörgelnden Bürgern. Ohne traditionsgesättigte Botschaften kann eine Partei ihre Kernwähler nicht mobilisieren. Und ohne die Aktivierung der Kernwähler kann sie auch die Wechselwähler nicht beeindrucken. Sie wird die Wahlen verlieren. Und genau das erlebte die SPD durchgängig im Jahr 1999.

In einem solchen Prozeß verfliegt dann ganz rasch auch das Flair des politischen Medienhelden, und der Telekanzler stellt ernüchtert fest, daß Mediencharisma nur kurze Zeit währt und sich gerade in Zeiten der Niederlagen und Rückschläge schnell verbraucht. Ihm dämmert, daß ihm die mediale Rolle, die seinen Aufstieg begünstigte, nun schadet, da er regieren muß. Hochgekommen als frecher Flegel, der Partei und Fraktion immer wieder ärgerte und verhöhnte, kann er sich als Regierungschef nur halten, wenn er die Fußtruppen und die Unterführer von Partei und Fraktion einigermaßen geschlossen hinter sich hat. Schröder weiß das. Und seine Chancen, eine solche Machtposition zu gewinnen, sind mittlerweile gar nicht einmal schlecht.

Anders nämlich als sein letzter sozialdemokratischer Vorgänger im Amt, Helmut Schmidt, hat er keine aggressiv-oppositionelle Jugendkohorte im Nacken, und er hat auch keinen mächtigen linken Flügel zu fürchten, da dieser in den innerparteilichen Kämpfen der späten siebziger und frühen achtziger Jahre erlahmt ist und zudem über keinen glanzvollen Tribun, keinen bestechenden Theoretiker, über keine zugkräftigen Visionäre mehr verfügt. Im übrigen hat Schröder sämtliche entscheidenden Funktionen auf sich vereint, hat potentielle Konkurrenten entweder eingebunden oder neutralisiert. Insofern ist es ihm, der in seiner Partei lange Außenseiter war, in bemerkenswert kurzer Zeit gelungen, zumindest die institutionellen Voraussetzungen für eine halbwegs überzeugende Handlungseinheit von Partei, Fraktion und Regierung im fragmentierten parlamentarischen System der deutschen Republik zu schaffen. Und er war klug genug, die Rolle des Ausputzers in der Partei mit Franz Müntefering zu besetzen, dem Ollenhauer unserer Tage, der die Traditionalisten bei der Stange zu halten versucht, wenn der Kanzler mit den Dogmen seiner Partei bricht. Denn nur so kann es gelingen.

Währenddessen geht der Heimatverlust der Sozialdemokraten in der deutschen Gesellschaft weiter. Heimat verliert ihre Grundlagen: die Existenz und Erfahrung industriegesellschaftlicher Kollektivität. Die Heimat blühte, als es noch Zechen gab, stolze Werften, expandierende Montanunternehmen, geschlossene Werkssiedlungen. Dort arbeiteten und lebten die Menschen in großen Kollektiven, organisiert und geschützt von den Gewerkschaften, pfleglich versorgt in Kindheit, bei sozialer Not und im hohen Alter durch sozialistische Jungfalken, Arbeiterwohlfahrt und Arbeitersamariter. Über diese Struktur rekrutierten die Sozialdemokraten nahezu naturwüchsig ihre Mitglieder und Anhänger, hielten und prägten sie ein Leben lang in einem homogenen kulturellen System. Von alldem besteht nicht mehr viel. Die Zechen sind weg, die Werft- und Stahlindustrien haben volkswirtschaftlich dramatisch an Bedeutung verloren. Die Werkssiedlungen von ehedem sind, bestenfalls, zu musealen Besuchsobjekten ortsgeschichtlicher Stadtführungen geworden oder, wahrscheinlicher, einfach wegsaniert. Die Wohn- und Arbeitsbiographien haben ihre Kontinuität und Gleichförmigkeit eingebüßt, und die Gewerkschaften schließlich stecken angesichts all dieser Entwicklungen in einer tiefen Organisations- und Identitätskrise, welche in nicht unerheblichem Umfang zugleich ein Problem der Sozialdemokratie ist.

Ein Wandel, der aus den Arbeitern in altindustriellen Bereichen Arbeitnehmer in neutechnologischen, dezentral strukturierten Wachstumssektoren gemacht hätte, ist den Gewerkschaften jedenfalls nicht gelungen. Noch immer sind sie die Interessenvertretungen eines schwindsüchtigen sekundären Wirtschaftssektors. Ihr Organisationsverständnis stößt auf Barrieren bei Dienstleistern und Digitalspezialisten; die Mitgliedschaft ist überaltert, der Frauenanteil niedrig, das Interesse der Jugend äußerst gering. Und wie sich die Rekrutierungserfolge der Gewerkschaften in früheren Jahrzehnten in steigenden Mitgliederzahlen bei der SPD umsetzten, treibt ihre Rekrutierungsschwäche heute den Organisationsgrad der SPD herunter. Wo sich die Gewerkschaften in der modernen

Welt nicht mehr halten können, dort haben die Sozialdemokraten ebenfalls keinen *dauerhaft* prägenden Einfluß mehr. Die Krise gewerkschaftlicher Organisationsfähigkeit ist Ursache auch für die gewachsene Bindungsschwäche der SPD.

Wohin die neue Heimatlosigkeit der europäischen Arbeitnehmer politisch führen kann, zeigt sich drastisch am Beispiel Österreichs. Nirgendwo auf der Welt hatten Sozialdemokraten eine so mitglieder- und organisationsintensive Sonderkultur errichtet wie hier. Das war die Voraussetzung dafür, daß die SPÖ in dem eigentlich hochkatholischen, auch stark agrarischen, für sozialistische Hegemonie mithin nicht gerade idealen Land in den siebziger Jahren gleich dreimal hintereinander die absolute Mehrheit erzielte, was sonst keiner sozialdemokratischen Partei gelang. Dann jedoch, in der zweiten Hälfte der achtziger und rasanter noch während der neunziger Jahre, zerfiel diese Eigenkultur. Der Erfolg unterhöhlte wieder einmal die eigenen Voraussetzungen. Durch nahezu ständige Regierungsbeteiligung etatisiert, war aus der idealistisch und kulturell inspirierten Gesinnungsgemeinschaft der Facharbeiterschaft ein kühler Interessen- und Patronageverbund von Staatsfunktionären geworden. Dadurch lockerten sich die lebensweltlichen Bezüge zu den Arbeiterquartieren, und auch die Loyalität der Arbeiter gegenüber ihrer traditionellen Partei schwand zusehends. Schließlich orientierte sich das heimatlos gewordene Proletariat um. Es wählte Haider. Jeder zweite österreichische Arbeiter gab der Haider-Truppe seine Stimme, während die Sozialdemokraten nicht einmal mehr jeden dritten Arbeiter erreichten.

Der moderne Rechtspopulismus ist eben immer auch linker Populismus, nicht bürgerlich, nicht honoratiorenhaft, nicht elitär, sondern arbeitertümelnd, kleinbürgerlich, sozialagitatorisch und plebiszitär. Und er hat dort Erfolg, wo die sozialdemokratischen Heimaten zerfallen, wo die kulturellen und organisatorischen Bindungen zwischen den Unterschichten und den alten Arbeiterorganisationen zerschnitten und die sozialdemokratischen Parteien allzu deutlich ein Teil von Staat und Establishment geworden sind. Auch in Österreich wählten noch 49 Prozent der gewerkschaftlich organisierten Arbeiter und Angestellten die Sozialdemokraten. Jenseits davon aber war die FPÖ des Jörg Haider zur Partei der abhängig Beschäftigten in der alten Republik geworden.

Nun ist Deutschland nicht Österreich. Die korporatistischen Strukturen haben sich hier längst nicht so krakenhaft ausgebreitet und bürokratisch verfestigt. Und die SPD ist weit davon entfernt, die ewige Staatspartei der Republik zu sein. Aber eine Partei des öffentlichen Dienstes ist sie schon. Die habituelle Entfremdung zwischen Arbeitern oder Arbeitslosen und akademisch-verbeamteten sozialdemokratischen Eliten nimmt zu, und die Heimatlosigkeit der Unterschichten ist ebenfalls weit vorangeschritten. Eine gut organisierte, charismatisch mobilisierte Partei der populistischen Sammlung hätte wohl auch in Deutschland nicht geringe Chancen, in der Trümmerlandschaft der zusammengestürzten Milieus die Unzufriedenen und Heimatlosen an sich zu binden.

Noch aber existiert eine solche Partei nicht, weshalb die Heimatlosen des sozialdemokratischen Milieus zur Zeit überwiegend Wahlenthaltung üben. Doch schon das hat 1999 die große Hochburg der westdeutschen Sozialdemokratie, das Ruhrgebiet, geschleift. Bei den Kommunalwahlen in Nordrhein-Westfalen blieben zwei Millionen frühere SPD-Wähler zu Hause, die Rathäuser fielen reihenweise an die Christdemokraten, die zwar keine neuen Wähler aus dem gegnerischen Lager hinzugewannen, aber ihren bürgerlich-kirchlichen Anhang noch hinreichend mobilisierten. Dabei waren gerade die

Sozialdemokraten des Ruhrgebiets für ihre hohe Organisationsleistung berühmt. Damit aber ist es in den neunziger Jahren vorbei. Die Fußkranken der Modernisierung, die im Strukturwandel Zurückgebliebenen und Vergessenen hören nicht hin und machen, jedenfalls bei Kommunalwahlen, nicht mehr mit, wenn der Wahlappell der SPD ertönt.

Denn auch die Sozialdemokratie des Ruhrgebiets hat sich verändert. In ihr dominiert nicht mehr der Multifunktionär aus dem Montanbereich, der Betriebsrat von Hoesch oder Mannesmann, der zugleich Ortsvereinsvorsitzender und AWO-Chef ist und weithin als volksnah, trinkfest und jederzeit ansprechbar gilt. Nein, in ihr gibt es nun allzu viele von der Sorte des stellvertretenden Personalratchefs der Stadtverwaltung, der im Aufsichtsrat der örtlichen Sparkasse sitzt und üppige Tantiemen aus seiner Beratertätigkeit für ein Energieversorgungsunternehmen bezieht, ein teures, doch billig kreditiertes Eigenheim in einer schicken Stadtrandsiedlung bewohnt, wo er neureiche Stillosigkeiten protzig zur Schau stellt. Die Sozialdemokraten sind nicht mehr die allgegenwärtigen Helfer, die sich um die »kleinen Leute« und ihre Sorgen kümmern. Schließlich war der Reformismus der Ruhrgebiets-SPD immer angewiesen auf wirtschaftliches Wachstum und finanzierungsfähige Kommunen: Dann konnten die Multifunktionäre der Arbeiterbewegung mittels ihrer Rathausmacht Kindergärten eröffnen, Hallenbäder errichten, einen Park anlegen oder Straßen bauen lassen. In den Zeiten des Mangels aber hatten die Sozialdemokraten ihrer Klientel nicht mehr viel zu bieten. Das Milieu war weg, der Klientelismus reichte nicht mehr tief genug, der Abstand zwischen Parteieliten und Wählern war zu groß geworden – so brachen die Sozialdemokraten bei den Kommunalwahlen 1999 ein. Das könnte ein Menetekel auch für spätere Landtags- und Bundestagswahlen sein.

Aber noch haben die Sozialdemokraten im Ruhrgebiet trotz aller Erosion mehr Organisation, mehr Mitglieder, mehr Funktionäre, mehr Aktivisten als überwiegend sonst in Deutschland. Die nächsten Wahlen werden zeigen, wie groß der Rest an Milieu und Heimat noch ist. Gewinnen können die Sozialdemokraten – jedenfalls bei einem intakten christdemokratischen Gegner – auch oder gerade in diesen modernen Zeiten nur, wenn sie die alten Traditionsressourcen voll ausschöpfen, wenn sie ihre Traditionsbataillone geschlossen aktivieren und die Verdrossenen, Frustrierten und Benachteiligten wieder an die Wahlurne bringen können.

Und doch dürfen die Sozialdemokraten nicht zur Partei der Frustrierten und Abgehängten werden. Sie müssen den Strukturwandel schaffen, und dazu brauchen sie dann schon auch und ganz wesentlich die Gestalter, Macher und Leistungsträger der Gesellschaft. Ebendas macht den Zusammenhalt der sozialdemokratischen Wählerkoalition, die Allianz von Unten und Mitte, macht aber auch das Regieren so schwierig, ganz unabhängig davon, ob im Kanzleramt das rein Handwerkliche klappt oder nicht. Im übrigen plagen sich alle sozialdemokratischen Parteien Europas mit diesen Problemen, die meisten von ihnen sogar schon länger als die SPD. Fast überall in Europa waren die sozialdemokratischen Parteien nach einigen Jahren der Opposition während der neunziger Jahre als Parteien des sozialen Gerechtigkeitsversprechens zurück an die Macht gekommen. Es dauerte meist nur wenige Monate, bis sie zu harten Sanierern und Sparkommissaren geworden waren. Es folgte allseits viel Empörung und lauter Protest; mancherorts brannten sogar Parteihäuser, es kam zu Massenaustritten und zu eklatanten Einbrüchen bei Wahlen.

Am glimpflichsten kamen bezeichnenderweise die Parteien davon, die ihre Modernisierungsbemühungen in sozialistisches Vokabular hüllten und dadurch semantisch fast verbargen, wie die französischen Sozialisten; am erfolgreichsten bestanden jene Parteien die Feuerprobe der Reform, die an ihren Zielen unbeirrt festhielten, diese fortlaufend begründeten, hartnäckig kommunizierten und dabei stets in enger Abstimmung mit allerdings hinreichend problembewußten und bemerkenswert mitgliederstarken Gewerkschaften handelten, wie in den Niederlanden, Dänemark und Finnland. Und doch gab es auch dort immer Wahlverluste, selbst zu Zeiten, als die Wirtschaft brummte, der Schuldenberg abgetragen und die Zahl der Arbeitslosen zurückgegangen war. Es wird also schwer bleiben für die deutschen Sozialdemokraten.

Indes läuft ja durchaus nicht alles in der Gesellschaft schlecht für sie. In den achtziger Jahren lagen die Pole in ihrem Wählerpotential noch weiter auseinander und waren daher schwerer zusammenzuführen als heute. Außerdem ist die Wählerschaft der SPD, selbst im Grenzbereich zu den Grünen, seit Mitte der neunziger Jahre insgesamt weitaus weniger »postmaterialistisch« als noch zehn Jahre zuvor; die Konkurrenz der Grünen ist deutlich schwächer geworden. Auch haben die Sozialdemokraten bei den westdeutschen Babyboomern, den in den fünfziger und sechziger Jahren Geborenen also, selbst in ihrer gegenwärtigen Krise noch bemerkenswert viel Rückhalt. Diese Kohorte wird für geraume Zeit die produzierende, dienstleistende und erziehende Kerngruppe der Gesellschaft bleiben – ein Boden, auf dem die Sozialdemokraten eigentlich gut bauen könnten. Denn in dieser Kerngruppe gibt es, wie es im Jargon der Werteforscher heißt, die meisten der sogenannten aktiven Realisten. »Aktive Realisten« sind Menschen, die die alten Pflichtwerte wie Disziplin, Verläßlichkeit und Fleiß mit den neuen Selbstentfaltungs- und Partizipationswerten kombinieren und deren Wertehaushalt selbst in Krisenzeiten als wetterfest gilt – vorausgesetzt, man beteiligt sie politisch, führt ihre im Zuge der Bildungsexpansion gewaltig gewachsenen Kompetenzen in den politischen Entscheidungsprozeß hinein.

Läßt man sie hingegen nicht mitmachen, dann hat man das Übel der »Hedomats« am Hals, wie das Kürzel der Werteforscher für die »hedonistischen Materialisten« lautet. Das sind meist junge Leute, denen es vor allem darauf ankommt, schnell eine Menge Geld zu verdienen, um es dann ebenso rasch wieder auszugeben. Interesse an den öffentlichen Angelegenheiten haben sie nicht. Statt dessen findet man bei ihnen eine geradezu hybride Konsumentenhaltung: Gern und viel wird genörgelt, paßt einem das angebotene Programm nicht, wird es eben weggezappt. Telepolitiker fördern diesen Typus noch und entziehen dadurch der Politik den Boden. Ebendeshalb scheitern sie mit komplizierten Vorhaben. Denn schon bei den ersten Schwierigkeiten zappt der durch Medienpolitik aufgewertete »Hedomat« ungeduldig weiter. So käme es heute gerade für die Sozialdemokraten darauf an, die Potentiale ihrer »aktiven Realisten« zu nutzen, die Kampagnefähigkeit der eigenen Kerngeneration wiederherzustellen. Namentlich diese Generation hat in den Zeiten der neuen sozialen Bewegtheiten eine Menge Organisations- und Aktionserfahrung gesammelt. Die aber liegt gegenwärtig brach. Denn den Parteieliten in der Sozialdemokratie, im übrigen auch bei den Grünen, ist die Erinnerung an die oft skurrilen und überdrehten Kampagnen früherer Jahre peinlich geworden. Die Eliten sind nun erwachsen, vernünftig, unromantisch. Und daher nutzen sie zu wenig die Ressource, die es trotz der Auflösung der Milieus vielleicht noch gibt: die Mitwirkung qualifizierter, ernsthafter und gemeinschaftsorientierter »aktiver Realisten«, die dabei helfen könnte, Politik jenseits medialer Kurzatmigkeiten auch in langen Prozessen durchzusetzen.

Das nötige Potential dazu hätte die SPD, und insofern sind ihre Zukunftsaussichten gar nicht durchweg trübe. Im Grunde spiegelt die Mentalität der Sozialdemokratie die deutsche Befindlichkeit überhaupt: hin- und hergerissen zwischen Modernisierung und Tradition, zwischen Reform und Beharrung. Im Zweifelsfall wird hier wie dort die Bestandssicherung gerne dem unwägbaren Zukunftsrisiko vorgezogen. Im Grunde ist die sozialdemokratische Losung von der »Modernisierung mit Bodenhaftung« eigentlich auch das Motto der deutschen Gesellschaft. Die SPD hatte allerdings in der Vergangenheit stets das Problem, daß ebendies seit eh und je auch das Credo der CDU war, die es zudem noch trefflicher verkörperte, weil sie die Republik in jenen schönen Wohlstandsjahren regierte, als ökonomische Dynamik und gesellschaftliche Modernisierung noch kommod mit sozialem Ausgleich, wohlfahrtlicher Beglückung und behaglicher Seßhaftigkeit zusammengingen. Das machte die Christliche Union über fünf Jahrzehnte zur eigentlichen Heimatpartei der Westdeutschen.

5 Vieles muß sich ändern, doch die Kirche bleibt im Dorf: Die CDU

> »Wir dürfen unser schönes Land, unsere Republik nicht in die Hände dieser Leute geraten lassen.«
> Bundeskanzler Helmut Kohl im März 1998

In der bundesdeutschen Gesellschaft hatten die Christdemokraten im Wettbewerb mit den Sozialdemokraten fast immer die Nase vorn. Die CDU stellte die Führung des politischen Konzerns, die SPD bildete den Betriebsrat – an dieses Bild hatte man sich in der Bundesrepublik gewöhnt. Die CDU war zweifellos ein ganz außergewöhnliches Erfolgsmodell unter den europäischen Parteien. In der deutschen Parlamentsgeschichte zumindest hat ihr keine andere Partei je das Wasser reichen können: In den ersten fünfzig Jahren der Bundesrepublik standen die Christdemokraten 36 Jahre an der Spitze der Regierung, während der ewige sozialdemokratische Rivale im gesamten 20. Jahrhundert nur in 18 Jahren zum Zuge kam. So sozialdemokratisch also war das Jahrhundert nicht, das da unlängst zu Ende ging.

Eher im Gegenteil. Lange waren die Sozialdemokraten, wenn es darauf ankam, die großen Verlierer der historischen Auseinandersetzungen in Deutschland. Die Christdemokraten dagegen gehörten oft genug zu den Gewinnern. Sie waren in der Vergangenheit fast immer eine Spur schneller, flexibler, machtpolitisch ausgekochter, eben erfolgreicher als ihre politischen Konkurrenten.

Sie konnten das alles vor allem deshalb sein, weil sie auf Tradi-

tionen gründeten, die dem aufgeklärt-liberalen Durchschnitts-
intellektuellen als vorgestrig, ja reaktionär gelten: Die CDU
war und blieb lange im Kern katholisch. Sie stützte sich also in
der Tat stärker als jede andere Partei auf vormoderne Glau-
bensinhalte, Mentalitäten, Institutionen, Hierarchien. Ebendarum war sie so erfolgreich. Schon die Parteien des politischen Katholizismus, die es vor der CDU gab, hatten die
Modernisierungskrisen des späten 19. und frühen 20. Jahrhunderts weit besser überstanden als alle anderen Parteien –
und waren so zu eigenen und ganz ungewöhnlichen Moderni-
sierungsleistungen fähig. Die vormodernen Sinndepots des
Katholizismus erwiesen sich als entscheidende Voraussetzungen für die politische Modernität der christlichen Demokratie; gelungene Modernisierung im politischen Bereich hing
offenbar von konservativen, ja vormodernen Kulturmustern
in gesellschaftlichen Teilmilieus ab. Kurz, die Christdemokraten waren den durchaus in Milieus verankerten Sozialdemokraten deshalb voraus, weil ihre Traditionen noch weiter zu-
rückreichten und noch tiefere Wurzeln geschlagen hatten.
So hatte der politische Katholizismus in Deutschland von Anfang an und in vielerlei Hinsicht einen deutlichen Vorsprung
vor der Sozialdemokratie. Die Katholiken waren die ersten,
die ein organisatorisch hochverdichtetes Milieu schufen. Sie
hatten gewissermaßen das Glück, daß Bismarck und die Liberalen sie noch vor den Sozialdemokraten ins Visier ihrer
Verfolgungsstrategie nahmen und mit Ausnahmegesetzen
traktierten. Das schweißte sie zusammen, das stellte die Geschlossenheit von katholischem Volk, deutschem Episkopat
und römischer Kurie her, das blieb als einheitsstiftende Erinnerung noch über viele Jahrzehnte haften und wirkte sich stets
dann stabilisierend aus, wenn die Katholiken unter Druck und
in die Defensive gerieten. Ihr Milieu hatten sie schnell errich-

tet. Schließlich fingen sie – und ebendas hatten sie den Sozialdemokraten voraus – nicht bei Null an, als sie sich ihr eigenkulturelles System am Rande der protestantischen Mehrheitsgesellschaft zimmerten. Ihnen stand die Tradition einer fast zweitausend Jahre alten Kirche zur Verfügung, und sie konnten sich der vielen sinnvermittelnden und gruppenbildenden Rituale bedienen, die die katholische Theater- und Bilderreligion im Unterschied zum weitaus spröderen Protestantismus in großer Fülle hervorgebracht hatte, vom Marienkult über Wallfahrten, Prozessionen und Kirchweihfeste bis hin zur individuellen Ohrenbeichte.

Von Beginn an aber verband das Milieu des politischen Katholizismus die vorbürgerlichen Traditionsbestände mit dem modernen Rechtsinstitut der Organisationsfreiheit. Die Katholiken gründeten gegen Ende des 19. Jahrhunderts früher und stärker als alle anderen gesellschaftlichen Gruppen Vereine und Verbände. Mit dieser Mischung aus vormodernem Kult und moderner Organisationsleistung erhielt sich das katholische Milieu die über Jahrhunderte angesammelten Traditionsvorräte und war doch zugleich anpassungsfähig genug, um in neue Lebensrealitäten vorzudringen und sie durch die sich immer weiter ausfächernden Vereinsstrukturen zu erschließen. Das war das Erfolgsrezept für viele Jahrzehnte, welches lange auch – und gerade in ihren besten Jahren – für die CDU galt.

Nun holten die Sozialdemokraten den Organisationsstand des katholischen Milieus nach der Jahrhundertwende durchaus ein. Auch sie hatten sich mit ihren Maifeiern, den roten Fahnen und dem Kult um Lassalle, Marx und Bebel ein wirkungsvolles gemeinschaftskonstituierendes Ritualsystem geschaffen. Doch in ihrem weltanschaulichen Anspruch konnte die Sozialdemokratie mit dem Katholizismus niemals mithalten.

Das katholische Heilsversprechen reichte tiefer und band stärker als die irdische Gerechtigkeitsvision der Sozialisten. Im Katholizismus war alles auf die Ewigkeit ausgerichtet. Die katholische Religion versprach den Gehorsamen das ewige Leben, drohte aber den Ungehorsamen mit der ewigen Verdammnis. Allein die enormen Heilsängste, die der Katholizismus so produzierte, hielt die Gläubigen davon ab, Kirche, Milieu und Partei zu verlassen. Solange sich die Katholiken vor der Hölle fürchteten und um die Erlösung im Himmel zitterten, so lange waren dem katholischen Milieu und seiner Partei die Anhänger und Wähler sicher.

Dergleichen hatten die Sozialdemokraten nicht anzubieten. Ihre Heilsutopie war ganz im Diesseits angesiedelt, konnte sich also im Unterschied zur Jenseitsreligion in der Gegenwart der gesellschaftlichen Realität blamieren. Ebendas geschah nach 1918, als der parlamentarische »Volksstaat« nicht das brachte, was die sozialistischen Propheten vor 1914 verkündet hatten. Den Sozialdemokraten liefen die Jünger in Scharen davon. Das konnte der katholischen Zentrumspartei und lange auch der CDU schon deshalb nicht passieren, weil ihre Wähler in der säkularen Welt nicht erfuhren, was sie im Reich Gottes im einzelnen erwartete.

Auch war die Religion der Katholiken anders als die Weltanschauung der Sozialisten nicht an ein Klassensubjekt gebunden, nicht an Proletariat oder Bourgeoisie, nicht an Adel oder Bauernschaft. Das machte die katholische Zentrumspartei zur ersten Volkspartei in der deutschen Gesellschaft. Schon Jahrzehnte vor den Sozialdemokraten übte sie sich im Management der Heterogenität, in der Moderation widersprüchlicher sozialer Interessen. Was die Sozialdemokraten in den siebziger und achtziger Jahren des 20. Jahrhunderts erst mühselig lernen mußten, hatte die katholische Partei bereits am Ausgang des 19. Jahrhunderts verinnerlicht. Sie hatte Kompromißtechniken und Proporzstrukturen entwickelt, um rheinische Bergarbeiter und schlesische Barone, westfälische Landwirte und badische Krämer unter einen Hut, unter das Dach der Zentrumspartei zu bekommen.

So wurden die Politiker des vormodernen Katholizismus die ersten Protagonisten eines modernen Parlamentarismus in Deutschland. Denn sie konnten sich angesichts der sozialen Breite der Zentrumsanhängerschaft keine ideologischen Engstirnigkeiten leisten. Sie mußten pragmatisch, wendig, flexibel und anpassungsfähig sein, geschmeidig und nach mehreren Seiten offen für Allianzen. Und sie hatten all die weit auseinanderlaufenden sozialen Fäden in ihrer Wählerschaft politisch immer wieder in der Mitte zu bündeln. Katholische Politiker lernten also früh, früher auch als die Sozialdemokraten, worauf es in modernen parlamentarischen Systemen mit fragmentierten Entscheidungs- und Sozialstrukturen ankam: auf undogmatische Beweglichkeit, auf Interessenausgleich, auf Kompromiß- und Bündnisfähigkeit und besonders auf den Ort der Mitte im Parlamentsspektrum. Denn durch die Position im Zentrum des politischen Systems wurden die katholischen Parteien fast überall in Europa zu den Scharnieren der Kabinettsbildung, zu gleichsam natürlichen Regierungsparteien. Auch dieses kulturelle und politische Erfahrungskapital des Katholizismus floß nach 1945 voll in den Parteienhaushalt der CDU ein.

Nimmt man schließlich noch die Modernitätskriterien heutiger Parteimanager zum Maßstab, dann waren die katholischen Parteien auch in ihrer Organisationsstruktur fortschrittlicher als die Sozialdemokraten: Sie hatten wenig Apparat, wenig hauptamtliches Personal, eine überschaubare Mitgliederzahl und vor allem kein stringentes Programm. Eine starre

Organisation und eine klar fixierte politische Ideologie hätten den Spielraum des politischen Katholizismus auch nur verengt und ihm die taktische Flexibilität genommen, die er brauchte, um seine weit auseinanderstrebenden Gesellschaftsschichten zusammenzubinden.

Doch als rein säkulares Politikunternehmen wäre die Zentrumspartei trotz oder vielmehr wegen ihrer Elastizität und Beweglichkeit in den Jahren der Weimarer Republik wohl ebenso desaströs dezimiert worden wie die liberalen Kräfte. Die Zentrumspartei konnte sich ihre politische Modernität nur deshalb leisten, weil ihr die Legitimitätsreserve der Kirche und die Ersatzstrukturen des katholischen Vereinsmilieus zur Verfügung standen. Das war der entscheidende Unterschied zu den Liberalen, die pure Modernität verkörperten und infolgedessen scheiterten. Klerus und Milieu sorgten für die Stabilität des politischen Katholizismus, die einen von oben, die anderen von unten. Ohne die höchste Autorität der Kirche jedenfalls hätten auch alle pragmatischen Künste der Zentrumspolitiker nicht ausgereicht, um Linke und Rechte, Monarchisten und Republikaner, Kapitalisten und Arbeiter in ein und demselben politischen Laden zusammenzuhalten. Wenn es brenzlig wurde, war allein der Klerus in der Lage, die weltlichen Konflikte im politischen Katholizismus zu überwölben und zu entschärfen.

Das katholische Vereinsmilieu ersetzte gewissermaßen die Parteistruktur, die der politische Katholizismus nicht besaß. Hier rekrutierte die Zentrumspartei ihren Nachwuchs, die wenigen Funktionäre, ihre parlamentarische Elite. Und in Wahlkampfzeiten mobilisierten die Vereine ihre Truppen, die das katholische Volk zu den Urnen trommelten. Doch sobald der Wahlkampfzirkus vorbei war, zog sich das Milieu aus der politischen Arena wieder zurück und überließ den Parteieliten das Feld. Auch das verschaffte den katholischen Parteien einen erheblichen Vorteil gegenüber den Sozialdemokraten. Denn das sozialistische Milieu war auch zwischen den Wahlen in Bewegung, intervenierte durchweg munter in allen Fragen des politischen Alltags und schränkte dadurch den Aktionsradius der sozialdemokratischen Führung beträchtlich ein. Die katholischen Parteiführer dagegen hatten durch die politische Zurückhaltung ihres Milieus einen außerordentlich großen Handlungsspielraum, den sie wegen ihrer komplexen Integrationsaufgaben und ihrer Koalitionspolitik nach links und rechts auch dringend benötigten. Kurz, Kirche und Milieu sicherten die Loyalität der Gläubigen gegenüber der Zentrumspartei auch in Zeiten höchst unpopulärer Entscheidungen. Das stabilisierte den politischen Katholizismus in der krisengeschüttelten Zwischenkriegszeit, bot ihm einzigartige Freiräume und Handlungsoptionen, ja ermöglichte ihm moderne parlamentarische Politik.

Die 1945 entstandene CDU knüpfte an dieses Modell der katholischen Volkspartei an. Auch sie war Honoratioren- *und* Milieupartei, kombinierte also erneut den Vorzug politischer Beweglichkeit mit der Sicherheit gesellschaftlicher Verankerung. Für einen starken politischen Führer wie Konrad Adenauer waren dies geradezu ideale Ausgangsbedingungen. In seinen Wahlkämpfen während der fünfziger Jahre konnte er das katholische Milieu mühelos und aus dem Stand mobilisieren. Zwar hinkte die CDU der SPD parteiorganisatorisch meilenweit hinterher, aber in Wahlkampfzeiten spielte das keine Rolle. Binnen weniger Tage vermochten die christlich-bürgerlichen Milieus ihre Kommunikations- und Organisationsnetze über ganz Westdeutschland zu werfen. Der Wucht und Schlagkraft christdemokratischer Wahlkämpfe wußten die Sozialdemokraten lange nichts entgegenzusetzen. Nach Schließung der Wahllokale aber kehrte das mobilisierte katholische Fußvolk der Politik wieder den Rücken. Auch daran hatte sich seit den Zeiten des Zentrums nichts geändert.

Da in der CDU selbst zunächst ebenfalls keine ausgeprägten Organisationsstrukturen und Kontrollmechanismen existierten, konnte Kanzler Adenauer souverän regieren, ohne daß ihm irgendwelche Aktivisten oder Funktionäre in die Quere kamen. Im Wahlkampf half ihm die enorme Kraft des Milieus, beim Regieren die Personal- und Programmschwäche der Honoratiorenpartei. Der Kanzler mußte sich nicht mit Kommissionen herumschlagen, die auf eherne Grundsätze pochten, und auch nicht mit Delegierten, die der Regierung Aufträge erteilen wollten. Obwohl ihn keine Parteisekretäre nervten, die das Ethos der Partei über den Erfolg der Regierung stellten, trug das Milieu alles mit, was er politisch in die Wege leitete. Es war also ganz anders als bei den Sozialdemokraten. Gewiß, unter basis- oder partizipationsdemokratischen Gesichtspunkten war es keine so schöne Sache, doch die Effizienz dieser Struktur ließ sich kaum von der Hand weisen: Sie erlaubte starke politische Führung, gab Raum für taktische Flexibilität und gestattete zuweilen auch unpopuläre, aber notwendige Entscheidungen. Das war die wahrscheinlich beste Zeit für »Governance« in Deutschland im 20. Jahrhundert. Doch erschwerte diese Struktur zugleich Durchschaubarkeit und demokratische Kontrolle; sie war der Humus für das »System Globke« und das »System Kohl«, für informelle Netzwerke und schwarze Kassen. Der Klientelismus ersetzte zwischen den Wahlen die fehlende Parteiorganisation.

Nun war die CDU natürlich nicht einfach die historische Verlängerung der Zentrumspartei. Wäre die CDU lediglich eine alte katholische Milieupartei unter neuen Verfassungsbedingungen geblieben, dann hätte sie nicht zwischen 1953 und 1994 durchweg über vierzig Prozent der Stimmen erzielen und zur unangefochtenen Mehrheitspartei der Republik werden können. Dann wäre sie wahrscheinlich im Zuge der Erosion des katholischen Milieus in den siebziger Jahren genauso in den Strudel gravierender Wählerverluste geraten wie ihre christdemokratischen Schwesterparteien in Belgien, Österreich, Italien, Luxemburg, der Schweiz und den Niederlanden. Doch die CDU wurde zur wirklichen konfessionsübergreifenden Volkspartei, zur Sammelpartei der christlichen, konservativen und bürgerlichen Milieus in Deutschland. Das war anfangs keineswegs selbstverständlich, und es blieb auch ein nationaler Sonderweg. Zudem dauerte es einige Zeit, bis das Ziel erreicht war. In den ersten zehn Jahren ihres Bestehens speiste sich die CDU noch hauptsächlich aus dem Organisationsbestand und dem Personalreservoir, aus der Wählerschaft und dem Menschenbild des vergangenen politischen Katholizismus. In den protestantischen Regionen hatte sie kaum Rückhalt, erreichte hier bei Wahlen in den frühen fünfziger Jahren oft nicht einmal zehn Prozent der Stimmen oder Mandate. Zur großen konfessionsübergreifenden Partei, die auch Teile des protestantischen Bürgertums zu binden vermochte, wurde die CDU erst in der zweiten Hälfte der Fünfziger. Und seinen Abschluß sollte dieser Prozeß der interkonfessionellen Verbürgerlichung sogar erst zu Beginn der siebziger Jahre finden.

Doch immerhin: Nirgendwo sonst in Mitteleuropa hatte sich der alte Milieukatholizismus in der Nachkriegszeit so weit und so erfolgreich mit dem protestantischen Bürgertum verflochten wie in der Bundesrepublik. In allen anderen europäischen Ländern restaurierte sich die katholische Milieupartei der Zwischenkriegszeit. Entscheidend für die Verbürgerlichung der deutschen Christdemokratie war wahrscheinlich die von den Alliierten hinausgezögerte Neustaatsbildung in Deutschland. Denn so konnte sich die Dominanz des linken Sozialkatholizismus, die für den gesamten mitteleuropäischen Katholizismus zwischen 1945 und 1947 kennzeichnend war, in Deutschland nicht in Regierungspolitik umsetzen. Anderenfalls wäre die CDU wohl eher ins antibürgerliche Fahrwasser gesteuert worden. In vielen Ländern führte die antikapitalistische Rhetorik und Strategie der sozialkatholischen Repräsentanten die christdemokratischen Parteien in die sogenannten römisch-roten Koalitionen mit den Sozialdemokraten. Als aber in der neuen Bundesrepublik die verspätete Regierungsbildung anstand, war die beste Zeit der katholischen Sozialreform bereits abgelaufen, und Adenauer konnte, ohne auf erbitterten Widerstand zu stoßen, statt der Großen Koalition mit den Sozialdemokraten das Regierungsbündnis mit den Parteien der protestantisch-bürgerlichen Lebenswelten installieren.

Das war der Ausgangspunkt für die systematische Einverleibung der kleineren bürgerlichen Parteien – mit Ausnahme der FDP – und die Integration der verschiedenen protestantischen Milieus in die Union. Wenn sich damals der katholische Arbeiterflügel durchgesetzt und die Regierungsallianz mit den Sozialdemokraten erzwungen hätte, wäre das westdeutsche Bürgertum politisch gewiß nicht überwiegend in der CDU heimisch geworden. Die CDU als Erfolgsmodell hätte es dann nicht gegeben – und damit auch keine »natürliche« Regierungspartei der deutschen Bundesrepublik.

So aber kamen die über Jahrhunderte verfeindeten Protestanten und Katholiken unter dem hohen »C« der Adenauerschen Christdemokratie doch noch zusammen. Der gemeinsame christliche Anspruch wurde zum Integrationsbogen, der die neue Partei überspannte, aber zum eigentlichen Kitt, zum Bindemittel der protestantisch-katholischen Kooperation wurde der Antisozialismus. Er war es, der die verschiedenen, traditionell fragmentierten protestantischen Teilmilieus zu einer bürgerlichen Gesamtidentität finden ließ und sie in die Arme der im Grunde noch immer milde verachteten und beargwöhnten Katholiken trieb. Der Antisozialismus hatte Tradition im deutschen Bürgertum, schon seit dem Kaiserreich, doch ohne die wüsten antibürgerlichen Exzesse in der SBZ und später, wenn auch wesentlich verhaltener, in der DDR hätte die CDU ihn nicht über Jahrzehnte hinweg so erfolgreich für die Wählerwerbung nutzen können. So aber wurde die Sozialistische Einheitspartei im Osten zum Geburtshelfer und Garanten der bürgerlichen Einheitspartei im Westen Deutschlands.

Ohnehin hatte diese bürgerliche Sammelpartei des Westens nach 1945 ungleich bessere Startvoraussetzungen als die Sozialdemokraten. Denn die bürgerlich-konfessionellen Milieus waren am Ende des Zweiten Weltkrieges intakt, während das sozialistische Lager einen zwölfjährigen Kontinuitätsbruch, den Kontaktabriß zwischen Eliten und Basis und dazu große personelle Verluste zu verkraften hatte. So war der protestantische Konservatismus im Westen Deutschlands der große Gewinner der zwölf Jahre NS-Diktatur. Seine Strukturen hatten sich unbeschädigt erhalten. In den konservativ dominierten Regionen waren die Eliten, die Bürgermeister und Landräte der Weimarer Zeit, meist bis 1945 in ihren Ämtern geblieben. Auch das konservative Vereinswesen, von den Turnern bis zu den Schützen, war nicht angetastet worden. Und in den Führungsgremien des konservativen Milieus gab es personelle Kontinuität, von Weimar bis zum Ende des Nationalsozialismus, von 1947 bis in die späten fünfziger Jahre.

Das katholische Milieu sah sich da schon größeren Schwierigkeiten gegenüber, aber im Kern hatte es die nationalsozialistische Herrschaft ebenfalls unbeschadet überstanden, ganz
anders als das Milieu der Sozialdemokraten und Kommunisten. Die Katholiken konnten ihren kultischen Handlungen
im Innenraum der Kirche zwischen 1933 und 1945 im großen
und ganzen ungestört nachgehen, durften auch Wallfahrten
machen und an Prozessionen teilnehmen. Der Druck von
außen, den es dennoch gab, hatte das Milieu nur noch gefe-
stigt. Die Zahl der Gottesdienstbesucher war gestiegen, und
der Sakramentempfang zu Ostern nahm ebenfalls zu. Kurz,
die katholischen und konservativen Milieus hatten während
der NS-Zeit ihre Strukturen, Einrichtungen und Verbände
aufrechterhalten, ihre Sozialisation fortsetzen, ihr inneres
Leben bewahren können.

Auf die Sozialdemokraten traf all das nicht zu. Was die Milieus
anbelangt, also die lebensweltlichen Voraussetzungen, Kraft-
depots und heimatlichen Verankerungen der Parteien, verfügten Konservative und Katholiken demnach zu Beginn der
westdeutschen Republik über erheblich größere Ressourcen
als die Sozialdemokraten. Auch das hat die lange Erfolgsserie
der katholisch-konservativen Regierungspartei von Adenauer
bis Kohl begünstigt, hat die chronische Unterlegenheit der
Sozialdemokraten in der Bonner Republik mit verursacht, deren Niederlage von 1933 sich 1949 gleichsam fortsetzte. Denn
sie hatten viel verloren, während die sozialen und kulturellen
Grundlagen der bürgerlich-katholischen Rivalen kaum beschädigt worden waren.

Und doch wurde die CDU erst in dem Moment zur großen,
unangefochtenen Integrations- und Sammelpartei, als die katholischen und protestantischen Milieus ihre aus dem Kaiserreich und der Weimarer Republik überkommenen Grenz-

zäune und Absolutheitsansprüche abbauten – ohne sich dabei ganz aufzugeben. Die CDU profitierte davon, daß die Milieus seit der zweiten Hälfte der fünfziger Jahre aufweichten, aber nicht verschwanden. Es war wieder einmal das Zusammenspiel von Konservatismus und Modernisierung, das einer Partei den größten Nutzen brachte und den stärksten Stoß nach vorn gab. Es war diese Konstellation, die der CDU auf der Länderebene in den sechziger und siebziger Jahren auch in den norddeutsch-protestantischen Regionen den Durchbruch ermöglichte. Der enorme gesellschaftliche Wandel, der sich damals vollzog, hatte das klassische Fundament des Konservatismus in der deutschen Provinz stark erschüttert: Die Dörfer hatten sich entagrarisiert; der alte Mittelstand war zusammengeschrumpft; durch Wohlstand und Bildungsexpansion waren die Menschen unabhängiger und kritischer gegenüber den alten Autoritäten geworden; und nicht zuletzt zehrte der Siegeszug der elektronischen Medien an den überlieferten Eigenkulturen in den regionalen und konfessionellen Milieus. Am Ende dieses Prozesses waren die jungen Leute in den traditionell konservativ-protestantischen Gegenden etwas weniger fromm, etwas weniger heimatverbunden, etwas weniger ständisch gesinnt. Der Konservatismus war dadurch – je nachdem – weniger apodiktisch-welfisch, weniger doktrinär-preußisch, weniger dogmatisch-deutschnational. Er war allmählich auch weniger antikatholisch und antiliberal.

Das erwies sich als Chance für die CDU, die eben erst jetzt, in den Sechzigern und Siebzigern, zur unangefochtenen Sammelpartei der ehemals autonomen konservativ-konfessionellen Milieus wurde. Sie profitierte davon, daß die Milieus ihre starren Grenzen nicht mehr halten konnten, daß sie durchlässiger, undogmatischer, integrationsbereiter waren. Erst dadurch konnte eine Partei des katholischen und protestantischen Bürgertums in Deutschland zum politischen Sammelbecken avancieren. Aber die Union profitierte ebenso davon, daß die Kultur dieser Milieus gerade in der Provinz noch in beachtlichen Restbeständen fortdauerte und selbst die kräftigen sozialen Wandlungsschübe der sechziger und siebziger Jahre überleben sollte. Dadurch konnte sie sich als offene und moderne Volkspartei präsentieren, die aber nach wie vor feste Wurzeln hatte und auf lokaler Ebene durch Heimatfeste, bürgerliches Vereinswesen, Honoratiorenstammtische und kirchliche Frömmigkeit verankert war. Das verschaffte der Union ihre Bandbreite von Konservatismus und Modernität, von Halt und Beweglichkeit, von Volkstümelei und Europäertum, von starrer Prinzipientreue und programmatischer Offenheit. Sie war erfolgreich, weil sich die konservativ-kirchlichen Milieus in ihren strengen Ausformungen auflösten und füreinander öffneten, zugleich aber kulturelle Mentalitäten, politische Grundorientierungen und heimatliche Verbundenheiten erhalten blieben. Sie nutzte die Kraftquellen der historisch gewachsenen Milieus, wurde aber nicht von deren Begrenzungen belastet. Das war das Generalrezept einer auch im europäischen Maßstab außergewöhnlich erfolgreichen konservativ-christdemokratischen Partei.

Die Glanzzeit der übrigen christdemokratischen Parteien in Europa kam bezeichnenderweise gerade in jenen Jahren an ihr Ende, als die CDU die bürgerlichen Milieus in Deutschland erfolgreich eingebunden hatte. Die Krise ihrer Schwesterparteien hing eng mit der Krise des Katholizismus, mit der Erosion der Kirchenbindungen und der beschleunigten Entkonfessionalisierung seit Mitte der sechziger Jahre zusammen. Außerhalb Deutschlands übersetzte sich die Entkatholisierung der Gesellschaften geradezu proportional in Wählereinbußen und Mitgliederverluste der nationalen christdemokratischen

Parteien. Einzig die CDU blieb von einem solchen Einbruch verschont. Zwar geriet auch sie mit der Depression des Katholizismus zum Ausgang der Sechziger erstmals in die Opposition. Doch sind die Oppositionsjahre nicht eigentlich als Niedergangsgeschichte der CDU zu erzählen. Schließlich erzielte sie in dieser Zeit bei Landtagswahlen fulminante Ergebnisse von oft über fünfzig Prozent, und ihre Mitgliederzahl verdoppelte sich. Allein den deutschen Christdemokraten gelang es, die Säkularisierungsverluste auszugleichen; allein sie lösten den Anspruch ein, von den katholischen Kernmilieus in die protestantischen vorzudringen. Ebendeshalb aber war die CDU soziologisch erheblich bürgerlicher und politisch erheblich antisozialistischer als ihre sehr viel stärker sozialkatholisch eingefärbten Schwesterparteien. Und genau darum war sie auch in der Lage, säkularisierte Wählergruppen zu halten, soweit sich diese weiter als Teil des Bürgertums fühlten und die Sozialdemokraten nicht mochten (von ihrer furchtbaren Angst vor dem Expansionsdrang östlicher Kommunisten ganz abgesehen). Zudem kam den deutschen Christdemokraten die Revolte von 1968 und die darauffolgende linke Reideologisierung der SPD zur Hilfe. Das gab dem mittlerweile schon ein wenig erschlafften bürgerlichen Antisozialismus noch einmal kräftig Auftrieb.

Und es festigte das landläufige Bild der CDU als vertrauenswürdiger Partei von Maß und Mitte, von Solidität und Verläßlichkeit. Die sozialliberalen Jahre und die fortwährenden Generationen- und Flügelkämpfe in der SPD taten der CDU daher nicht schlecht. Ein Großteil des Wahlvolkes war der vielen und hektischen Reformen rasch überdrüssig, hatte die Nase von den ewigen Emanzipationsappellen bald voll, ja reagierte geradezu gereizt auf die hochgesteckten Partizipationserwartungen. Hinzu kamen noch der Pessimismus nach der ersten Erdölkrise 1973, die unter Willy Brandt wieder neu aufbrechende Angst vor einer inflationären Entwertung allen Sparkapitals und schließlich die jähe Furcht vor der Arbeitslosigkeit, als die Zahl der Erwerbslosen unter Helmut Schmidt die Millionenmarke überschritten hatte.

Da war man von der CDU anderes gewohnt. Sie hatte die Bürger in den ersten beiden Jahrzehnten ihrer Regierungsherrschaft nie überfordert, hatte sie politisch in Ruhe gelassen, entlastet. Mit ihrem äußerst wachen und sicheren Instinkt dafür, was sie dem Volk zumuten durfte und was nicht, trieb sie die Reformen nie zu weit und war dabei vor allem nicht zu laut. Die Partei wußte, daß donnernde und schneidige Veränderungsrhetorik nur Ängste und Widerstände auslöste. In den fünfziger Jahren schrumpfte der landwirtschaftliche Sektor schneller als je zuvor in der deutschen Geschichte. Die Christdemokraten schrieen das aber nicht heraus, mahnten die Bauern nicht ungeduldig durch tägliche herrische Ansprachen zu Anpassungsbereitschaft, beruflicher Mobilität und neuem Denken. Damit hätten sie nur wüste Bauernkrawalle provoziert. Vielmehr sorgten sie für die Subventionierung des Wandels, veranstalteten vor Ort weiter schöne Heimatfeste, spielten das Stück von der heilen Welt und nahmen so all denen, die den harten Wechsel vollziehen mußten, die Furcht vor dem Neuen. Das war die christdemokratische Zauberformel. Die Republik wandelte sich seit den späten fünfziger Jahren, aber sie merkte es kaum. Dafür sorgte die CDU, und ebendas liebte das Gros der Bundesbürger an ihr. Vieles änderte sich, aber irgendwie war doch alles wie immer. Die Kirche blieb im Dorf. Das wurde zur Mentalität des bundesdeutschen Justemilieus, und dessen Partei war auf lange Zeit die CDU.

Es war ihr großes historisches Glück, die erste Regierungspartei der neuen Bundesrepublik zu sein. Mit dieser neuen

Republik begann eine ungewöhnlich lange Ära großen Wohlstandes, eine Ära der materiellen und außenpolitischen Sicherheit. Zuvor waren die Deutschen über dreißig Jahre nicht aus der Krise herausgekommen. Sie hatten Krieg, Revolution und Gegenrevolution erlebt, Inflation und Depression, Diktatur und wieder Krieg, Vertreibung und Flucht. Ende der vierziger Jahre waren sie ausgelaugt und erschöpft und im Westen dankbar für die politische Ruhe, die man ihnen ließ, für die neue Stabilität, die sie nun erfuhren. Ja, die Westdeutschen waren den Christdemokraten dankbar. Ihnen rechneten sie es an, daß die Zeit der wirtschaftlichen und politischen Katastrophen vorbei war, daß es aufwärts ging, daß es allmählich behaglich wurde und daß man sie nicht zu oft an die Vergangenheit erinnerte. Von diesem Kapital, Gründerpartei der Erfolgsrepublik gewesen zu sein und für Wohlstand und Stabilität gesorgt zu haben, sollte die CDU über Jahrzehnte zehren.

Für all das stand Adenauer. Er war der rechte Mann für das bundesdeutsche Justemilieu der fünfziger Jahre, das von Politik nichts wissen und für deren Ziele nicht mehr eingespannt und mobilisiert werden wollte. Adenauer, der Patriarch, nahm den Menschen die Politik ab. Daher war er Kanzler und nicht Kurt Schumacher, der immer noch, als wäre Weimar nicht vorbei, agitierte, forderte, drängte, schrie und tobte. Adenauer dagegen wollte sogar bewußt verhindern, daß sich die Deutschen wieder in wilder Leidenschaft für soziale Begehrlichkeiten in politische Bewegung setzten, und verteilte deshalb großzügig wohlfahrtsstaatliche Prämien an alle Gruppen, die gut organisiert und potentiell protestfähig waren. Vor allem jedoch wollte Adenauer vermeiden, daß es wegen seiner Außenpolitik zum Streit kam. Er wußte, daß sich die Deutschen weder für den Schumanplan noch für die Saarpolitik und erst recht nicht für den Aufbau einer neuen Armee begeisterten. Um nun in Ruhe seine außenpolitischen Ziele verfolgen zu können, brauchte Adenauer ein zufriedenes, saturiertes Volk. Ging es auf die Bundestagswahlen zu, dann empfing er die forderungsfreudigen Interessenvertreter der Grünen Front, der Industrieclubs, des Beamtenbundes und der christlichen Arbeiterschaft mit offenen Armen und großmütigem Herzen. Adenauer gab ihnen, was sie verlangten. Die wirtschaftspolitischen Ordnungspolitiker einer freien Marktwirtschaft in der Fraktion und im Kabinett, die Adenauer allesamt für unpolitische und verstiegene Doktrinäre hielt, konnten darüber zetern und klagen, wie sie mochten. Adenauer beschied ihnen lediglich kühl und abschließend, daß man ja wohl die Wahlen gewinnen wolle. Nach diesem Prinzip, politisches Wahlverhalten durch großzügige materielle Gratifikationen zu erkaufen, verfuhr später auch sein »Enkel« Helmut Kohl: Innerhalb der eigenen Partei, bei der deutschen Einigung, im Handel mit Gorbatschow, schließlich im Prozeß der europäischen Integration. Stets zeigte sich Kohl spendabel, um Mehrheiten für seine Politik zu bekommen. Bezahlen mußten es am Ende andere.

Mit Adenauer also und nicht erst mit den Sozialdemokraten begann die von Politikern des bürgerlichen Lagers in den neunziger Jahren so herzergreifend bejammerte »Gefälligkeitsrepublik«. Zu seinen zweifellos großen historischen Leistungen gehört es, die christliche Demokratie für das protestantisch-bürgerliche Deutschland geöffnet zu haben. Insofern hat er zu einer Verbürgerlichung der CDU beigetragen. Zugleich aber hat seine Politik die Entbürgerlichung der Republik vorangetrieben. Adenauer traute den Bürgern nicht sehr viel zu. Daher trat sein Versorgungsstaat, der spätestens mit der Rentenreform von 1957 begann, an die Stelle bürgerlicher

Selbstverantwortung, bürgerlicher Eigenvorsorge und -initiative. Ebendiese Erosion der Bürgerlichkeit unter Adenauer machte christdemokratischen Wirtschaftsliberalen später das Leben so ungemein schwer.

In der Adenauer-CDU hatten die Verfechter bürgerlicher Selbständigkeit und die Mahner vor den Wucherungen des Sozialstaates jedenfalls nicht viel zu bestellen. Das erfuhr auch der Bundestagspräsident Eugen Gerstenmaier, als er 1958 im Hauptreferat auf dem CDU-Bundesparteitag das Ende der sozialen Beglückungen verkündete. Gerstenmaier warnte vor dem »Gefälligkeitsstaat«, sah die – immerhin durchweg christdemokratisch regierte – Republik schon auf dem Weg der »kalten Sozialisierung« irgendwo in Richtung eines sozialistischen Regulierungsstaates. Beschwörend rief er den Delegierten zu, daß es keinen Spielraum mehr für einen weiteren Ausbau des sozialen Systems gebe. Doch die versammelten CDU-Vertreter mochten davon nichts wissen. Gerstenmaier erntete wütende Proteste. Die Bataillone der christdemokratischen Interessengruppen, die alle etwas vom Staat wollten, marschierten der Reihe nach auf: zuerst die Matadore der christlichen Arbeiterschaft, dann Heinrich Lübke für die subventionslüsternen Bauern und schließlich die Mittelständler, die ebenfalls Anteile am staatlichen Sicherungssystem beanspruchten. »Die Abneigung gegen den Neoliberalismus brandete leidenschaftlich auf«, hielt der Kommentator der *Frankfurter Allgemeinen* fest. Am heftigsten, aber durchaus repräsentativ polemisierte der Vertreter des christlichen Arbeitnehmerflügels, der Bundestagsabgeordnete und frühere hessische Arbeitsminister Josef Arndgen: »Sie, Herr Gerstenmaier, hätten nicht von Humboldt und Naumann sprechen sollen, sondern von Männern, die der Massengesellschaft nahestanden und nicht den Bürgern. Ich spreche hier auch, damit nicht der Eindruck entsteht, die CDU sei der Meinung, die Grenzen der Sozialpolitik seien erreicht. Der Spielraum ist unbegrenzt.« So ging es zu auf Parteitagen der Adenauer-CDU. Neoliberalismus hatte in den goldenen christdemokratischen Jahren keine Chance. Nach Gerstenmaier wagte über Jahrzehnte kaum noch jemand auf einem CDU-Parteitag die Fahne wirtschaftsliberaler Härte zu schwenken. Das war einfach nicht opportun. Eine unerbittliche, geradezu doktrinäre Ordnungspolitikerin wie Margaret Thatcher wäre in der CDU denn auch bis in die achtziger Jahre hinein völlig undenkbar gewesen.

Dazu war die CDU zu sehr Teil des seßhaften und behäbigen Justemilieus der bundesdeutschen Gesellschaft. Und sie stand dazu. Sie sprach die Sprache und trug den Habitus des Kleinbürgertums. Denn sie wußte, daß das Mitte und Mehrheit der Gesellschaft war. Die Intellektuellen mochten sich über die Spießigkeit der christdemokratischen Prominenz lustig machen – die Anführer der CDU störte das nicht im geringsten. Christdemokratische Kanzler schöpften ihre Kraft und Zuversicht daraus, daß sie mit dem Kleinbürgertum, mit der Mehrheit verschmolzen, daß sie ebenso wie diese sentimental von Heimat und Treue redeten und für Disziplin und Ordnung eintraten. Deswegen liebten Adenauer und Kohl die Wochen des Wahlkampfes, die Auftritte auf den Marktplätzen. Sie stießen dort immer auf Leute ihres eigenen Schlages, auf Menschen, die geradlinig, vernünftig und praktisch dachten und nicht sophistisch oder dialektisch daherredeten wie die intellektuellen Querulanten. Am Ende solcher Wahlkämpfe waren Adenauer und Kohl sich stets sicher, daß sie die Schlacht gewinnen würden, daß sie die Mitte und damit die Mehrheit der Gesellschaft auf ihrer Seite hatten. Christdemokratische Kanzler waren bodenständige Menschen, erkennbar an ihrem regionalen Dialekt, ob rheinisch, fränkisch, schwäbisch oder pfälzisch. Bei zweien der sozialdemokratischen Kanzler war das bezeichnenderweise nicht so. Christdemokratische Kanzler waren keine Intellektuellen, aber doch einigermaßen humanistisch gebildet. Sie waren schon von Amts wegen viel in der Welt herumgekommen, blieben aber doch ganz demonstrativ ihrer unmittelbaren Heimat verbunden. Sie waren keine radikalen Demagogen, beschworen aber doch gern und oft genug die Gefahren des Sozialismus und der Sozialdemokratie. So waren christdemokratische Kanzler, und so war über drei, vier Jahrzehnte die Mitte der bundesdeutschen Gesellschaft. Den Sozialdemokraten dagegen schien der Common sense der Mitte lange nicht ganz geheuer. Sie standen früher immer gern links davon – und verfehlten deswegen so häufig die Mehrheit. Sie akzeptierten die Gesellschaft nicht so, wie sie war, und legten fortlaufend Idealmaßstäbe an die Realität an – und waren daher chronisch unzufrieden, selbst wenn sie den Kanzler stellten.

Das wäre Christdemokraten nie in den Sinn gekommen. Ihnen reichte die Macht. Sie malten keine Zukunftsbilder, heckten keine Projekte für das Übermorgen aus. Sie orientierten sich an dem, was existierte, nahmen die Menschen so, wie sie nun einmal waren, erfüllten ihre Wohlstandsbedürfnisse und ließen ihnen sonst ihre Ruhe und Bequemlichkeit. Die CDU war der Garant des kleinbürgerlichen Milieus, der deutschen Wohlstandsrepublik, Schutzmacht der Langsamkeit und der Sicherheit.

All das führte geradewegs in die Probleme und Mißerfolge der Neunziger. Die fetten Jahre waren vorbei und die CDU-Klientel nicht mehr durch Rundumversorgung zusammenzuhalten und zufriedenzustellen. Christdemokratische Kleinbürger und christdemokratische Wirtschaftsbürger zogen nicht mehr am gleichen Strang. Die nach wie vor die Mehrheit bildeten, verteidigten zäh ihre Lebensgewohnheiten, ihre Seßhaftigkeit, ihren materiellen Standard und ihren bequemen Lebensstil. Die anderen, die im globalen Konkurrenzkampf mitmischten, hatten sich von der behäbigen Kleinbürgerlichkeit jäh und radikal abgenabelt. Ihnen ging nun in Politik, Gesellschaft und Ökonomie alles zu langsam und zu schwerfällig, und sie forderten einen klaren Bruch mit der Vergangenheit des Justemilieus, die Überwindung der Konsensrepublik, die Fundamentalreform der sozialen Systeme. Das war der Abschied von der christdemokratischen Gesellschaft.

Immer waren die Christdemokraten der festen Überzeugung gewesen, daß man die Menschen nicht überfordern, überanstrengen und verunsichern dürfe. Nie hatten sie daran gezweifelt, daß Radikalreformer jenseits von Kriegszeiten und ökonomischen Katastrophen ohne Chance waren. Und weil sie dies alles voraussetzten, hatten sie das Volk gehätschelt und in Watte gepackt. Christdemokraten wollten nicht – schließlich waren sie keine Sozialisten – Avantgarde ohne Gefolgschaft sein, sondern, wie gesagt, Teil der Mitte und Mehrheit. Doch in den Herbstmonaten 1996 bellten einige von ihnen, ungeduldig und mitunter sogar hämisch, die zuvor stets umhegte Mitte an. Plötzlich beklagten sie eine gesellschaftliche Mentalität, die sie über Jahrzehnte hinweg selbst produziert und von der sie prächtig gelebt hatten. Aber nun war verächtlich von »Vollkaskogesellschaft« die Rede, wurde wütend die »Risikoscheu« der Bundesbürger angeprangert. Der Fraktionsvorsitzende der CDU hielt dem christdemokratisch verwöhnten Volk Blut-Schweiß-und-Tränen-Reden, und die zwischenzeitlichen »jungen Wilden« der CDU verlangten mit schneidender Schärfe, daß die Menschen mehr arbeiten und mehr Eigenverantwortung übernehmen sollten, verlangten weniger Staat, schnelle Reformen, ja einen radikalen Richtungswechsel. Mit einem Mal ging es nicht mehr christdemokratisch zu in der Christdemokratie.

Fast fünfzig Jahre lang war die CDU dem Volk nicht vorausgeeilt. Mit ihrem wachen Instinkt hatte sie immer schnell gemerkt und politisch rasch geschaltet, wenn sie sich von der Mitte zu weit entfernte. Dieser sichere Instinkt ging den Christdemokraten in den Neunzigern zumindest zeitweise verloren. Gewiß, die ungeduldigen Parolen der neuen CDU waren auch von den Interpretations- und Wirtschaftseliten der Republik zu hören. Aber die Mehrheit des altchristdemokratisch sozialisierten Volkes zog nicht mit, reagierte bockig, als die jungen, ehrgeizigen, glattgesichtigen Juristen und Betriebswirte der CDU ihnen ihren Forderungskatalog entgegenschleuderten: mehr Arbeit und weniger Einkommen, mehr Risiko und weniger Sicherheiten, mehr Mobilität und weniger Seßhaftigkeit. All das war ganz und gar unchristdemokratisch. Das wäre der alten CDU nie passiert, daß sie den Eliten folgte und die Mitte links liegenließ. Doch der Parteinachwuchs hatte sich sozial verengt. Es gab zu viele Juristen und zu wenige Sozialkatholiken. Über den Sozialkatholizismus hatte die christdemokratische Honoratiorenpartei stets in das Volk hineingehorcht und ihre Volkstümlichkeit bewahrt. Aber in den achtziger Jahren verdorrten die sozialkatholischen Wurzeln der CDU. Die Mitgliederzahl der christlichen Arbeitnehmerschaft ging um ein Drittel zurück, und in den Sozialausschüssen blieben vorwiegend Beamte des gehobenen Dienstes und ein protestantischer Pfarrer als Vorsitzender. 1996/97 scheiterte die neue CDU an der Gesellschaft, die die alte CDU herausgebildet und tief geprägt hatte.

Man darf es natürlich nicht übertreiben. Nicht alles war neu in der Christdemokratie, nicht einmal das meiste. Doch eine Zeitlang führten die Neuen das Wort, bis sie am Alten scheiterten und sich diesem schließlich wieder anpaßten. Jedenfalls ging Mitte der neunziger Jahre ein tiefer Riß durch die Christdemokratie, durch die Partei und besonders die Anhängerschaft. Mit sozialen Differenzen hatten die Christdemokraten immer leben müssen. Das war so lange nicht gefährlich, wie sich alle Gruppen einig wußten in der Hochschätzung der konservativ-christlichen Werte, in der normativen Grundorientierung an Heimat, Nation, Religion, Familie. Der Neoliberalismus der Fundamentalreformer aber brachte ebendieses altkonservative Fundament ins Wanken. Im Grunde waren es schon längst nicht mehr die ewigen Feinde des Konservatismus, Sozialisten und Kommunisten, die dessen Lebens- und Wertewelt gefährdeten. Nein, es waren die Verfechter des Wirtschaftsliberalismus im eigenen bürgerlichen Lager, die an den überlieferten Institutionen, Bräuchen und Kulturen rüttelten. Der globalisierte Kapitalismus, für den die christdemokratischen Jungreformer zumindest zwischenzeitlich schwärmten, ließ wenig Raum für die alten Heimaten, wenig Zeit für die konventionelle Familie, wenig Souveränität für den überkommenen Nationalstaat, wenig spirituelle Orte für das christliche Mysterium. Kurz, der bürgerliche Neuliberalismus untergrub die altkonservativen Bindungen.

So war vor der Bundestagswahl 1998 das christlich-bürgerliche Lager geteilt, nach Generationen, nach ökonomischer Stellung und nach Wertüberzeugungen. Die einen drängten auf gesellschaftliche und wirtschaftliche Deregulierung, die anderen wollten alles so konservieren, wie es früher war. Die einen waren begeisterte Vereinsmeier, regelmäßige Kirchgänger, treue Ehepartner und ängstliche Sparer, die anderen hochmobile, säkularisierte, hedonistische Individualisten. Die einen zitterten um die Rente, für die die anderen nicht mehr geradestehen wollten. Nicht nur die Sozialdemokraten plagten sich mit dem Konflikt zwischen Modernisierern und Traditionalisten. Für die Christdemokraten galt das jetzt genauso.

Auf dem Leipziger Parteitag 1997 ließ sich das sehr gut beobachten. Dort gab es eine Reihe sogenannter Foren mit prominenten Rednern, nicht nur der CDU, zu verschiedenen gesellschaftspolitischen Fragen. Auf einem dieser Podien wetterten die ökonomischen Experten und jungen Nachwuchskräfte der CDU gegen die Technikfeindschaft der SPD, die aus ideologischen Gründen die Gentechnologie zu verhindern suche. Dann war das Forum zu Ende; die Stars und die Journalistenschar marschierten zum Büfett, wie immer von einem Zigarettenkonzern großzügig spendiert. Zurück blieben die einfachen Delegierten, die nun gewissermaßen unter Ausschluß der berichterstattenden Öffentlichkeit diskutierten. Etliche Kreisvorsitzende ergriffen das Wort und gaben störrisch kund, daß auch sie Gentechnologie und Genmanipulation ablehnten. Parteitagsstrategisch lief das für die CDU natürlich in die falsche Richtung. Allein Helmut Kohl vermochte die Stimmung noch zu kippen, indem er in bewegender Weise versicherte, daß er als Historiker Bescheid wisse über die NS-Zeit, über Eugenik und Euthanasie. Man solle ihm vertrauen, mit ihm laufe nichts, was dergleichen noch einmal zulasse. So und nur so bekam der CDU-Parteitag wertkonservative Kritiker des forschen Modernisierungskurses wieder ins Geschirr. Und wenn man genau hinsah, was allerdings kaum jemand tat, gab es viele solcher umstrittener Fragen.

In den neunziger Jahren jedenfalls war es sehr viel schwieriger geworden, das bürgerliche Lager zu integrieren. Die alten Bindemittel standen nur noch begrenzt zur Verfügung. Der

Antisozialismus, der das protestantische Bürgertum geeint hatte, verlor nach dem Kollaps der staatssozialistischen Regime an Wirkungskraft. Rot-Grün entfachte nach dem Regierungswechsel 1998 noch einmal die Trotz-, Angst- und Zusammengehörigkeitsgefühle im bürgerlichen Lager, aber viel Schrecken werden die apathischen, verschlissenen Grünen und die ideologisch längst abgerüsteten Sozialdemokraten mit ihrem neumittigen Vorsitzenden und Kanzler auf Dauer wohl nicht verbreiten. Und nicht zuletzt sind auch die Loyalitätspolster des Katholizismus, der die CDU einst durch die Autorität der Kirche von oben und durch die Organisationskraft des Vereinsmilieus von unten integriert hatte, erheblich dünner geworden, ein Umstand, der zweifellos zum Ende der Ära Kohl beitrug. 1983, als Kohl seine erste Bundestagswahl gewann, wählten 65 Prozent der bundesdeutschen Katholiken die Union; 1998, als Kohl abdanken mußte, waren es nur noch 49 Prozent.

Aber immerhin: 49 Prozent sind nicht wenig, und unter den Katholiken mit enger Kirchenbindung lag der Anteil der Union sogar bei 69 Prozent. Das alles ist erstaunlich genug. Schließlich sind seit dem Ende des 19. Jahrhunderts die Stürme der Säkularisierung in heftigen Wellen über die katholischen Landschaften hinweggefegt. Und obwohl die katholische Kirche seit mindestens einem Vierteljahrhundert in tiefen Depressionen und Untergangsängsten steckt, ist die Bindung eines Großteils der Katholiken, eben auch schon längst kirchenferner Katholiken, an die Union erhalten geblieben, trotz aller tiefgreifenden kulturellen, politischen und sozialen Brüche in der deutschen Gesellschaft des wahrhaft turbulenten 20. Jahrhunderts. Das katholische Milieu existiert, wenn überhaupt, nur noch in Bruchstücken und Residualbereichen. Kaum mehr als zehn Prozent der Katholiken gehen noch Sonntag für Sonntag ihrer Gottesdienstpflicht nach. Es gibt keine katholischen Tageszeitungen mehr, keine Hirtenbriefe, keine Predigten, in denen an Wahltagen noch unmißverständlich zum Votum für die christliche Partei aufgerufen wird. Es ist lange her, daß an den Wahlsonntagen die Verbände des katholischen Vereinswesens geschlossen aufmarschierten, daß nach der Messe das katholische Volk unmittelbar in die Wahllokale strömte. Und dennoch: Die alten politischen Zuordnungsmuster dieser verblichenen Lebenswelt wirkten verblüffend deutlich nach.

Ebendas gab den Christdemokraten bei zahlreichen Wahlen, insbesondere auf regionaler und lokaler Ebene, zumindest in der Vergangenheit einen entscheidenden strategischen Vorteil gegenüber den Sozialdemokraten. Die Kernschichten der Christdemokraten wählten immer noch sehr diszipliniert und loyal, während die der Sozialdemokraten bei Zwischenwahlen den Urnen gern fernbleiben. Die christdemokratische Kernanhängerschaft hatte eine höhere, verbindlichere Wahlkultur. Auch das hatte mit Resten religiöser, vermutlich auch autoritärer Prägungen zu tun. Vieles davon schwindet zweifellos. Aber in Zeiten extrem hoher Wahlenthaltung privilegierte es eben doch diejenige Partei, die in besonderem Maße über die Traditionsressource einer verläßlich mobilisierbaren Kernschicht verfügt. Nur deshalb stand die CDU am Ende der Regionalwahlen 1999 so glänzend da. Neue Wähler hatte sie nicht hinzugewonnen, aber im Unterschied zu den Sozialdemokraten konnte sie wieder einmal ihre unverdrossenen Stammtruppen in Marsch setzen.

Überhaupt siegte bei den Wahlen 1999 der gesellschaftliche Konservatismus über die Propheten der Moderne – und die alte CDU trat wieder an die Stelle der neuen CDU. Bei den Landtagswahlen in Hessen 1999 gewann kein telegener Politikstar des neuen Typus Blair, Clinton oder Schröder. Hier setzte sich eine Strategie durch, die ganz unabhängig von den Medien – im Kern sogar gegen sie – Partei und Restmilieus mobilisierte, und das mit ganz und gar konventionellen, eigentlich längst überholten Agitationsmethoden: mit Tapeziertischen, mit Unterschriftenlisten auf den Marktplätzen der Republik und mit Hilfe eines schönen Batzen Geldes, das die alte CDU seit jeher aus undurchsichtigen Spenden von verdeckten Konten nahm, um die Organisationsdefizite der bürgerlichen Parteienwelt auszugleichen. Für die CDU jedenfalls war die Unterschriftenaktion gegen die doppelte Staatsbürgerschaft genau passend. Sie mobilisierte das bürgerliche Lager und verhinderte, daß die Trauerarbeit nach der verlorenen Bundestagswahl die Partei lähmte und schwächte. Die Kampagne schloß die Reihen, brachte kleinbürgerliche Lebenswelten und christdemokratische Partei nach Jahren der Entfremdung wieder zusammen. Die CDU hatte sich zurück in das Justemilieu begeben und im übrigen mit der Kampagne, ganz im Geiste des genialen Polarisierers Adenauer, auf die Achillesferse des rot-grünen Gegners gezielt: auf die brüchige Allianz von Unterschichten und postmaterialistischer Mitte, in der politisch und normativ die Gegensätze weit stärker waren als die Gemeinsamkeiten und in der die Kernwählerschaft der größeren Partei dem Multikulturalismus der kleineren Partei skeptisch gegenüberstand. Das hatte die CDU erkannt und kalt ausgenutzt, wie es sich für eine clevere Oppositionspartei gehört. Sie war nun wieder die Partei mit Sinn für die Ängste und Ressentiments der Bürger. Sie schützte, sicherte und verteidigte, forderte mehr soziale Wärme und stabile Renten, vergaß ihre rüden Plädoyers für eine marktwirtschaftliche Fundamentalerneuerung der trägen bundesdeutschen Gesellschaft. Die CDU war wieder Bürgerpartei – und alles sollte so sein wie immer. An dieses Rezept wird sich die gebeutelte CDU gewiß noch erinnern.

Bürgerlich-christliche Parteien sind traditionell flexibler als die früher so schwerfälligen, ideologisch überfrachteten sozialdemokratischen Organisationskolosse. So brauchte die CDU nicht lange, um von den forschen Deregulierungsparolen zu lassen und zu den warmen Tönen kolpinghafter Barmherzigkeit zurückzufinden – schließlich ging es zu Lasten des sozialdemokratischen Gegners und brachte der eigenen Partei prächtige Wahlergebnisse ein. Bürgerlich-konservative Parteien mußten auch, im Gegensatz zu den einst so diskussionswütigen Sozialisten, keine heftigen Kontroversen über einen solchen Rhetorikwechsel befürchten, mußten nicht mit scharfen und offen ausgetragenen Flügelkämpfen rechnen. In der CDU zumindest gab es eine solche Diskussionskultur nicht. Hier ging es bis 1999 – bis zum Ausbruch der schweren Parteikrise – höflicher, respektvoller, auch distanzierter zu als beim sozialdemokratischen Rivalen. In der bürgerlichen CDU war ein Regierungschef noch ein Herr Bundeskanzler und Herr Dr. Kohl, nicht einfach ein Willy, Helmut oder Gerhard, dem jeder pubertierende Unterbezirksjuso von Genosse zu Genosse und natürlich im Auftrag der Basis auf Parteitagen einmal ordentlich den Marsch blasen darf. Die bürgerliche »Höflichkeit« und der Amtsrespekt bremsten oft die destruktive Dynamik von Konflikten. Aber das verdeckte zugleich die Ursachen von Fehlentwicklungen, vereitelte die reinigende Wirkung einer in einer rechtzeitigen Auseinandersetzung erzielten Konfliktlösung und erleichterte den Autoritätsmißbrauch.

Bei den Regionalwahlen 1999 kam der CDU schließlich noch zugute, daß sie während der neunziger Jahre zur gesamtbürgerlichen Einheitspartei geworden war, da die Freien Demokraten ihre Parteiförmigkeit und Parlamentsfähigkeit weitgehend eingebüßt hatten. Das schien ungewöhnlich und im Grunde unplausibel: In mehreren anderen europäischen Ländern waren nämlich gerade die Liberalen als Gewinner aus der Krise von Religion, Konservatismus und großkollektiven Verbands- und Parteistrukturen hervorgegangen. Das Desaster des Genscherismus in der FDP aber, ihre organisatorische Schwäche und personelle Substanzlosigkeit, bewahrte die CDU in den neunziger Jahren vor einer innerbürgerlichen Konkurrenzpartei. Es blieb also vorerst beim deutschen Sonderweg in der europäischen Christdemokratie.

Fraglich indes ist, ob das in Zukunft auch noch so sein wird. Die Grundlagen des alten christdemokratischen Erfolgsmodells sind jedenfalls porös geworden, ganz unabhängig von der Affäre Kohl und den verdeckten Konten, mit deren Hilfe christdemokratische Parteiführer, wenn sie erfolgreich sein wollten, organisatorische Schwächen ausglichen, Risse kitteten, die fragmentierten Teile der föderalistischen Partei zusammenbanden, Gefolgschaften formierten. Die Elastizität der CDU hing jedoch immer von den festen Wurzeln ab, die sie in den katholisch-konservativen Lebenswelten besaß. Die Loyalität der traditionellen Anhängerschaft gab den christdemokratischen Führungsmannschaften politischen Spielraum. Die Quelle dieser Loyalität war die Autorität der Kirche, und der gemeinsame Glaube verband wiederum verschiedene soziale Schichten und Generationen. Es war also das Traditionsmilieu, das die vertikale gesellschaftliche Integration herstellte, nicht die Volkspartei selbst, auch wenn sie das gern vorgab. Sie zehrte nur von dieser Integration, konnte sie als säkulare moderne Assoziation aber nicht aus eigener Kraft schaffen.

Ebendas wird künftig zum Problem. Im Laufe der siebziger und achtziger Jahre ist zum ersten Mal die Sozialisierungs-

und Tradierungskette in den Kirchen gerissen. Die nachwachsenden Generationen haben sich den institutionellen, kulturellen und normativen Prägungen der christlichen Großkirchen entzogen. Das wird sich in den nächsten zwei bis drei Jahrzehnten auch politisch und gesellschaftlich bemerkbar machen. Unter den 45- bis 59jährigen gibt es heute einen Anteil von 30 Prozent, denen die christliche Orientierung einer Partei wichtig ist, bei den 16- bis 25jährigen sind es nur noch 7 Prozent. Und selbst der Katholizismus und der katholische Episkopat stellen keine monolithischen Blöcke mehr dar. Die Katholikentage etwa, einst Akklamationsforen für christdemokratische Parteileute, sind mittlerweile bunte und politisch offene Veranstaltungen. Das Zentralkomitee der deutschen Katholiken, früher Pressure-group für christdemokratische Verbandspolitiker, ist nun ein Ort kontroverser Diskussionen, das katholische Vereinswesen, das die christliche Partei organisatorisch und personell unterkellert hatte, weitgehend dahingeschieden. Und unter den deutschen Bischöfen ist der Disput inzwischen an der Tagesordnung. Die eine, in sich geschlossene kirchliche Autorität, die respektheischend über der christlichen Partei thront und sie sicher zusammenhält, gibt es nicht mehr. Das Fundament des alten christdemokratisch-katholischen Milieus war die *Einheit* von katholischem Volk, Verbandswesen, Kaplänen, Episkopat und römischer Kurie bei einem verbindlich orientierenden Dogmenkanon und einem den Alltag gliedernden Ritualsystem. Diese Basis ist weg, und sie ist nicht erneuerbar. Auch die engen Beziehungen der christlichen Partei zum Protestantismus gibt es längst nicht mehr. In der »Ära Kohl« hatte der einst bedeutsame »Evangelische Arbeitskreis« in der CDU ganz an Einfluß verloren. Die politisch bekannten und brillanten Köpfe des Protestantismus fanden sich seit den siebziger Jahren eher in den Reihen der Sozialdemokraten als in der Partei mit dem »C« im Namen.

Nun heißt das nicht, daß die CDU ganz verschwindet. Außer Frage steht jedoch, daß sie nicht mehr über die Voraussetzungen ihrer früheren Erfolge verfügen wird: über die Sicherheit loyalen Rückhalts. Künftig wird sie sich mit einem sehr viel launischeren, ungeduldigeren, unnachsichtigeren, schnell wechselnden Publikum herumschlagen müssen. Dieses Publikum wird außerordentlich fragmentiert sein, in völlig verschiedene Klassen- und Lebenslagen, in kontroverse Einstellungs- und Orientierungsmuster zerfallen. Und es wird in dieser dann ebenso postchristlichen wie postsozialistischen Gesellschaft nicht mehr die große Integrationsideologie – und wohl auch nicht mehr das große unbekannt bleibende Geld – geben, die das alles zusammenbinden kann. Deshalb – und nicht nur aus bürgerlicher Höflichkeit – scheute die CDU vor der Affäre Kohl die offene Diskussion über alle entscheidenden Probleme der Politik. Sie befürchtete, daß es den Laden sprengen würde, wenn sie die Zügel locker ließe, wenn sie Konservative und Liberale, Traditionalisten und Modernisierer, Globalisierer und Heimatgebundene, Verlierer und Gewinner im Klein- und Großbürgertum über die Zukunft der Familie, des Sozialsystems, der Finanzpolitik wirklich frei und ungeschützt streiten lassen würde. Denn das – und nicht der rot-grüne Gegner – war die große Furcht der CDU: Die parteipolitische Zersplitterung des Bürgertums in Neoliberale, Rechtspopulisten und sozialkatholische Zentristen.

Eine solche Entwicklung war schließlich in den neunziger Jahren fast überall in Europa zu beobachten. Auch in Deutschland könnte es dazu kommen, spätestens dann, wenn Rot-Grün als Schreckgespenst nicht mehr taugt, wenn die CDU irgendwann sich für die eine oder andere Richtung entscheiden muß. Dann wird es ganz rasch Enttäuschte, Verbitterte, Heimatlose geben, die die Welt nicht mehr verstehen, die ihre Partei nicht mehr begreifen, die sich alleingelassen fühlen von ihren früheren Kompanieführern, ob nun in der Union oder auch in der *FAZ* oder der *Welt*. Und keine Kirche wird sie noch trösten, mahnen und politisch wieder binden, wie es möglicherweise auch keine liberale Auffangpartei mehr geben wird, die die Abtrünnigen der Christdemokratie übernimmt und dadurch für das bürgerliche Lager doch wieder mehrheitsfähig macht wie in früheren Jahrzehnten. Dann wird das Land neben den Verdrossenen des Proletariats noch die Frustrierten des Bürgertums haben. Hat die Republik Glück, dann bleibt all das lethargisch irgendwo an den Ecken und Rändern der Gesellschaft hängen; hat sie Pech, wird es politisch neu und dynamisch, aber weder sozial noch christlich gesammelt.

Die Union jedenfalls ist auf die Zukunft gewiß nicht besser vorbereitet als die Sozialdemokraten. Sie lebt gegenwärtig noch von den alten Traditionen, von den christlichen Resten und vom bürgerlichen Trotz gegen Rote und Grüne. Und sie lebt von der Hoffnung, mit ihr werde am Ende alles wieder gut, so wie früher. Doch nichts wird mehr so sein wie früher. Selbst die CDU nicht.

6 Zwischen Beschleunigung und Populismus: Die CSU

»Es ist alles glatt und gefährlich auf unserer Bahn, und dabei ist das Eis, das uns noch trägt, so dünn geworden: wir fühlen alle den warmen, unheimlichen Atem des Tauwindes – wo wir gehen, da wird bald niemand mehr gehen können.«

Friedrich Nietzsche

Im Herbst 1987 begann Franz Josef Strauß, seine Lebenserinnerungen zu diktieren. Es war Zeit – der bayerische Ministerpräsident war bereits 72 Jahre alt. Von einem gelungenen Leben konnte Strauß berichten, von vielen politischen Siegen, ein paar geringfügigen Niederlagen und den Ursachen für den glanzvollen Aufstieg seiner Partei. »Der lang andauernde Erfolg der CSU in Bayern gründet auf unserer Fähigkeit, trittsicher und überzeugend den Weg zwischen Tradition und Innovation, zwischen konservativ und modern zu gehen«, erklärte Strauß. »Vor allem gibt es an der bayerischen Identität der CSU keinerlei Zweifel.« Das klang mit Recht selbstbewußt und zukunftsgewiß. Bei der Bundestagswahl 1987 hatte die CSU gerade erst wieder einmal über 55 Prozent der Stimmen gewonnen. Doch daß die Sache, *seine* Sache auch ohne ihn selbst weiter so gut funktionieren würde, schien dem Großen Vorsitzenden zweifelhaft. »Es ist meine große Sorge, daß nach mir der Abstieg unter die 50-Prozent-Grenze kommen könnte«, sagte er. »Daß diese Entwicklung in der CSU nicht eintritt, dem muß beizeiten die Sicherung meines Erbes dienen.«

Am 3. Oktober 1988 starb Strauß. Sein pompöses Begräbnis,

das grandiose Panorama der aufmarschierenden Soldatenverbände und Schützenvereine, der katholischen Priesterschaft und der Laienorganisationen demonstrierte noch einmal das ganze Ausmaß der Dominanz des Dahingeschiedenen über den bayerischen Staat und seine Staatspartei. Keine andere politische Formation der Bundesrepublik war so sehr mit ihrem Vorsitzenden identifiziert worden wie die CSU; in keiner anderen hätte der Tod des Vorsitzenden deshalb aber auch einen solchen Horror vacui auslösen können. Jetzt mußten die staatsbayerisch-christsozialen Hinterbliebenen ohne ihren überlebensgroßen Charismatiker zurechtkommen. Nicht wenig sprach dafür, daß sich dessen Sorge vor Erosion und Abstieg der Partei als Selffulfilling prophecy erweisen würde.

Tatsächlich brachen für die CSU nun beunruhigende Jahre an. Schon die Europawahl im Juni 1989 brachte genau jenen dramatischen Einbruch, den Strauß befürchtet hatte. Die CSU fiel auf 45,4 Prozent zurück, während Franz Schönhubers populistische Republikaner von rechts her und gleichsam ansatzlos fast 15 Prozent aus dem traditionellen Besitzstand der Partei herausbrachen. Die CSU war angeschlagen.

Dann kam der Untergang der DDR. In der Euphorie der Vereinigung büßten zwar die Republikaner wieder an Attraktivität ein, so daß sie 1990 den Einzug in den bayerischen Landtag knapp verpaßten. Zugleich aber schrumpfte in der gewachsenen Republik das relative Gewicht Bayerns – und damit offenbar auch jenes der CSU. »Größer, norddeutscher, protestantischer« werde nun die Bundesrepublik, sagte der norddeutsche CDU-Protestant Volker Rühe voraus – nichts davon war die CSU. Das verunsicherte die Partei, verleitete sie zu unüberlegten Reaktionen. Ihr unmotivierter Versuch, mit der Deutschen Sozialen Union (DSU) in den ostdeutschen Ländern eine konservative Satellitenpartei in direkter

Konkurrenz zur großen Schwester CDU zu installieren, verlief nach kurzer Zeit im Sande. Noch waghalsiger war der Plan, ausgerechnet die relative Schwächung der CSU, die mit der deutschen Vereinigung einhergegangen war, zum Anlaß für eine bundesweite Ausdehnung der Partei zu nehmen. Von ihrer fixen Idee, endlich doch noch in Kiel, Köln oder Kassel wählbar sein zu müssen, konnte der neue Vorsitzende Theo Waigel die Befürworter des Vorhabens in der Parteiführung, zu denen auch Edmund Stoiber gehörte, offenbar nur mit Mühe wieder abbringen.

Daran tat er allerdings gut. In den frühen neunziger Jahren drohten die Wellen der Politikverdrossenheit über der CSU ohnehin schwerer zusammenzuschlagen als über allen anderen Parteien. Nicht ohne Grund: Zwar hatte sich der Nachfolger von Franz Josef Strauß auf dem Posten des Ministerpräsidenten, der eher hinterwäldlerische Oberammergauer Max Streibl, schon als überfordert erwiesen, bevor ihn im Frühjahr 1993 die »Amigo-Affäre« schließlich das Amt kostete. Doch die Krise, in der es um firmenfinanzierte Flugreisen nach Südamerika ging, schien genau jenes Geflecht aus langjährig gewachsenem Klientelismus und Patronage auf den Punkt zu bringen, das in langen Jahren der Machtausübung im Schatten des Großen Vorsitzenden Strauß entstanden war. Nicht länger fasziniert und eingeschüchtert von dem mächtigen Bild des charismatischen Anführers, suchte das vorübergehend empörungswillige Publikum jetzt geradezu nach all den schmutzigen kleinen Geheimnissen, die dessen Ära hervorgebracht hatte. Und als Anfang 1994 auch noch der stellvertretende Parteivorsitzende Gerold Tandler und der bayerische Umweltminister Peter Gauweiler von ihren Ämtern zurücktraten, zwei weitere Ziehkinder und Hoffnungsträger des früheren Vorsitzenden, schien der Ruin des Systems Strauß komplett.

Fast zehntausend Mitglieder verlor die CSU von 1990 bis 1994. Der Wind des Wandels wehte in diesen Jahren auch in Bayern. Das Alte war tot, das Neue noch nicht gefunden. Im Frühjahr 1994 schien nicht einmal klar, ob die Partei überhaupt wieder nachhaltig zu Kräften kommen würde. Ihre langjährige Hegemonie, so sahen es viele Beobachter, war an ihr Ende gekommen.

Daß eine Partei unter den Bedingungen pluralistischer Demokratie über viele Jahre unangefochten den Ton angibt, ist im nationalen und internationalen Vergleich durchaus die Ausnahme. Heute wirkt es sogar ziemlich unmodern, ja geradezu anachronistisch; schließlich entspricht die dauerhafte Machtausübung immer derselben politischen Formation so gar nicht der demokratietheoretischen Modellvorstellung vom offenen Wettbewerb um Wählermehrheiten und bessere Lösungen, bei dem sich die Parteien in der Ausübung der Macht abwechseln. Wo immer dennoch einzelne Parteien auf Dauer die Oberhand hatten – wie die Sozialdemokraten in Schweden und Österreich, die Liberaldemokratische Partei in Japan oder die Demokraten in den amerikanischen Südstaaten vom Bürgerkrieg im letzten Jahrhundert bis in die Ära Reagan und darüber hinaus –, ist diese Übermacht mittlerweile ins Rutschen gekommen und erodiert. Und in der Geschichte der Bundesrepublik sind absolute Mehrheiten ohnehin stets die Ausnahme gewesen. Überhaupt nur ein einziges Mal gelang es einer Partei – der Union 1957 mit 50,2 Prozent –, bei Bundestagswahlen mehr als die Hälfte der Wählerstimmen hinter sich zu bringen. Als Ganzes gesehen, neigte die Bundesrepublik in ihren ersten zwei Jahrzehnten gewiß heftig zu Adenauers Union, während die Sozialdemokratie unter Schumacher und Ollenhauer zunächst zur randständigen Traditionskompanie

verkümmerte. Von einer strukturellen Hegemonie der Christdemokraten über die gesamte Republik konnte dennoch keine
Rede sein. Dafür waren im föderalen Deutschland die regionalen politischen Traditionskulturen viel zu lebendig.

In den Bundesländern hat es daher immer wieder verfestigte
Mehrheiten einer Partei gegeben; die Hochburgen der einen
waren Diaspora für die anderen. In Baden-Württemberg
(1972–1984) und in Rheinland-Pfalz (1971–1983) gewannen
die Christdemokraten bei vier Landtagswahlen in Folge absolute Mehrheiten, dasselbe gelang den Sozialdemokraten in
Hamburg (1969–1980) und in Berlin (1958–1971). Zweifellos
hatte das mit regionalen Traditionen zu tun, häufig genug
aber auch mit besonders beeindruckenden oder machtbewuß-
ten Figuren an der Spitze der Parteien, mit Brandt in Berlin
etwa oder mit Kohl in der Pfalz. Waren sie in die Bundespolitik weitergezogen, ging es im Land erst einmal bergab.

Als langfristige Hochburg einer Partei auf struktureller
Grundlage kann in Deutschland neben Bayern insofern allenfalls noch Baden-Württemberg gelten, wo die CDU seit 1953
ohne Unterbrechung den Ministerpräsidenten stellt. Gleichwohl ist die baden-württembergische CDU nicht im selben
Maße zur Landespartei schlechthin geworden wie die CSU in
Bayern. Stets gab es im deutschen Südwesten ernsthafte Konkurrenz im bürgerlichen Lager; in den Städten und Gemeinden sind das bis heute die freien Wählervereinigungen. Über-
durchschnittlich stark waren auch die Liberalen, deren noch
immer nicht vollends verdorrte Wurzeln in Württemberg
und in Baden bis weit zurück in die Revolution von 1848 reichen. Dieses Erbe machten ihnen seit den frühen achtziger
Jahren allerdings zunehmend die Grünen streitig, die in Baden-Württemberg mehr als irgendwo sonst in dezidiert bür-
gerlich-demokratischer Tradition stehen. Schließlich haben

sich ausgerechnet im wirtschaftlich prosperierenden Südwesten die vulgärpopulistischen Republikaner mit Ergebnissen jeweils um zehn Prozent bei zwei aufeinanderfolgenden Landtagswahlen (1992 und 1996) als dauerhafte oppositionelle Größe am rechten Rand des Parteienspektrums festgesetzt.

Wirklich strukturell verfestigt und über lange Zeit stabil waren die absoluten Mehrheiten in den Bundesländern, wo es sie außerhalb Bayerns überhaupt gab, also eher nicht. Mittlerweile sind sie überhaupt zu einem Phänomen der Zeitgeschichte geworden. Die CDU mag bei den Landtagswahlen in Sachsen zweimal in Folge deutlich über 50 Prozent gewonnen haben, und doch glaubt kein Mensch im Ernst, daß diese Erfolge sich über das Ende der Ära Biedenkopf hinaus verstetigen könnten. Das erratische Auf und Ab der Ergebnisse aller Parteien (mit Ausnahme der PDS) in den neuen Bundesländern seit 1990 zeigt, wie schnell die öffentliche Stimmung in Regionen ohne langfristig gewachsene Parteibindungen umschlagen kann.

Ausgeprägtere strukturelle Hegemonien einzelner Parteien finden sich indessen noch immer unterhalb der Ebene der Bundesländer, in einzelnen Traditionslandschaften, in Städten und Quartieren. Hier zeigt sich – selbst noch in einigen ostdeutschen Gebieten – bei genauerem Hinsehen der hergebrachte Flickenteppich tief verwurzelter, konfessionell und sozialkulturell begründeter Traditionszonen der Parteien. In Landstrichen, die zu klein sind, um von den überregionalen Medien überhaupt als politisch bedeutsame Einheiten wahrgenommen zu werden (die sie schließlich im engeren Sinne auch nicht sind), wirken nicht selten politische Orientierungsmuster fort, deren Ursprünge sich zuweilen bis in die Gründungsphase des deutschen Parteiensystems im 19. Jahrhundert verfolgen lassen.

So ist etwa das niedersächsische Emsland seit jeher Areal der

CDU, das unmittelbar benachbarte Ostfriesland dagegen seit vielen Jahrzehnten eine Bastion der Sozialdemokraten. Im zu Beginn der Bundesrepublik noch christdemokratisch dominierten, mittlerweile aber seit Jahrzehnten sozialdemokratisch durchwirkten Nordrhein-Westfalen haben sich Teilregionen mit älteren Loyalitäten wie das Münsterland, das Sauerland, der Niederrhein und das katholische Ostwestfalen immer als uneinnehmbare Gebiete für die SPD erwiesen. Umgekehrt sind die Industriestädte des Ruhrgebiets, traditionell die Kernzone der sozialdemokratischen Nachkriegsdominanz über Nordrhein-Westfalen insgesamt, auch dann noch Hochburgen der SPD geblieben, als die großindustriellen Strukturen, denen die Partei hier ihren Aufstieg verdankte, schon dem Strukturwandel zur Dienstleistungsgesellschaft zum Opfer gefallen waren. Die Kommunalwahl vom September 1999, bei der die CDU die Sozialdemokraten in vielen Ruhrgebietsstädten erstmals seit dem Zweiten Weltkrieg überflügelte, hat allerdings gezeigt, daß auch diese regionale Hegemonie die Auflösung ihrer Entstehungsbedingungen nicht unbegrenzt überdauern wird.

Überhaupt ist, bei aller Kontinuität, der Fortbestand traditioneller Vormachtpositionen über die zeitgeschichtlichen Brüche hinweg keineswegs das Signum der Zeit. Nur das kurze Gedächtnis hält beispielsweise das durch und durch katholische Saarland, bis Ende der siebziger Jahre eine Hochburg der Christdemokratie, für eine alte sozialdemokratische Bastion. Das ist die Saar nie gewesen. In der historischen Langzeitperspektive ist nicht der Landtagswahlsieg der CDU im Herbst 1999 die bemerkenswerte Besonderheit, sondern das Ausmaß, in dem es die saarländische SPD in der Ära des Charismatikers Lafontaine seit Beginn der achtziger Jahre geschafft hat, sich gleichsam als *die* Saarpartei zu stilisieren.

Als *invention of tradition* hat der britische Historiker Eric Hobsbawm jenen Prozeß bezeichnet, in dem Politiker und Parteien Legitimität zu gewinnen versuchen, indem sie sich in eine von ihnen selbst behauptete geschichtliche Kontinuität stellen. Sie bluffen, doch paradoxerweise verwandelt sich die erfundene Tradition in dem Maße in wirkungsmächtige Realität, wie der Bluff gelingt. Denn auch erfundene Traditionen sind Traditionen – wenn sie nur weithin für echt gehalten werden. Immer dann, wenn eine Partei keine griffigen Wahlslogans mehr braucht, weil allein das Gesicht ihres Spitzenkandidaten und die Landesfarben auf den Wahlplakaten völlig ausreichen, wenn sie also bloß noch »Wir in Nordrhein-Westfalen« auf ihre Plakate drucken muß oder »100% Berlin«, immer dann ist das Kalkül aufgegangen. Immer dann ist sie aus der Sicht des Publikums zum selbstverständlichen Bestandteil heimatlicher Lebenswelt geworden – das »Bier von hier« der Politik gewissermaßen, ein bißchen fad vielleicht und zuweilen bereits auch ein wenig schal, doch vertraut und ohne irritierend fremden Beigeschmack.

Diese Art der selbstverständlichen Zugehörigkeit zu der Gesellschaft eines Bundeslandes oder einer Region, erfunden oder nicht, ist für Parteien von unschätzbarem Wert. Sie zu erlangen ist schwer genug, sie zu bewahren noch viel mühsamer. Nicht nur im Saarland hat die Suggestion ihren sozialdemokratischen Urheber nicht überdauert. Auch das einst »rote Hessen« ist mittlerweile wieder schwarz, und das landesväterliche »Wir in NRW« eines Johannes Rau hört sich aus dem Munde eines drögen Technokraten wie Wolfgang Clement mit seinem Gerede von der »Vision 2000 plus« unendlich viel blecherner an. Wo die Wirkung des Tricks mit der erfundenen Tradition nachläßt und auch die langfristige Kontinuität regionalen Sonderbewußtseins an Kraft verliert, kann im Grunde keine Landespartei irgendwo in Deutschland mehr sicher sein, daß sie nicht irgendwann zuerst die symbolische Hoheit über ihr Territorium und schließlich auch die Macht selbst verlieren wird.

Sogar für die CSU gilt das. Daß selbst die Hegemonie der mächtigen bayerischen Heimat- und Staatspartei nicht auf alle Zeit andauern müsse, war jedenfalls die Erkenntnis, die sich den zunehmend verblüfften Beobachtern der krisengeschüttelten Partei in den Jahren nach dem Tod von Franz Josef Strauß immer heftiger aufdrängte. Vom »Gewichts- und Bedeutungsverlust« der CSU sprach der Passauer Politologe Alf Mintzel. Allenthalben fielen dem wohl besten akademischen Kenner der Partei nun »Risse, poröse Stellen, Aufweichungen« im sonst so perfekten System der CSU auf, »Verschleißerscheinungen in der Führung« und die »Bedrohung von rechtsradikaler Seite«. Einen Ausweg aus der »labilen und prekären Situation« wußte freilich auch Mintzel nicht: »Die politischen Rezepte von gestern sind unter den neuen Rahmenbedingungen obsolet geworden.« Für die CSU schien es tatsächlich um die Wurst zu gehen, so sehr womöglich wie zuletzt in der unmittelbaren Nachkriegszeit, als sie ihre führende Rolle in jahrelangem erbittertem Kampf gegen die partikularistische Bayernpartei erstreiten mußte. Erstmals seit langer Zeit jedenfalls erwogen geschichtsbewußte Bayern zu Beginn der neunziger Jahre die Möglichkeit, daß die Partei ihren Alleinvertretungsanspruch auch einmal wieder einbüßen könnte. Damit drohte ihr der Glaube an die eigene Unbezwingbarkeit abhanden zu kommen. Und das war ohne Zweifel das Schlimmste. Erst das machte die Lage wirklich ernst. Bekanntlich kam es anders. Zehn Jahre nach ihrer schweren Identitätskrise steht die CSU offenbar so selbstgewiß und stattlich da wie eh und je. Der Mann, dem dieser spektakuläre Wiederaufstieg der Partei allseits gutgeschrieben wird, ist Edmund Stoiber. Im Mai 1993 zum neuen Ministerpräsidenten gewählt, brachte der ehrgeizige Jurist, den Franz Josef Strauß erst fünf Jahre zuvor »altersmäßig noch nicht in dieser Etage« vermutet hatte, den bayerischen Staat und seine Partei wieder auf Erfolgskurs – nach gängiger Meinung nahezu im Alleingang. Tatsächlich ist es Stoiber wie vor ihm nur Strauß gelungen, das Bedürfnis der Bayern nach personifizierter Macht zu bedienen. Die klassische Dialektik von Tradition und Modernität hat Stoiber von Strauß übernommen. »Konservativ sein heißt, an der Spitze des Fortschritts marschieren«, hatte dessen Credo einst gelautet; in der eher infantilen Wendung »Laptop und Lederhose« hat Stoiber den alten Glaubenssatz zeitgemäß umformuliert. Wie sein Ziehvater Strauß ist auch Stoiber bekennender Populist. Strauß hörte auf seinen Friseur und seine Haushälterin. »Politik muß sich an den Menschen ausrichten, muß sich daran ausrichten, was die Menschen empfinden, was die Menschen wollen«, ruft Stoiber seiner am Aschermittwoch in Passau versammelten Parteibasis zu. »Wer die Stammtische diffamiert, der diffamiert unsere Bevölkerung.«

Es ist also auf den ersten Blick alles doch noch einmal so geworden, wie es immer war. Edmund Stoiber, nun seinerseits bewahrend an der Spitze des Fortschritts schreitend, hat die Kurve augenscheinlich noch einmal gekriegt und seine Partei vor dem bereits sicher geglaubten Niedergang bewahrt. »Ein Ende der CSU-Hegemonie ist nicht in Sicht«, verkündet mittlerweile mit guten Gründen auch wieder ihr erster Sachverständiger Mintzel. Doch in Wirklichkeit könnte die Sache durchaus komplizierter sein und der fortwährende Erfolg der CSU im neuen Jahrtausend noch keineswegs gewiß. Daß

Stoiber kein Bier mag und auch nicht selbst an den Stammtischen seines Freistaates sitzt, mag man als unbedeutendes Detail am Rande verbuchen. Und doch deutet sich hier schon an, weshalb selbst die CSU bei weitem nicht so ungefährdet dasteht, wie es vorderhand aussieht. Denn daß das christlich-soziale Bollwerk Bayern auf alle Zeit fortbestehen könnte, wo alle anderen Parteihochburgen geschleift werden, daß hier die »festen eingerosteten Verhältnisse mit ihrem Gefolge von alt-ehrwürdigen Vorstellungen und Anschauungen« fortbestehen, während überall sonst »alles Ständische und Stehende verdampft«, wie Marx und Engels charakterisierten, was heute Globalisierung heißt – kurzum: daß die CSU in Bayern hinbekommen könnte, woran alle Konkurrenten ringsum scheitern, das allerdings ist ziemlich unwahrscheinlich.

Dabei sollten die Relationen der Macht und der volksparteilichen Bodenhaftung durchaus nicht übersehen werden. Noch immer spielt die CSU in einer ganz eigenen Liga. Nach wie vor ist sie in Bayern eine zutiefst verwurzelte Volkspartei. Und natürlich geht es ihr in ihrem Stammland bis heute weitaus besser als jeder anderen Partei irgendwo sonst in der Republik. Nur liegt das durchaus nicht in erster Linie an Edmund Stoiber, weder an seinem etwas sterilen Populismus noch an seinem modernistischen Machertum. Die CSU in Bayern ist eine Partei ganz eigener Art, und sie hat Probleme, um die jede andere Partei sie einstweilen noch beneiden kann.

Vergleichsweise gut ging es ihr daher sogar noch in ihren tiefsten Krisen – gemessen am Zustand von Parteien anderswo wie auch an der Stärke ihrer unmittelbaren Konkurrenz daheim. Mochte sich die CSU in den neunziger Jahren regelmäßig um ihre »50 plus X« sorgen, die kümmerliche bayerische Sozialdemokratie wäre schon froh gewesen, nicht fortwährend selbst an wenig ambitionierten Wahlzielen wie »30 plus XXL« zu scheitern. Deshalb lag die CSU zu Beginn der neunziger Jahre keineswegs so sehr am Boden, wie wiederholt diagnostiziert wurde, deshalb aber bedeutet ihre Erholung unter Edmund Stoiber auch noch nicht die umstandslose Wiederkehr der goldenen Ära Strauß.

Bei aller gewachsenen Anfälligkeit für Führungs- und Vertrauenskrisen, besitzt die CSU auch weiterhin besondere Ressourcen. Doch andererseits ist eben selbst sie sehr grundsätzlich und sehr langfristig vom Abschmelzen jener heimatlichen Bodenhaftung betroffen, der sie ihre besonderen Erfolge in der Vergangenheit zu verdanken hatte. Auf den ersten Blick mag es so aussehen, als funktioniere die Verknüpfung von Modernität und Tradition bei der CSU noch immer wie geschmiert. Doch in Wirklichkeit zehrt auch sie von Rücklagen, die sie nicht mehr wird erneuern können. Und was die CSU in der Ära Stoiber unternimmt, um ihre Hegemonie auch für die Zukunft zu sichern, könnte am Ende eher das Gegenteil des angestrebten Effekts bewirken.

Nun ist der Niedergang der CSU vorausgesagt worden, solange die Partei Erfolge feiert. In seinen Memoiren beschreibt Franz Josef Strauß vergnügt ein Gespräch mit dem Wahlforscher Rudolf Wildenmann aus dem Herbst 1966; die CSU, so hatte ihm der Mannheimer Professor damals erläutert, sei eine Partei des Landes und damit der Vergangenheit, ihre Erfolge gründeten auf einer Struktur, die es angesichts fortschreitender Industrialisierung und Urbanisierung schon in absehbarer Zeit nicht mehr geben werde. Dann werde es vorbei sein mit der CSU. Daß es nicht so gekommen war, erfüllte Strauß zwei Jahrzehnte später verständlicherweise mit Genugtuung, und tatsächlich haben sich alle Prognosen, die den Niedergang der Partei allzu undialektisch aus dem Wandel der gesellschaftlichen Verhältnisse in Bayern ableiteten, regelmäßig als falsch erwiesen. Kein Land der Bundesrepublik hat sich in den Jahrzehnten seit dem Krieg strukturell so sehr verändert: vom rückständig-kleinbäuerlichen Agrarland zum hochmodernen Industrie- und Dienstleistungsstandort. Der CSU jedoch hat das offensichtlich nicht fundamental geschadet – im Gegenteil. Alle Interpretationen, die ihren Erfolg bloß als Ergebnis einer letzten wärmenden Herbstsonne gesehen haben, welche auf untergehende Lebenswelten herabschien, waren immer wieder falsch. Ganz so einfach hatten die Dinge eben von Anfang an nicht gelegen.

In der Tat nämlich hatte die CSU nach 1945 von den sozialkulturellen und politischen Gegebenheiten, die sie in Bayern vorfand, zunächst profitiert, vor allem konnte sie sich auf den starken Kitt eines robusten bayerischen Selbst- und Staatsbewußtseins beziehen: Als einziges der heutigen Länder hat Bayern seine territoriale Gestalt seit fast zweihundert Jahren nahezu unverändert bewahrt. Anderswo in Deutschland, in Baden-Württemberg etwa, in Rheinland-Pfalz, Nordrhein-Westfalen oder, seit 1990, in Mecklenburg-Vorpommern mußte landsmannschaftliche Verbundenheit erst einmal per Bindestrich *behauptet* werden; wirklich hergestellt war sie dadurch noch lange nicht. Auch in Bayern bestanden zwar nach dem Zweiten Weltkrieg die heterogenen Teilkulturen und Regionen fort, aus denen das Königreich 1806 zusammengesetzt worden war, und wer in Bayern lebte, der fühlte sich in den frühen Jahren der Bundesrepublik noch immer zuvörderst als Schwabe, als Franke oder Altbayer, der war protestantisch im oberfränkischen Hof oder tief katholisch im niederbayerischen Passau. Eine überwölbende politische Kultur gab es in Bayern keineswegs, die Parteienlandschaft blieb regional vielfach fragmentiert: Ober- und Niederbayern war die Heimat der Bayernpartei, in Mittel- und Oberfranken besaßen die Sozialdemokraten und, von nationalliberaler Tradition zehrend, auch die Freidemokraten ihre Domänen. Doch schon seit der Zeit des aufgeklärten Absolutismus standen die alten Traditionslandschaften gemeinsam in der Kontinuität gesamtbayerischer Staatlichkeit und Bürokratie. Das hatte sie amalgamiert, zumindest in institutioneller Hinsicht. *Staatlich* bildete Bayern deshalb nach dem Zweiten Weltkrieg bereits eine selbstverständliche Einheit, *politisch-kulturell* jedoch stand die innere Homogenisierung des Freistaates noch aus.

Genau darin lag die Chance der CSU, die sie in den folgenden Jahrzehnten instinktsicher ergriff und energisch nutzte. Im selben Maße, wie die aufstrebende Partei an politischer Kraft gewann, gelang es ihr, eine gesamtbayerische Hegemonialkultur zu etablieren. Und je stärker die CSU, umgekehrt, als originäre politische Repräsentantin jener neuen gesamtbayerischen Regionalkultur wahrgenommen wurde, desto mehr wuchs ihre symbolische und institutionelle Hoheit über den Freistaat. Spätestens in den siebziger und achtziger Jahren wurde die Partei so auf allen Ebenen von Politik und Gesellschaft als alleinige Vertreterin vermeintlich ursprünglichen Bayerntums *wahrgenommen*: Nur wo CSU draufstand, war jetzt noch Bayern drin. Doch das weißblaue Heimatgefühl, von dem sich die Partei nunmehr seit Jahrzehnten politisch nährt, hat sie aus dem historischen Rohmaterial bayerischer Staatlichkeit zu guten Teilen selbst erschaffen. Als »die Partei, die das schöne Bayern erfunden hat«, ist die CSU deshalb von dem Journalisten Herbert Riehl-Heyse charakterisiert worden. Als Erfinderin alles Bajuwarischen erst einmal fest im Sattel, hatte die CSU, kühn ausgreifend, auch das Deutungsmonopol über Vergangenheit und Zukunft erobert. »Die CSU stellt die letzten metaphysischen Fragen nach Sein und Sinn der Welt als ganzer«, postulierte völlig im Ernst ihr Chef und Vordenker Hanns Seidel schon zu Beginn der sechziger Jahre. Und weil die Partei selbst zutiefst von der eigenen Geschichtsmächtigkeit überzeugt war, wirkte solches Pathos nicht einmal lächerlich. An die Spitze des bayerischen Fortschritts konnte sich Franz Josef Strauß letztlich nur deshalb so forsch und voluntaristisch setzen, weil seine »konservativ-liberal-progressive Partei« sich das Land zuvor so vollständig anverwandelt hatte. Selbst Produkt der bayerischen Geschichte, formte die CSU Bayern zu einer einzigen politischen Einheit um, *ihrem* Freistaat, in dem Parteisymbol und Staatswappen gewissermaßen in eins verschmolzen.

Das war die Ära der selbstgewissen Expansion. Es war die beste Zeit der CSU. Stück um Stück griff die Partei seit den späten fünfziger Jahren auf Milieus und Regionen Bayerns aus, die ihr zunächst noch verschlossen gewesen waren. Sie durchdrang den Bauernverband und die Mittelstandsvereinigungen, die Vereine und die Medien, die Funktionseliten und die Arbeiterschaft. Sie rang die traditionalistische Bayernpartei nieder, und sie schleifte seit den späten sechziger Jahren auch die sozialdemokratischen Traditionshochburgen in den Städten und im protestantischen Franken. Gewissenhaft beaufsichtigte die Partei dabei die nachholende wirtschaftliche Erneuerung Bayerns. Weil belastende altindustrielle Strukturen im Land weitgehend fehlten, gab es nur wenige Modernisierungsverlierer. Auch davon profitierte die CSU. Wichen ihre Wahlergebnisse in den frühen Jahren in den einzelnen Landesteilen noch erheblich voneinander ab, so glichen sie sich im Lauf der Jahre auf immer höherem Niveau immer weiter an. Bei der Landtagswahl 1974, dem Höhepunkt dieser gleichzeitigen Homogenisierung und Hegemonialisierung der bayerischen Wahllandschaften, erhielt die Partei zum ersten Mal in allen sieben Regierungsbezirken des Freistaats deutlich über 50 Prozent der Stimmen – und insgesamt ein Ergebnis von 62,1 Prozent. Die CSU stand auf dem Gipfel ihres Erfolgs.

Aber das liegt inzwischen auch schon wieder ziemlich lang zurück. Seitdem sind die Wahlergebnisse der CSU zwar wieder zurückgegangen, um fast zehn Prozent in einem langen, gleichmäßigen Prozeß schon bis zur Landtagswahl 1994. Die umfassende Hegemonie der Partei freilich stand deswegen noch lange nicht ernstlich zur Disposition, auch nicht nach dem Tod von Franz Josef Strauß und dem Ende des Sozialismus. Viel zu tief eingegraben hat sich die CSU in die bayerische Gesellschaft und den bayerischen Staat mit all seinen Ressourcen, als daß sie bereits von einigen »Amigo-Affären« entwurzelt werden könnte.

Die CSU hat sich in ihrer Geschichte geschickterweise gerade nicht darauf verlassen, in erster Linie von den traditionellen bayerischen Milieus und Mentalitäten zu leben. Den Bestand an Brauchtum und Heimat bloß defensiv zu verwalten hätte in der Tat ihren frühzeitigen Niedergang bedeutet, und gerade das hatte die Bayernpartei falsch gemacht, was niemand besser verstand als Franz Josef Strauß. Statt dessen bediente sich die CSU aus den Vorräten an Brauchtum, Volksfrömmigkeit und Mentalität wie aus einem legitimatorischen Ersatzteillager, um ihre Modernisierungsmaschinerie auf Touren zu bringen. Gerade weil es der CSU darum ging, das Land nach ihrem Bilde umzukrempeln, griff sie in die Traditionsbestände, und das Resultat nannte sie wiederum »Heimat«, später – paradox genug – sogar »Weltregion und Heimat«. Das war natürlich gewagt, aber es funktionierte. Und weil auch eine selbst erschaffene Heimat mehr sein kann als bloß sentimentaler Folklorismus, sofern sie nur tatsächlich als Heimat empfunden wird, wird die CSU noch lange die zentrale Bezugsgröße der bayerischen Politik bleiben. Gleichermaßen beneidet von ihrer Schwesterpartei wie von der mutlos vor sich hin kümmernden SPD, besitzt die CSU die Hoheit über die Zeichen und Symbole. Eine Ersatzpartei mit vergleichbar gesamtbayerischer Aura ist nirgendwo in Sicht, die symbolische Hegemonie der Staatspartei erscheint noch immer ganz ungefährdet.

Das indes ist nicht das letzte Wort. Daß der CSU in Bayern auch zukünftig keine dauerhaft ernst zu nehmende Konkurrenz erwachsen dürfte, ist noch kein Beleg ihrer Unverwundbarkeit auf alle Zeit: Nicht die Niederlage gegen eine aus eigener Kraft kernig aufstrebende Opposition muß sie befürchten, sondern die Korrosion der eigenen Erfolgsbedingungen. In Bayern wird zu besichtigen sein, wie selbst eine mit großem Abstand dominierende Volkspartei, die durch geschicktes Spiel auf der Klaviatur von Tradition und Modernität aus ihren ohnehin günstigen Ausgangsbedingungen ein Maximum an demokratischer Herrschaft gemacht hat, langfristig zum Opfer ihrer eigenen Strategie werden kann. Ihre strukturell verfestigte Überlegenheit jedenfalls wird die CSU verlieren. Genaugenommen ist sie längst dabei.

Die entscheidenden Risse im tragenden Gebälk sind freilich noch leicht zu übersehen. Sie zeigen sich erst beim genaueren Blick auf die – noch immer guten – Wahlergebnisse der CSU. Dann verblüfft beispielsweise an den beiden Resultaten des Wahlherbstes 1998 der merkwürdige Kontrast, daß die CSU zum ersten Mal seit 1974 bei einer Landtagswahl wieder *zulegen* konnte, dagegen bei der Bundestagswahl nur zwei Wochen danach mit 47,7 Prozent um mehr als fünf Prozent *schlechter* abschnitt und obendrein erstmals seit 1953 bei einer Bundestagswahl unterhalb der 50-Prozent-Marke hängenblieb. Bei noch genauerem Hinsehen wird deutlich, daß die CSU gerade dort, wo sie bei der Landtagswahl eben erst die höchsten Zuwächse eingefahren hatte, schon zwei Wochen danach ihre heftigsten Verluste wegstecken mußte: in den urbanen Zentren des Landes nämlich, in München, in Nürnberg und Augsburg, noch stärker im wirtschaftlich dynamischen Speckgürtel rund um die bayerische Landeshauptstadt. Gerade die Wähler in den modernen städtischen Regionen also, die sich bei der Landtagswahl mit Aplomb für Edmund Stoiber und die CSU entschieden, setzten ihre Hoffnung kurz darauf gleich scharenweise auf Gerhard Schröder und sein diffuses Angebot der »neuen Mitte«.

Genau hier ist jener politische und kulturelle Umbruch mit Händen zu greifen, über den die CSU im Grunde schon heute die Kontrolle verloren hat. Die bayerische Landtagswahl 1998 war zweifellos eine »Stoiber-Wahl«, bei der die ungebundenen Wechselwähler der modernitätswilligen Dienstleistungsschichten die Managerqualitäten eines Ministerpräsidenten honorierten, der mit dem Versprechen in den Wahlkampf gezogen war, das Land mit einer »High-Tech-Offensive« zu überziehen. Fernab der städtischen Brennpunkte gesellschaftlicher Unrast aber, im ländlichen Niederbayern etwa oder im abgelegenen Oberfranken, steckte die CSU bei der Landtagswahl sogar Verluste ein. In den stetigen Lebenswelten der Provinz machen Beschleunigungspolitiker wie Stoiber mit ihrem kulturell ortlosen Gerede vom weltweiten Wettlauf der »Standorte« ins 21. Jahrhundert eher Angst als Eindruck. Hier belohnt man die CSU nicht für kontextlose Platitüden über eine Zukunft, die nur durch irgendwelche »Innovationen auf breiter Basis« zu gewinnen sei und in der die »Champions League« der »Spitzenstandorte« gegen die Lombardei, das Pariser Becken und den Großraum London verteidigt werden müsse. Die Gemeinplätze der Beschleuniger klingen überall gleich, und bei den »kleinen Leuten« in der bayerischen Provinz wählt man die CSU dafür gerade nicht. Hier will man sie noch immer als bayerische Heimatpartei, die dafür sorgt, daß die Dinge wieder werden, wie sie einmal waren: Gestern ist gut, heute ist schlecht, morgen ist schlechter.

So ist das Dilemma der Partei nicht zu leugnen. Je ungehemmter sich die CSU als Agentur der ökonomischen Beschleunigung aufführt, desto heftiger muß sie zugleich ihre bewahrende Bodenständigkeit behaupten. Auf die richtige Balance zwischen Tradition und Fortschritt kommt für sie, wie für andere Parteien auch, weiterhin fast alles an. Doch das Gleichgewicht zu halten wird immer schwieriger; die bloß noch schrill behauptete Bodenständigkeit ist in Wirklichkeit gar keine mehr. »Die Menschen dürfen nicht dauernd bevormundet werden«, ruft Edmund Stoiber der jubelnden Menge in der Passauer Nibelungenhalle zu. Und falsch ist das ja nicht einmal. Doch in Wahrheit widerlegt seine Politik Tag für Tag den eigenen Aschermittwochspopulismus. Denn natürlich bevormundet niemand die Menschen so sehr wie Politiker, die ihnen die Zukunft im unablässigen globalen Standortwettlauf als alternativloses Schicksal avisieren.

Daß die Menschen nicht bleiben dürfen, wie sie sind, ist seit jeher die offene oder versteckte Botschaft des ideologischen Modernisierers. Edmund Stoiber mag man zugute halten, daß ihm diese Zwangslage durchaus bewußt ist. Nach bewährtem Muster will er verändern, um zu erhalten: »Wir müssen den Wettbewerb bestehen, um unsere gesellschaftliche und soziale Struktur zu bewahren«, sagt er. Und daß sozial sei, wer auf Wachstum setze. Und wiederum hat er ja recht: Auch früher schon, in der goldenen Ära Strauß, hätten die Bayern ihre Staatspartei gewiß unbarmherzig abgewählt, wenn sie

ausschließlich als kulturelle Heimatbewegung ganz ohne ökonomische Kompetenz dahergekommen wäre. Doch damals
standen wirtschaftlicher Aufschwung und heimattümelnde
Symbolpolitik noch nicht im Widerspruch zueinander. In den
Jahrzehnten des Umbruchs zur modernen Industriegesell-
schaft konnte sich die CSU aus den intakten kulturellen Ressourcen einer noch weitgehend integrierten bayerischen Gesellschaft nähren, um deren Stabilität und Erneuerung sie sich
zugleich fürsorglich kümmerte. Das ging so lange geschmeidig zusammen, wie die Modernisierung des Landes schöne
Überschüsse produzierte und nur wenige Zukurzgekom-
mene. Diese Zeit jedoch ist erkennbar vorüber. »Wir werden
auch Verlierer haben, die mit der Entwicklung nicht mithalten«, sagt heute selbst Edmund Stoiber. Aber Verlierer sind
auch in Bayern keine Stammwähler.
Die ökonomisch flexiblen Menschen wiederum, mit denen
die CSU im 21. Jahrhundert den Wohlstand von Würzburg
und Schweinfurt gegen die Attacken aus der Lombardei zu
verteidigen hofft, werden auch in anderer Hinsicht flexibel
sein – weltanschaulich unbehaust und politisch ohne festen
Anker. Mit volkstümlicher Fassade wird die CSU sie kaum beeindrucken können. Treue auch in schweren Zeiten kann die
Partei von ihnen erst recht nicht erwarten. Die im letzten
Jahrzehnt ungewohnt wechselhaften Wahlergebnisse der CSU
in den urbanen Zentren, ihre – vorerst noch vorübergehenden
– Verluste sowohl nach links wie nach rechts sind, so gesehen,
nur ein Vorgeschmack auf Zukünftiges. Die Politik der Be-
schleunigung mag Bayern im globalen Wettbewerb der
»Standorte« Vorteile verschaffen. Zugleich aber untergräbt
sie langfristig das sozialkulturelle Fundament, auf dem die
CSU ihre Vorherrschaft errichtet hat.
Edmund Stoiber weiß das, zumindest ahnt er es. »Im Geschäft

gibt es keine persönliche Beziehung. Es gibt nur den brutalen, weltweiten Preiskampf«, hat ihm unlängst in Silicon Valley einer dieser jungen amerikanischen Software-Gurus erklärt. Da sind Stoiber Zweifel gekommen; ganz so will er es in Bayern ja auch wieder nicht haben. »Die Amerikaner erheben den Wettbewerb zu einem Absolutum«, hat er besorgt gesagt. Um so lauter redet er von den kleinen Leuten, von der Tradition und vom Brauchtum und von den Bauern, die »ein Stück Seele unseres Landes« sind. Doch wenn die bayerische Wirtschaft nicht mehr brummt, werden ihn auch diese kleinen Leute eines Tages abwählen. Deshalb muß die »High-Tech-Offensive«, trotz allem, sein. Das Rennen, auf das sich die CSU eingelassen hat, kann sie nicht gewinnen. Den Verlust ihrer Heimat hat die mächtige Staatspartei der Bayern noch vor sich.

7 Von der Einheitspartei eines verlorenen Staates zur Heimatpartei des neuen Ostens: Die PDS

»Allmählich hörte auch der dauernde Vergleich auf, der
Verhältnisse in der DDR an der falschen, weil westdeutschen Elle
gemessen hatte; das war ein Heilsymptom.«
Uwe Johnson, *Versuch eine Mentalität zu erklären* (1970)

Womöglich fing die einzige wirkliche Erfolgsgeschichte der deutschen Parteien in den neunziger Jahren damit an, daß Gregor Gysi sein Mitleid überwand. Zur Revolution in der DDR gehörte 1989 auch der verspätete Aufstand der Parteibasis der SED gegen ihr altes Establishment. Am 17. November war Erich Honecker von Egon Krenz an der Spitze der Einheitspartei abgelöst worden. Aber Krenz war von Anfang an bloß ein Mann des Übergangs gewesen. Dem Tempo der Ereignisse stolperte er hilflos hinterher; den Fall der Mauer konnte er nicht verhindern, die Erosion der SED hielt er nicht auf. Hunderttausende verließen die Partei in diesen Wochen. Am 2. Dezember versammelten sich deshalb Mitglieder vor dem Gebäude des Zentralkomitees. Unter dem geborgten Motto »Wir sind die Partei!« forderten sie den Rücktritt von Krenz und der gesamten alten Führungsriege.
Als Redner hatten sie Gregor Gysi gewonnen. Er war der richtige Mann am richtigen Ort. Seit 1967 war der Sohn des früheren DDR-Kulturministers und Diplomaten Klaus Gysi schon Mitglied der SED, zugleich hatte er als Rechtsanwalt Rudolf Bahro und Robert Havemann vertreten, Bärbel Bohley und Rainer Eppelmann. Und spätestens die große Kundge-

bung vom 4. November auf dem Berliner Alexanderplatz hatte den politischen Grenzgänger Gysi im ganzen Land als talentierten Agitator bekannt gemacht. Jetzt sollte er Egon Krenz wirksam signalisieren, daß seine Zeit abgelaufen war. Aber als der niedergeschlagene Generalsekretär dann von den eigenen Genossen gnadenlos niedergepfiffen und ausgebuht wurde, bekam es Gregor Gysi mit dem Mitleid zu tun, so traurig erschien ihm Krenz. Gleichwohl riß er sich zusammen und formulierte die Rücktrittsforderung. Dann ging er. Seinen Ausflug in die Politik hielt Gysi damit für beendet; ab sofort wollte er sich wieder ganz auf den Anwaltsberuf konzentrieren.

Bekanntlich kam schon kurz darauf alles anders. Am folgenden Tag trat Egon Krenz von seinen Parteiämtern zurück, und das ganze Zentralkomitee der SED löste sich einfach auf. Sang- und klanglos klappte die einst allmächtige Einheitspartei in sich zusammen. Gysi aber blieb. Nach seinem Auftritt vor dem Großen Haus des ZK stand er bei seinen aufrechten Genossen um Hans Modrow und Lothar Bisky nun plötzlich in der Pflicht, zumal man dort gerade für das folgende Wochenende einen außerordentlichen Parteitag vorbereitete und dringend einen vorzeigbaren Kandidaten für den Vorsitz der Partei suchte. Gysi sträubte sich ein bißchen, nicht zu sehr allerdings. Man wollte ihn, man hatte keinen anderen, und eitel genug war Gysi im übrigen auch. Am 9. Dezember wurde er zum neuen Vorsitzenden der SED gewählt, die sich kurz darauf in »Partei des Demokratischen Sozialismus« umbenannte.

Als alles zu Ende war, fing auch wieder etwas an. Vierzig Jahre lang hatte die SED ihre Republik mit totalem Machtanspruch beherrscht und war damit schließlich vollständig gescheitert.

Im Grunde war es purer Zufall, daß die völlig desorientierte Partei noch einmal einen Erbfolger für Ulbricht, Honecker und Krenz fand, der sich in den folgenden Jahren als beispiellos fähig erweisen sollte, sie im unkartierten Gelände des neuen Deutschland zum Erfolg zu führen. Parteichef war Gregor Gysi zwar nur in den ersten drei Jahren ihres Bestehens, bereits im Dezember 1992 trat er vom Vorsitz zurück. Doch diese Zeit war entscheidend. Ohne das politische Ausnahmetalent Gysi an ihrer Spitze hätte die PDS ihre schwere Anfangszeit kaum überlebt.

Ein Jahrzehnt nach ihrer Gründung mitten im Ruin der SED scheint die Existenz der PDS gesichert. Mit 5,1 Prozent der Wählerstimmen war sie bei der Bundestagswahl 1998 nicht mehr wie vier Jahre zuvor auf den Gewinn von Direktmandaten in ihren Berliner Hochburgen angewiesen, um zum dritten Mal ins deutsche Parlament einzuziehen, dem sie seither mit vollem Fraktionsstatus angehört. Den Landtagen aller fünf ostdeutschen Bundesländer gehört die Partei ohnehin ganz selbstverständlich an, dorthin entsandt mit Ergebnissen zwischen 20 und 25 Prozent. In Sachsen und in Thüringen hat die PDS bei den Landtagswahlen vom Herbst 1999 die Sozialdemokraten überflügelt, und hier wie dort ist sie nach der CDU zur zweitstärksten Partei aufgerückt. In Sachsen-Anhalt stützt sie als Tolerierungspartner die sozialdemokratische Minderheitsregierung Höppner. In Mecklenburg-Vorpommern ist sie seit November 1998 sogar Koalitionspartnerin der Sozialdemokratie in der Landesregierung selbst und stellt den stellvertretenden Ministerpräsidenten. In etlichen ostdeutschen Kommunen besitzt sie Ratsmehrheiten, nominiert Dezernenten und Bürgermeister; im Hauptstadtbezirk Mitte, dem politischen Zentrum der Berliner Republik schlechthin, ist sie sogar mit Abstand stärkste Partei. Weit über 50 Prozent

der Stimmen gewinnt sie hier regelmäßig in einzelnen Stimm-
bezirken. Und neuerdings mehren sich die Anzeichen dafür,
daß die PDS auch in Westdeutschland Fuß zu fassen beginnt.
Auf 6,8 Prozent der Stimmen kam sie im Herbst 1999 bei den
Kommunalwahlen in Tübingen, auf 4,2 Prozent in Duisburg.
Mit 17,9 Prozent am Kreuzberger Mariannenplatz lag sie bei
der letzten Berliner Abgeordnetenhauswahl sogar in einem
Wahllokal im Westteil der Stadt vor der SPD.

Kein Zweifel, die PDS ist zu einem dauerhaften Faktor der
deutschen Politik geworden. Mehr noch: Ihr Aufstieg aus be-
scheidensten Anfängen ist die unwahrscheinlichste parteipolitische Erfolgsgeschichte des abgelaufenen Jahrzehnts überhaupt – relativ gesehen wie auch absolut. In diesen Jahren er-
starrte die Union bei ständig schwindendem Wählerzuspruch
zusehends zur nur noch selbstgefälligen Verwalterin der
Macht und wurde am Ende mit Pauken und Trompeten abgewählt. Vom Niedergang der Christdemokraten profitierten
1998 die Sozialdemokraten, ohne sich in den langen Jahren
der Opposition programmatisch oder personell gründlich er-
neuert zu haben. Die grüne Generationspartei verpaßte in den
neunziger Jahren die Chance der zeitgemäßen Renovierung.
Sie verlor den Osten der Republik, stagnierte auf niedrigem
Niveau im Westen und stolperte schließlich mit schwindender
Kraft in eine Regierungskoalition, aus der sie politisch keine
Vorteile zieht. Für die deutschen Freidemokraten schließlich
waren die Neunziger eine Epoche fortgesetzten, kaum noch
umkehrbaren Zerfalls von den gesellschaftlichen Wurzeln
her. Unter allen in den Parlamenten der Republik vertretenen
Parteien kann einzig die PDS auf eine Dekade stetigen Auf-
stiegs zurückblicken, an deren Ende sie besser und in mancher
Hinsicht zukunftsträchtiger dasteht als ihre Konkurrenten.
Niemand hätte das 1990 für möglich gehalten.

Die Chancen, die in dieser Lage stecken, mag die PDS wieder verspielen oder nicht – das ist die Frage. Daß es die Partei zehn Jahre nach ihrer Gründung überhaupt so weit gebracht hat, ist erstaunlich genug. Tatsächlich erschien sie in den Jahren nach 1990 auf den ersten Blick ganz und gar wie eine Partei ohne Aussicht. Als zwar unappetitliches, doch in den ostdeutschen Bundesländern für eine Periode des Übergangs notgedrungen hinzunehmendes Phänomen wurde sie jedenfalls im alten Westen der Republik gedeutet; erfahrenen Beobachtern der politischen Szenerie galt sie als politisches Auffangbecken für den harten Kern der übriggebliebenen, fraglos zum Aussterben verurteilten Dienstklasse der DDR. Modell für die mutmaßlich geradezu zwangsläufig bevorstehende Entwicklung der PDS stand dabei das Schicksal der Vertriebenenpartei BHE im Westdeutschland der fünfziger Jahre, des »Blocks der Heimatvertriebenen und Entrechteten«, der als politische Interessen- und Protestorganisation der Millionen von Pommern, Ostpreußen, Schlesiern und Sudetendeutschen in der Bundesrepublik damals aufsehenerregende Erfolge feierte. Mit 23,4 Prozent der Stimmen schnitt die gerade erst gegründete Partei 1950 bei der Landtagswahl in Schleswig-Holstein besser ab als die CDU. Bei den acht Landtagswahlen bis 1953 kam der BHE in der Bundesrepublik auf durchschnittlich zwölf Prozent. Etwa die Hälfte der Vertriebenen entschied sich in dieser Phase für die Partei, die in Schleswig-Holstein, Bayern und Niedersachsen sogar in die Landesregierung einzog. Mit einem Ergebnis von 5,9 Prozent wurde sie 1953 auch in den Bundestag gewählt, wo sie in Adenauers Regierungskoalition eintrat. Doch im Verlauf der erfolgreichen Integration der Vertriebenen in die prosperierende Wirtschaftswunderrepublik verloren die zunächst populären Forderungen nach »Lebensrecht im Westen« und »Heimatrecht im Osten«

zusehends ihre Attraktion. Indem er mithalf, die Interessen seiner Klientel durchzusetzen, förderte der BHE zugleich deren Eingliederung in die bundesdeutsche Gesellschaft – und machte sich damit überflüssig. Nur zehn Jahre nach ihrer Gründung war die Vertriebenenpartei am Ende.

Bestenfalls ein vergleichbares Szenario des Ostens wurde in den frühen Jahren auch der PDS vorausgesagt. Die zügige Integration der Bevölkerung der vormaligen DDR in das bundesrepublikanische Gemeinwesen werde jeder ostdeutschen Sonderbündelei die Grundlage entziehen, lautete die bestimmte Auskunft der tonangebenden Doktrinäre der »inneren Einheit«. »Dieser Strukturumbruch vollzieht sich im nächsten Dreivierteljahr«, erklärte Kurt Biedenkopf im Herbst 1990. »Ihn unter die Überschrift Arbeitslosigkeit zu stellen mit der ganzen Idee, daß das ein soziales Elend sei, ist außerordentlich schädlich.« Zur fixen Idee geronnen und kaum mehr an der Wirklichkeit überprüft, sollte dieses Leitbild die gesamten neunziger Jahre durchwabern. Doch ein Jahrzehnt nach dem Ende des zweiten deutschen Staates ist die einheitliche Gesellschaft der Deutschen noch immer kaum mehr als ein frommer Wunsch. Die zutiefst westdeutsche Vorstellung eines immer kurz bevorstehenden und stets nur als »zu vollendenden« imaginierten Zustandes »innerer Einheit« hat sich längst als die Fiktion erwiesen, die sie im Grunde von an Anfang an war. Sie entsprang einer fundamentalen Fehldeutung der ostdeutschen Verhältnisse und damit auch einer gründlichen Verkennung der besonderen Entstehungs- und Überlebensbedingungen, die für die PDS maßgeblich waren.

Tatsächlich konnte die PDS schon deshalb keine ostdeutsche Neuausgabe des BHE sein, weil sie von Anfang an mehr war als ein loses Sammelsurium entwurzelter Menschen. Die Gemeinsamkeit der Vertriebenen ging über das Interesse an der

Rückkehr in die verlorene Heimat oder, ersatzweise, wenigstens an einer gleichberechtigten Teilhabe an den Früchten des Wiederaufbaus in der Bundesrepublik nie hinaus. Außer ihrer Verlusterfahrung einte sie eigentlich nichts. Sie lebten mitten unter den Westdeutschen, zunächst zwar beengt und benachteiligt, aber doch ohne räumliche Trennung von der Gesellschaft, in der sie nun einmal angekommen waren. Sie lasen dieselben Zeitungen wie die Einheimischen und tranken in der Kneipe dasselbe Bier. Und spätestens die nächste Generation sprach schon nicht mehr den schlesischen oder ostpreußischen Dialekt ihrer Eltern, sondern im hessischen, bayerischen oder holsteinischen Tonfall ihrer Schulkameraden und Lehrer. Was den Block der Heimatvertriebenen am Ende überflüssig machte, war vor allem die alltägliche Übermacht der neuen Heimat. So verblaßte allmählich die Erinnerung an Breslau, Danzig oder Königsberg.

Die Ostdeutschen hingegen sind weiterhin Ostdeutsche in Ostdeutschland. Sie lesen in Erfurt noch immer die *Thüringische Landeszeitung* und in Neubrandenburg den *Nordkurier*. Sie trinken Bier aus Lübz in Mecklenburg und im Vogtland Wernesgrüner. Ihre Fußballvereine heißen noch immer Energie Cottbus oder Dynamo Dresden. Bei aller Integration in das neue Gemeinwesen der vereinigten Bundesrepublik sind die alltäglichen Lebenswelten der Westdeutschen und der Ostdeutschen in den letzten zehn Jahren doch weitgehend getrennte Kommunikationsräume geblieben – und das nicht einmal aus Ressentiment und bösem Willen. Gerade wo sich in kurzer Zeit vieles verändert, wächst der Bedarf an Beständigkeit. Auch der Hannoveraner liest im übrigen typischerweise nicht das *Schwäbische Tagblatt*, und nur die wenigsten Dortmunder sind Anhänger von Bayern München.

Zwar war das Bedürfnis der Ostdeutschen nach Kontinuität

ihrer Lebensbezüge im unübersichtlichen und verwirrenden Prozeß der deutschen Vereinigung im Grunde von Anfang an vorauszusehen gewesen. Aber irgendwie überwog bei den Westdeutschen dennoch die Illusion, die Ostdeutschen würden nun gewissermaßen rückstandsfrei so werden wie sie selbst. Und eine Weile, in den ersten Jahren der Einheitseuphorie, glaubten die Ostdeutschen das sogar selbst. Doch die frühe Begeisterung schwand, und tiefe Ernüchterung machte sich breit. Die Ostdeutschen hatten den Westen getestet, jetzt wuchs das Heimweh nach dem eigenen. Auf diesem Humus gedieh die PDS.

Solche Sehnsucht nach Heimat, nach Identität war und bleibt der wichtigste gesellschaftliche Rohstoff der PDS. Trotzdem war ihr Aufstieg keineswegs selbstverständlich. Im Rückblick liest sich die Geschichte dieser Partei wie eine kaum glaubliche Aneinanderreihung von Zufällen, glücklich durchgestandenen Krisensituationen und umschifften Klippen, von denen jede einzelne ohne weiteres das Ende hätte einleiten können. Regelmäßig stand die PDS an irgendeinem Abgrund, immer wieder sprang sie dem Tod von der Schippe. Denn jedesmal, wenn im Karl-Liebknecht-Haus am Berliner Rosa-Luxemburg-Platz endgültig die Lichter auszugehen drohten, wuchs der Partei von irgendwoher wieder Rettung zu.

In der Serie derartiger Glücksfälle war Gregor Gysi nur der erste. Ohne seine genuine politische Begabung, seine Schlagfertigkeit, seine taktische Intelligenz und sein selbstdarstellerisches Talent wäre die Partei früh auf der Strecke geblieben. Dennoch war Gysi nie ihr einziger wichtiger Politiker, sie brauchte ihren alten Fahrensmann Hans Modrow als Identifikationsfigur für DDR-Traditionalisten, sie benötigte den gemütlichen Lothar Bisky zur Besänftigung zentrifugaler Strömungen, sie bedurfte des grüblerisch-zerquälten Intel-

lektuellen André Brie als strategischen Vordenker und glaub-
würdige Verkörperung leidender Bewältigung von Stasi-
schmach und Mauerschande. In den Medien nutzte ihr die
wunderliche Kommunistin Sahra Wagenknecht mit ihrer
spröden Ausstrahlung ebenso wie an der Parteibasis die Berliner Landesvorsitzende Petra Pau mit ihrem munteren Pio-
nierleiterinnencharme. Und zunehmend profitiert sie auch
von der kühlen Professionalität ihres Bundesgeschäftsführers
Dietmar Bartsch. Unter ihren Funktionären gibt es den bunt
gefärbten Haarschopf und die volkseigene Kunstlederjacke,
die Partei ist in den Altbau-WGs von Dresden-Neustadt
ebenso zu Hause wie in der »Platte« von Marzahn und Hel-
lersdorf, in der Oberlausitz wie im Havelland. Es war immer
ein Irrtum zu meinen, ihre personelle, ideelle und kulturelle
Vielgestaltigkeit müsse der PDS zwangsläufig zum Nachteil
gereichen. Das hätte so kommen können, wenn die innerparteilichen Konflikte aus dem Ruder gelaufen wären. Doch von
der Parteiführung im Zaum gehalten und taktisch klug ausgespielt, geriet der PDS gerade ihre Bandbreite unterschiedlicher Repräsentanten und Strömungen zum Vorteil. Durch sie
blieb die Partei im Gespräch und für viele interessant.
Und doch: Ohne Gregor Gysi wäre das alles nicht viel wert
gewesen, besonders in der ersten Zeit. Als die SED und ihr
Staat zerfielen, war der Berliner Rechtsanwalt buchstäblich
der einzige, der exakt jene Kombination von Kontinuität und
Neubeginn verkörperte, mit der die Partei hoffen durfte, sich
einigermaßen glimpflich in die neue Zeit zu retten. Eigentlich
war Gysi das glatte Gegenteil des durchschnittlichen Klein-
bürgers im proletarischen Provinzstaat DDR: Schlagfertig
und geistreich, gewitzt und vorlaut, souverän im Umgang mit
den westdeutschen Medien und respektlos gegen jedermann.
Privilegiert war Gysi schon in der DDR gewesen, das hatte

ihm jene lässige und ein wenig dandyhafte Überlegenheit gegeben, die ihn von der Mehrzahl seiner plebejischen Mitbürger so sehr unterschied. Jurist zu werden, berichtet Gysi beispielsweise, habe er eines Tages beschlossen, nachdem ihm die Frau des namhaften Berliner Rechtsanwalts Friedrich Wolff erklärt hatte, Jura sei auch ein Studium für Doofe – da müsse man bloß wissen, wo was steht. »Ihre Argumentation überzeugte mich, und so beschloß ich umgehend, mich der Jurisprudenz zuzuwenden«, schreibt Gysi kokett. Fünf Jahre später, im Alter von nicht mehr als 23 Jahren, war er der jüngste Rechtsanwalt der DDR. Gysi besaß jene Weltläufigkeit, die vielen seiner ostdeutschen Landsleute in diesen Monaten an ihren westdeutschen Landsleuten zu mißfallen begann. Ihn aber bewunderten sie dafür: weil er einer von ihnen war. So wie Gysi hätten sie auch sein mögen.

Wie unersetzlich Gysi für die PDS war, erwies sich schon in der Kampagne vor der ersten und einzigen freien Volkskammerwahl am 18. März 1990, die er weitgehend im Alleingang bestritt. Weitere präsentable Personen hatte die Partei nicht, ihre verbliebenen Kader waren überall in der Defensive, zutiefst verunsichert und ohne Mut. Zugleich den Neuanfang wie das Weitermachen glaubhaft verkörpern konnte, als Kandidat zum Anfassen, nur Gysi selbst. Er war gewissermaßen die neue Stimme der DDR. Ohne seine mitreißende Energieleistung in diesem Ausnahmewahlkampf hätte die PDS zweifellos eine vernichtende Niederlage eingesteckt, von der wohl keine Erholung mehr möglich gewesen wäre. So aber kam sie auf ein überraschend gutes Ergebnis von immerhin 16,4 Prozent der Wählerstimmen und stellte in der Volkskammer die drittstärkste Fraktion, während die Herbstrevolutionäre vom Bündnis 90 nicht mehr als ganze 2,9 Prozent erhielten. Fürs erste war die PDS davongekommen – weit besser als allgemein erwartet. Sie hatte sich im neuen ostdeutschen Parteiensystem etabliert, jetzt konnte sie weitersehen.

Doch erst einmal ging es bergab. Die PDS hatte die Eigenstaatlichkeit der zweiten deutschen Republik erhalten wollen, aber die Sache endete anders. Das Staatsvolk der DDR geriet 1990 in den Einheitsrausch; schon bei den Kommunalwahlen im Mai stimmten nur noch 14 Prozent der Wähler für die Ostpartei, bei den ersten Landtagswahlen im Oktober gerade noch 11,6 Prozent. Als der Parteivorstand obendrein dabei erwischt wurde, wie er das Millionenvermögen der SED in die Sowjetunion verschob, war das Ansehen der Partei am Tiefpunkt. Wieder verließen sie Tausende von Mitgliedern. Bei der ersten gesamtdeutschen Bundestagswahl im Dezember 1990 drohte daher ein Debakel: Bundesweit fünf Prozent der Zweitstimmen oder drei Direktmandate hätte man gewinnen müssen, um in den Bundestag zu gelangen, so schrieb es das Wahlgesetz vor. Für die PDS in ihrem erbärmlichen Zustand war beides unerreichbar. Die Partei stand vor dem Untergang. Wieder nahte aber Hilfe von außen. Unerwartet entschied nämlich das Bundesverfassungsgericht, daß bei der ersten gesamtdeutschen Bundestagswahl ausnahmsweise zwei getrennte Wahlgebiete mit separaten Sperrklauseln einzurichten seien. Damit war die PDS gerettet. Zwar entschieden sich nur noch 11 Prozent der ostdeutschen (und 0,3 Prozent der westdeutschen) Wähler für die Partei, und sogar die FDP schnitt jetzt in den neuen Bundesländern besser ab. Doch nach dem »Wunder von Karlsruhe« reichte ihr selbst jenes klägliche Resultat, um ins Bonner Parlament zu gelangen. Für die nächsten vier Jahre besaß die PDS damit immerhin ein Podium, von dem aus ihre 17 Abgeordneten – und vor allem Gregor Gysi – medienwirksam versuchen konnten, den weiteren Niedergang aufzuhalten.

Einstweilen freilich nutzte der Partei auch das nicht viel. Anfang der neunziger Jahre wollten die Menschen zwischen Saßnitz und Bad Schandau von der DDR nichts mehr wissen; es war die Zeit der schwarzrotgoldenen Fahnen mit dem Loch in der Mitte, dort wo Hammer und Sichel aufgenäht gewesen waren. Hell erstrahlte allein die gesamtdeutsche Zukunft. Und die PDS erschien als häßliches Überbleibsel einer morbiden Vergangenheit, an die niemand erinnert werden mochte. Ihr Abstieg setzte sich folglich ungebremst fort. Im Dezember 1991 wollten Umfragen zufolge nur noch ganze fünf Prozent der Ostdeutschen bei der nächsten Bundestagswahl die PDS wählen: Nicht einmal ihre Anwesenheit in den Parlamenten der neuen Bundesländer war damit noch gewiß. Vor der Partei lag eine Zukunft als außerparlamentarische Sekte einer Handvoll ewiggestriger Spinner.

Doch die PDS, fast schon erledigt, kam wieder auf die Beine. Und erneut waren dafür Umstände verantwortlich, auf die sie selbst keinen Einfluß hatte. Weder beeindruckte die Partei jemals durch die ernsthafte Aufarbeitung ihrer Vergangenheit, noch bestach sie durch zukunftsträchtige Programme. Dafür lagen sich die zahllosen »Plattformen« und Fraktionen innerhalb der Partei fortwährend wegen irgendwelcher ideologischen Spitzfindigkeiten in den Haaren, die weit und breit niemanden interessierten. Als ehemalige inoffizielle Mitarbeiter des MfS enttarnt, wurden Parteifunktionäre halbherzig aus ihren Ämtern entlassen und anschließend in Ehren wieder aufgenommen. Sahra Wagenknecht durfte medienwirksam den unsterblichen Stalin loben, andere priesen Walter Ulbricht als großen Staatsmann und den Bau der Mauer als »gute Idee«. So ging es am Anfang der neunziger Jahre, so geht es im Grunde bis heute. Einmal wurde die PDS zum Opfer der Verhältnisse rings um sie herum, dann profitierte sie wieder von ihnen. In der Partei selbst mochte man tun, daherreden und beschließen, was man wollte – wirklich angekommen ist es darauf nie.

Deshalb begann der bis heute anhaltende Aufstieg der PDS, als 1992 in Ostdeutschland Katerstimmung einsetzte. Die ausgelassene Einheitsparty war vorüber, und mit der Enttäuschung über die Unvollkommenheiten der »inneren Einheit« begann die Ära der Ostalgie. Arbeitslosigkeit und arrogante »Besserwessis«, die vermeintliche oder tatsächliche Entwertung in der DDR gelebten Lebens und das schiere Desinteresse der Westdeutschen an ihren neuen Mitbürgern aus dem Osten, das böse Ressentiment und die große Sehnsucht nach Herkunft und Identität – das sind die Quellen, aus denen sich seither die wachsenden Erfolge der PDS gespeist haben. Auf einmal nicht mehr bestraft für ihre Vergangenheit als diktatorische Staatspartei der DDR, sondern belohnt für ihre Gegenwart als politischer Heimatverein, ist die PDS auf eine Weise im bundesrepublikanischen Alltag angekommen, die ihre westdeutschen Gegner lange nicht verstanden haben. Diese bekämpften noch stur und verbiestert die Befürworter von Mauer und Stacheldraht, als die Ostdeutschen die Partei schon längst als selbstverständlichen Bestandteil ihrer heimatlichen Lebenswelt in der gesamtdeutschen Gegenwart ansahen. Das wiederum trieb der PDS die Wähler nur noch heftiger zu: Wo die Heimat von außen attackiert wird, schließt man sich zur Abwehr um so enger zusammen.

Daß es wieder bergauf ging mit Gregor Gysi und seinen Gefolgsleuten, deutete sich erstmals bei den Wahlen zu den Berliner Bezirksversammlungen im Mai 1992 an und setzte sich bei den Brandenburger Kommunalwahlen 1993 fort. Entscheidend für die Etablierung der PDS als authentischer Volkspartei des Ostens war aber erst das Jahr 1994 mit seinen vielen

Wahlen. In allen ostdeutschen Bundesländern konnte man den Stimmenanteil bei den Landtagswahlen beträchtlich verbessern, zwischen 16,5 Prozent in Sachsen und 22,7 Prozent in Mecklenburg-Vorpommern lagen die Ergebnisse jetzt. Und bei der Europawahl im Juni des Jahres blieb man mit 4,7 Prozent der Stimmen bundesweit erstmals nur knapp unterhalb der Fünfprozenthürde. Den zwar schrumpfenden, aber doch harten Kern ihrer Mitglieder hatte die Partei auch bei allen früheren Wahlen schon mobilisieren können. Jetzt zahlte sich überdies die von jeher starke Präsenz der PDS überall in Ostdeutschland aus.

Entscheidend war dabei nicht einmal, daß sie in den ostdeutschen Bundesländern von allen Parteien noch immer mit Abstand die meisten Mitglieder hatte. Wichtiger als deren bloße Anzahl war 1994 wie heute deren Vernetzung untereinander, eine Art fürsorgliche Eingewobenheit in die Netzwerke der Vereine, Verbände und Interessenorganisationen in den Ländern, Gemeinden und Stadtvierteln. Hier besitzt die PDS seit langem ein loyales, durch persönliche Beziehungen eng verflochtenes Vorfeldmilieu einsatzfreudiger Aktivisten. Subjektiv war man geeint durch das Bewußtsein, gemeinsam den guten Kampf für die gerechte Sache zu kämpfen, und das Wärmegefühl echter, gegen eine Welt von Herablassung und Diffamierung stehender Gemeinschaft kam noch hinzu.

Gerade die Mühsal des Weitermachens nach 1989 enthielt dabei nach den langen Jahren eintöniger Machtverwaltung in der DDR durchaus auch Elemente der Befriedigung über die im Neubeginn gesteigerte Lebensintensität. Von einem »riesengroßen Abenteuer«, in das man sich nun gemeinsam stürze, sprach der neu gewählte Berliner Parteivorsitzende Wolfram Adolphi 1990. »Ich habe so viele interessante Menschen kennengelernt, soviel erlebt und gelernt und in schier ausweglosen Situationen auch Erfolge gehabt«, schreibt Gregor Gysi über die frühen Jahre der PDS. »Es war der bisher intensivste Teil meines Lebens.« Angehörige der Aufbaugeneration, die sich mit Wehmut an das beglückende Gemeinschaftserlebnis ihrer Jugendjahre in der FDJ erinnerten, als ihr Zeichen die Sonne war, die Zukunft offen und der Osten rot, erlebten die Zeit in der PDS als wohltuende Wiederkehr längst verloren geglaubter Leidenschaft. »Wir sangen vom neuen Leben, das anders werden sollte. Wir hatten ein Ziel vor Augen«, berichtet Hans Modrow als ein typischer Vertreter dieser Generation über die Gründerzeit der DDR. »Solchen Eifer spürte ich später nie wieder.« »Jugend. Bewegung« heißt in seinen Memoiren das Kapitel über die innigen Jahre der FDJ, »Partei. Apparat« hingegen jenes über die bleiernen Jahrzehnte danach. Erst der Umbruch von 1989/90 brachte das alte Lebensgefühl zurück: »Jetzt, in der PDS, erlebte ich eine ganz andere Atmosphäre: ein Klima menschlicher Nähe und neuer politischer Gemeinsamkeit.«

Es ist deshalb immer ein krasses Mißverständnis der phantasieloseren ihrer Gegner gewesen, die PDS umstandslos als »SED-Nachfolgepartei« zu begreifen, also als bloße Fortsetzung der SED unter veränderten Bedingungen. Tatsächlich erwuchs ihre originäre Stärke seit 1989 nicht zuletzt daraus, daß sie den in gleichförmigen Parteilaufbahnen stehenden SED-Mitgliedern eine Möglichkeit bot, noch einmal neu anzufangen, auszubrechen aus ihrem Alltag, um endlich einmal wild und gefährlich zu leben – wenn auch nur ein kleines bißchen. Für ermattete SED-Kader jedenfalls, die sich auf das »Abenteuer« PDS einließen, war 1989 soviel Anfang wie nie. Vielen Aktivisten verschafft die Basisarbeit für ihre Partei Befriedigung, sie stiftet Sinn in einer Zeit, die gerade ältere PDS-Mitglieder häufig als feindselig empfinden. Sie haben es tatsächlich nicht leicht: Was für sie zu leisten, zu erreichen war, liegt in der Regel bereits hinter ihnen. Doch gerade darin steckt paradoxerweise auch späte Genugtuung. Unter den Bedingungen des Realsozialismus war der heroische Antifaschismus der DDR-Gründergeneration für die jüngeren Genossen der SED nie wiederholbar gewesen. Je höher die alten Spanienkämpfer und Buchenwaldinsassen ihren Mythos mithin hielten, desto mehr beschämten sie die nachgeborenen Apparatschiks. Erst jetzt, nach dem Ende der DDR, durfte sich deshalb auch der letzte Rentner wenigstens ein bißchen wie der Erbe des tapferen Teddy Thälmann fühlen, wenn er am Infostand hin und wieder beim Verteilen seiner PDS-Flugblätter angepöbelt wurde. Die kämpferische Entschlossenheit konnte das nur bestärken. »Ausgegrenzt zu sein tat zwar weh, war aber für manchen auch verläßlich identitätsstiftend«, hat die Berliner PDS-Vorsitzende Petra Pau hellsichtig angemerkt.

Doch mittlerweile bringt Parteiarbeit für die PDS in Ostdeutschland sogar Anerkennung bei Nachbarn und Verwandten. Auch die pragmatischer veranlagten Angehörigen der Parteiführung wissen, wie wichtig dieser ganz profan-bodenständige Aspekt ihrer Politik ist: »Die Leistungen unserer Mitglieder beim Gespräch über den Gartenzaun, am Stammtisch, in der Kaffeerunde, die vielfältige Kleinarbeit unserer VorruheständlerInnen und RentnerInnen kann man gar nicht hoch genug einschätzen«, hat der mecklenburg-vorpommersche Landesvorsitzende Helmut Holter einmal bemerkt. Milieus dieser Art lassen sich weniger politisch als sozialpsychologisch erklären. Im Mittelpunkt steht für die Mitglieder eben nicht das Erreichen irgendwelcher im Parteiprogramm dargelegter Ziele, sondern die Gemeinsamkeit der Gleichgesinnten selbst. Deshalb wenden sich die Angehörigen des PDS-

Milieus auch dort nicht enttäuscht von ihrer Partei ab, wo diese in Regierungs- oder Tolerierungskoalitionen zu – selbstverständlich immer: faulen – Kompromissen gezwungen ist. Sie murren und nörgeln zwar. Aber nach außen vertreten sie als treue Parteisoldaten eisern die ungeliebte »Linie«; schließlich war Parteidisziplin nicht die unbedeutendste Tugend des demokratischen Zentralismus. Und wo sollten sie auch anders hin? Das 1989 untergegangene Sehnsuchtsland DDR ist ihr Hort, die PDS ihre Wärmestube.

Nachdem sie ihre Gründungskrise 1992 überwunden hatte, gedieh die PDS daher als autochthone Ostpflanze, fest verwurzelt im mentalen und sozialkulturellen Biotop der neuen Bundesländer, das sie ihrerseits nach Kräften nährte und kultivierte, bewahrte und tradierte. Die PDS gibt einem im deutschen Osten tatsächlich vorhandenen Lebensgefühl eine politische Heimat, das sie umgekehrt durch ihre Existenz immer wieder aktualisiert oder überhaupt erst produziert. Als Kultur, als »Erfahrungs- und Erzählgemeinschaft« (Michael Rutschky) ist unter den Bedingungen des freien Austausches in gewissem Sinne eine DDR erst entstanden, die es in den vierzig Jahren des Staatssozialismus nie gegeben hat. Dieses Lebensgefühl der *Ostigkeit* hat sich im letzten Jahrzehnt zu einem vielfältig vernetzten und institutionell abgestützten Koordinatensystem verfestigt. Die seit Jahrzehnten existierende Rockgruppe »Puhdys« etwa ist ein symbolischer Träger dieser Haltung in musikalischer Hinsicht, im Sport ist es Hansa Rostock, der einzige Bundesligaverein in den neuen Bundesländern. Weniger massenwirksam, aber auf dem Umweg über die mittleren Kultureliten, die »Intelligenz« innerhalb der ostdeutschen Gemeinschaftskultur dennoch von Einfluß, entwickelte sich etwa rund um Frank Castorfs Volksbühne in Berlin-Mitte ein weiterer identitätswirksamer Brennpunkt der Bewegung. Gemeinsam ist allen solchen Trägern poststaatssozialistischer Ostigkeit, daß sie deren exklusive – also: eigene *und* ausschließende – Selbstwahrnehmung zwar einerseits abbilden, sie zum anderen aber auch aktualisieren, symbolisch aufladen, ja zum Teil überhaupt erst erschaffen.

Das gilt erst recht für die PDS. Sie ist der politische Arm der ostdeutschen Heimatbewegung, bildet aufgrund der Mittelstellung des gesellschaftlichen Subsystems Politik sogar deren zentrale Koordinationsinstanz. So kann sie das besondere Lebensgefühl der Ostigkeit politisch nutzen, es aber auch kraft eigener symbolischer Politik umgekehrt selbst noch verstärken und kanalisieren. Wie keine andere Partei in Ostdeutschland profitiert die PDS damit paradoxerweise von den spezifischen Bewußtseinslagen, die in der vierzigjährigen Herrschaft der SED entstanden waren – auch dies eine jener zufälligen Konstellationen, denen sie ihren Erfolg verdankt.

Das alles konnte man eigentlich auch schon 1994 wissen. Bereits damals sprach viel dafür, daß die PDS nicht so ohne weiteres wieder von der politischen Szenerie der Republik verschwinden würde. Die Stimmung in Ostdeutschland hatte sich nachhaltig zu ihren Gunsten gewendet, mit ihren Wahlergebnissen ging es bergauf. Trotzdem war es noch im Frühjahr ziemlich unwahrscheinlich, daß man im Herbst erneut in den Bundestag einziehen würde. Das gute Ergebnis bei der Europawahl im Juni verdankte man vor allem der Fähigkeit zur Mobilisierung treuer Stammwähler sogar bei eher unwichtigen Zwischenwahlen. Bei einer Bundestagswahl mit hoher Wahlbeteiligung würde man es schwerer haben, und auch drei Direktmandate mußten erst einmal erobert werden. Aus eigener Kraft und nur mit dem Wind des wieder erwachten ostdeutschen Heimatgefühls im Rücken war das, trotz al-

lem, nicht zu schaffen. Damit aber wäre für die Partei der Anfang vom Ende dagewesen. Erst einmal ausgeschlossen vom
bundespolitischen Geschehen, von den finanziellen und me-
dialen Privilegien einer Parlamentspartei, hätte die PDS
schwerlich noch einmal Fuß gefaßt.

Diesmal hießen die Retter der PDS Höppner und Hintze.
Denn was der Partei über die existentielle Hürde der Bundestagswahl 1994 verhalf, war wiederum nicht ihr eigenes
Verdienst. Ihr Erfolg war das unbeabsichtigte Ergebnis der
Auseinandersetzung von SPD und Union. Dabei brachte die
sachsen-anhaltinische SPD die Dynamik zugunsten der PDS
in Gang; weil die Partei nach der Landtagswahl vom Juni zusammen mit den Grünen keine eigene Mehrheit im Landtag
besaß, entschied sich ihr Spitzenkandidat Reinhard Höppner
dafür, seine Regierung von der PDS systematisch »tolerie-
ren« zu lassen. Schon das allein wertete die PDS weiter auf,
verlieh ihr neue Respektabilität – allerdings nur in Ostdeutschland. Im Westen sah man die Dinge anders. Hier ließ sich die
in den Umfragen deutlich hinter der SPD zurückliegende
CDU die Gelegenheit zum politischen Comeback nicht entgehen. Die kalkulierte Hysterie gegen die »sozialistische
Volksfront«, die CDU-Generalsekretär Peter Hintze nun mit
seiner »Rote-Socken-Kampagne« für Helmut Kohl entfes-
selte, erwies sich als eine der effektvollsten parteipolitischen
Strategien in der Geschichte der Bundesrepublik. Mit aller
Kraft spielte die Union noch einmal auf der Klaviatur des tief
sitzenden antikommunistischen Affekts der Westdeutschen.
In überheiztem Ton geißelten die Unionspolitiker die Aktivisten der »Partei der Mauerschützen und Gefängnisschergen«
(Wolfgang Schäuble) als »Salonbolschewisten« (Theo Waigel) oder gar »rot lackierte Faschisten« (Helmut Kohl). Fast
schon routinemäßig forderten Unionspolitiker die nachrich-

tendienstliche Beobachtung der PDS, und selbst das völlige Verbot der Partei wurde bisweilen verlangt.

Der Ausgrenzungskurs der Union gegen die PDS wird zweifellos als eines der kläglichsten Unterkapitel der Kanzlerschaft Helmut Kohls in Erinnerung bleiben. So wirkungslos gegen die Ostpartei wie staatspolitisch kontraproduktiv, steht das Prinzip der »Rote-Socken-Kampagne« durchaus in der traurigen Tradition der Bismarckschen Kulturkämpfe gegen die katholische Kirche und die Sozialdemokratie in den ersten Jahrzehnten nach der Reichsgründung von 1871. Als »Reichsfeinde« und »vaterlandslose Gesellen« hatte Bismarck jene gesellschaftlichen Gruppen angeprangert, die sich seinem Herrschaftswillen nicht bedingungslos unterordneten. »Wäre es dem Reichskanzler wirklich um die Einheit der Nation, um die Vollendung der inneren Reichsgründung gegangen, dann hätte er versuchen müssen, die Minoritäten, die sich noch abseits hielten, zu gewinnen«, schreibt Volker Ullrich über Bismarcks Politik gegenüber der katholischen Zentrumspartei. »Statt dessen grenzte er aus, polarisierte, stilisierte den Konflikt mit dem Zentrum zu einem Kampf zwischen Licht und Finsternis.«

Zutreffend ist diese Herrschaftsmethode als »negative Integration« bezeichnet worden. Bismarck heizte gesellschaftspolitische Konflikte an, um durch die Ausgrenzung von Minderheiten eine Mehrheit hinter sich zu sammeln. Sein Ziel erreichte er damit freilich nicht. Im Gegenteil: Zentrumspartei wie Sozialdemokratie gingen gestärkt aus der staatlichen Verfolgung hervor. Recht eigentlich erst die Verfolgung schweißte Episkopat und katholisches Volk zusammen, erst die gängelnden Maßnahmen unter dem Sozialistengesetz schufen jenes parteipolitische Märtyrertum, das die Arbeiterbewegung zu einer machtvollen Bewegung anschwellen ließ, ja strenggenommen wurden sich politischer Katholizismus und Sozialdemokratie überhaupt erst in diesen Jahren ihrer selbst bewußt. Das Erlebnis, gegen einen übermächtigen Gegner zusammenzustehen, verschaffte einen zündenden Ursprungsmythos, der viele Jahrzehnte (und in letzten Mentalitätsresten bis heute) identitätsstiftend wirkte.

Natürlich: In Ausmaß und Härte war die Kampagne der Union gegen die PDS mit den Bismarckschen Verfolgungsmaßnahmen nicht zu vergleichen. Doch sie funktionierte nach demselben Prinzip, und wie seinerzeit die »Reichsfeinde« profitierten auch diesmal vom Ausschluß vor allem die Ausgeschlossenen selbst. Denn mehr als alles andere waren es die Angriffe der Christdemokraten, die die PDS nach innen integrierten. Kleine rote Wollsöckchen, von rüstigen Genossinnen gestrickt, wurden selbstbewußt als inoffizielles Parteiabzeichen am Revers getragen. Eine kämpferische Stimmung des »Jetzt erst recht!« durchströmte die Partei. Zugleich keimte selbst bei vielen Ostdeutschen, die der PDS nicht ausgesprochen nahestanden, neuer Widerwille gegen eine Regierungspolitik, die zwar unentwegt die Vollendung der »inneren Einheit« postulierte, tatsächlich aber das genaue Gegenteil betrieb, wenn es nur dem Machterhalt diente. Die im Bundestagswahlkampf 1994 kulminierende Unionskampagne bedeutete daher eine neue Stufe sowohl für die Selbstdefinition der Ostdeutschen *als Ostdeutsche* wie auch für die Akzeptanz der PDS als derjenigen Partei, die das ostdeutsche Heimatgefühl nachdrücklich repräsentierte.

Viel kam da zusammen. Daß Politiker christlicher Parteien den Schriftsteller Stefan Heym als törichten »Wendegreis« diffamierten, der für die PDS als parteiloser Kandidat im Berliner Bundestagswahlkreis Mitte/Prenzlauer Berg kandidierte, markierte wie wohl kein anderes Detail das ganze Ausmaß der

moralischen Verirrung, in welche sich die Union hineingestei-
gert hatte. Heym war 81 Jahre alt, vielfach geehrt und nicht
nur in Ostdeutschland hoch geachtet. Ihn noch nach der Wahl
als Stasi-Agenten zu verdächtigen, sogar die milde Rede zu
boykottieren, die Heym als Alterspräsident zur Eröffnung des
neuen Bundestages hielt – das alles mußte in den neuen Bundesländern der PDS zugute kommen. Zwar war die Partei am
Wahltag mit 4,4 Prozent der Stimmen erneut unterhalb der
Fünfprozenthürde geblieben. In Ostdeutschland aber hatte
sich diesmal bereits ein Fünftel der Wähler, 19,8 Prozent, für
die Partei entschieden. Und Stefan Heym sowie drei weitere
Berliner Direktkandidaten hatten ihre Wahlkreise gewonnen.
Die PDS war somit stärker denn je: Nicht jeder mochte sie
wählen, als selbstverständlichen Bestandteil des Ostens aber
sahen sie spätestens jetzt fast alle an. Sie gehörte dazu. Ihr Erfolg war *gemacht* – aber mitnichten von der PDS allein.
Ohne die mobilisierende Wirkung ihrer »Rote-Socken-Kampagne« im alten Westen hätte sich die Kohl-CDU 1994 zweifellos nicht noch einmal mit knapper Not als Wahlsiegerin
über die Ziellinie gerettet. Nur 0,3 Prozent lag sie am Ende
vor der Opposition. Die PDS aber war endgültig zur Normalität im Parteiengefüge der Berliner Republik geworden. Als
es die Union vier Jahre später im Bundestagswahlkampf 1998
unsinnigerweise abermals mit der alten Masche der »Roten
Hände« probierte, stieß sie auf Erheiterung oder Überdruß,
bestenfalls auf Desinteresse. Verblüffenderweise scheiterte die
Kohl-Hintze-CDU jetzt an genau jener Normalität der PDS,
zu der sie ihr 1994 verholfen hatte.
Doch zunächst machte die Dauerkonjunktur der PDS nach
1994 namentlich den Sozialdemokraten zu schaffen. Es waren
ja nicht zuletzt die Wähler der Ostpartei, die der SPD zur
Erringung eigener Mehrheiten in den neuen Bundesländern

(mit Ausnahme Brandenburgs) fehlten. Über die geeignete Strategie, die PDS wieder klein zu bekommen, lagen sich die Sozialdemokraten daher über Jahre in den Haaren. Sollte man sie in Koalitionen »einbinden«, zu Kompromißpolitik zwingen und dadurch »entzaubern«? Nein, sagten manche: Erst einmal in die Ministerien eingerückt und auf dem Referatsleiterposten angelangt, würden die schlauen Apparatschiks nur weiter an Ansehen gewinnen und ihren organisatorischen Vorsprung um so kaltschnäuziger ausbauen. Sollte man die PDS dann also doch lieber am linken Rand des Parteienspektrums liegenlassen, sie ignorieren und dadurch sukzessive in die Bedeutungslosigkeit treiben? Daraus werde nichts, meinten da wiederum andere: Dann nämlich könne die PDS angesichts knapper öffentlicher Kassen ihr sozialpopulistisches Potential noch wirkungsvoller ausspielen. Und ohnehin lasse sich nicht marginalisieren, was mitten in der Gesellschaft gedeihe, schon gar nicht von den in Ostdeutschland schließlich viel weniger bodenständigen Sozialdemokraten.

Dieses strategische Dilemma konnte die SPD nie auflösen. Zupaß kam auch das wieder der PDS, die sich zwar ihrerseits über die eigene Rolle gegenüber der SPD durchaus nicht im klaren war, als tief verwurzelte Milieupartei aber keine ernsthaften Folgen falscher Entscheidungen befürchten mußte. Auf dem breiten Sockel einer treuen Stammwählerschaft ruhend, konnte man sich noch so introvertiert, hermetisch und rückwärtsgewandt gebärden, konnte folgenlose Fundamentalopposition oder verklärte DDR-Nostalgie betreiben – auf die Wahlaussichten hatte das alles keinen nennenswerten Einfluß. Gerade weil die PDS, wie sich wieder und wieder zeigte, ihren Erfolg in erster Linie aus dem Umstand zog, daß sie eine Art Projektionsfläche für alle möglichen Sehnsüchte und Ressentiments, Vorurteile und Affekte war, konnte ihr nicht viel passieren: Was den Kitt der Partei ausmachte, war eben nicht ihre ohnehin ins Ungefähre verschwimmende »sozialistische« Politik, ihr Linkssein oder ihr radikaler Habitus.

Es sei ein großer Fehler, die PDS unbesehen für eine linke Partei zu halten, hat der Publizist Helmut Böttiger denn auch einmal zutreffend angemerkt: »Die Vokabel ›Sozialismus‹ steht bei den meisten ihrer Wähler ungefähr für das, was bei der CSU die katholische Kirche darstellt.« In den Jahrzehnten der Bonner Republik konnte sich die SPD noch so sehr um katholische Wähler bemühen – die eigentlichen katholischen Parteien blieben doch stets CDU und CSU; ihre Konfessionszugehörigkeit mag im Laufe der Jahrzehnte für immer weniger Katholiken im Alltag von Bedeutung gewesen sein – als symbolische, Gemeinsamkeit schaffende und Fremdes ausschließende Bezugsgröße bestimmt sie auch heute noch Wahlentscheidungen zugunsten der Union. Ganz ähnlich ist es mit der Ostigkeit der PDS. Je mehr die parteipolitische Konkurrenz versuchte, sich ihrerseits »Ostkompetenz« zuzulegen, desto mehr bestätigte sie, daß nur bei der PDS tatsächlich auch Osten drin war – der wahre, der echte, der unverwechselbare Osten. Spätestens seit Mitte der neunziger Jahre hatte die PDS damit ein Erfolgsrezept gefunden, mit dem sie den ostdeutschen Filialen der westdeutschen Parteien wenigstens fürs erste einen Schritt voraus sein konnte. Die PDS mußte nur die enge Bindung an ihr wenig bewegliches Stammpublikum bewahren, seine Mentalität sowohl reflektieren wie reproduzieren, und ihre politische Zukunft war auf absehbare Zeit gesichert.

Der ironische Clou dieses Entwicklungsmodells lag allerdings darin, daß ausgerechnet ihre aufgeklärtesten Köpfe den ostdeutschen Sonderweg partout nicht weitergehen mochten. Er mißfiel ihnen zusehends. Besonders galt das für den Parteiintellektuellen André Brie, der seinen Genossen regelmäßig mit der Aufforderung auf die Nerven ging, endlich in der Bundesrepublik anzukommen – »in dieser Gesellschaft«, wie er sagte –, ein positives Verhältnis zu Grundgesetz und parlamentarischer Demokratie zu entwickeln und von alten Feindbildern und Stereotypen Abschied zu nehmen. Nachvollziehbar war das durchaus. Denn natürlich hat die heimelige Geborgenheit des abgeschotteten Milieus immer auch ihre Kehrseite, und die ist provinziell und miefig, unaufgeklärt und rückwärtsgewandt, feindselig gegenüber allem Neuen, Fremden, anderen. Daß sich André Brie eine Atmosphäre größerer Neugier wünschte, entsprach deshalb der objektiven Engstirnigkeit seiner Partei wie seinen persönlichen intellektuellen Bedürfnissen. Brie haderte – mit sich, mit seiner Vergangenheit, mit der eigenen Unzulänglichkeit. Wenn er mit perfekt Englisch sprechenden jungen Ostdeutschen in Amerika unterwegs war, überkamen ihn Selbstzweifel und Minderwertigkeitsgefühle: Soviel gab es da draußen in der Welt zu sehen und zu lesen, soviel wollte er nachholen – und so verzweifelt gering war das Interesse seiner altbackenen Partei am Aufbruch aus der intellektuellen Enge früherer Zeiten.

Doch eine andere Partei hatte Brie eben nicht: schon weil er in der DDR zwanzig Jahre lang inoffizieller Mitarbeiter des MfS gewesen war. Und Parteien gleichen nun einmal eher Kirchengemeinden als wissenschaftlichen Forschungsseminaren; ihre Sache ist die rituelle Selbstbestätigung kollektiver Gewißheiten, nicht die bohrende Introspektion, nicht der Aufbruch ins Ungewisse. Erst recht in der PDS ist das so. Hätte die Partei sich tatsächlich nach Westen aufgemacht, in den demokratischen Verfassungsstaat, wäre sie nicht mehr die Heimatpartei des ostdeutschen Lebensgefühls gewesen, als die sie allein erfolgreich sein konnte. Unweigerlich wäre sie ohne

Mannschaft und Passagiere irgendwo auf halber Strecke zwischen Ost- und Westdeutschland auf Grund gelaufen.

Denn auch im westdeutschen Parteiensystem gab es ja in den neunziger Jahren keine Nachfrage nach dem – irgendwie – emanzipatorischen demokratischen Sozialismus, den Brie seiner PDS auf den Leib schneidern wollte. Tatsächlich erwies sich die Gesellschaft der alten Bundesrepublik in diesem Jahrzehnt immun gegen jede Form sozialistischer Politik – zumal dann, wenn ihre Protagonisten Ostdeutsche waren. Zwar definierten sich die selbstgewissen Westdeutschen weitaus weniger in Abgrenzung zum Osten als umgekehrt die Ostdeutschen aus dem Abstand zum Westen; aber das hieß nicht, daß es keine ausgeprägt westdeutsche Identität gegeben hätte, die aus ostdeutscher Perspektive und angesichts mutmaßlich bevorstehender Umbrüche in Wirtschaft und Gesellschaft ihrerseits durchaus rückwärtsgewandte, nostalgische Züge trug. Vielmehr zeigten sich gerade diejenigen Gruppen der westdeutschen Gesellschaft, von denen Ostdeutsche wie Brie eine gewisse Offenheit für ihre Vorstellungen eines demokratischen Sozialismus erwarteten, gelangweilt bis pikiert: die Generation der arrivierten Achtundsechziger etwa, weil sie der antikapitalistische Habitus der Ostler auf unangenehme Weise auf den Widerspruch zwischen der eigenen »revolutionären« Biographie und ihrer tatsächlichen Ankunft im Zentrum der westdeutschen Gesellschaft erinnerte; die jüngeren angegrünten Angehörigen der urbanen akademischen Mittelschichten hingegen, weil sie als Kinder der Bonner Republik – bei aller Kritik – eben doch ganz bei sich waren. Die alte Bundesrepublik war ihr Zuhause, ja in gewissem Sinne *waren* sie die Bundesrepublik. Sie für irgendeinen demokratischen Sozialismus in den Farben der PDS zu begeistern war daher von vornherein ein aussichtsloses Unterfangen: Auf seine Art war das typisch westdeutsche Universum dieser Schichten mit seinen Alternativbuchläden und kommunalen Kinos, Off-Theatern und Selbsthilfegruppen ja längst ähnlich vermufft und selbstbezogen wie die kleinbürgerlichen Milieus der Post-DDR. Und solange die Rede von der »Berliner Republik« nur ein Schlagwort blieb, hatte das letzte Stündchen für all diese kommoden Nischenidyllen noch nicht geschlagen. In den neunziger Jahren jedenfalls erwies sich das überständige westdeutsche (und Westberliner) Lebensgefühl noch als stabil, vor allem aber als resistent gegenüber allem Ostdeutschen. Mentalitäten und Milieus überdauern nun einmal die Verhältnisse, die sie hervorgebracht haben und bieten Schutzräume gegen den Einbruch der Geschichte – im Westen nicht anders als im Osten.

In welcher Ausprägung auch immer, als Repräsentantin ostdeutschen Heimatgefühls oder als runderneuerte Partei eines parlamentarisch-demokratischen Sozialismus: im zutiefst vom Lebensgefühl der Bonner Republik geprägten Westen Deutschlands konnte die PDS nicht Fuß fassen. Auch nach 1994 blieb ihr nur der Osten, dessen Vorurteile und Fremdheitsgefühle sie nach Kräften hegen und pflegen mußte, um selbst zu gedeihen. Das Ressentiment war ihr Kapital, und so standen ungeduldige intellektuelle Einzelgänger wie André Brie vor der Wahl, das Nichtankommen der PDS in der Bundesrepublik als Voraussetzung ihres Erfolgs zu akzeptieren oder sich auf die Suche nach einer westlicher gesinnten politischen Heimat zu machen. Die Parteien des alten Westens wiederum taten gut daran, bei ihren Entscheidungen über Kooperationen und Koalitionen die Vorbehalte ihrer Stammkundschaft gegenüber den Ostdeutschen und deren politischen Präferenzen nicht außer acht zu lassen. Mit kollektiver Mentalität und kultureller Disposition ist nicht zu spaßen.

Bei diesem stabilen Arrangement hätte es deshalb noch lange bleiben können. Und es blieb zunächst auch dabei; selbst 1998 noch. Zwar hatte die PDS im Bundestagswahlkampf versucht, sich als linke Alternative zur SPD und sozialistische Partei der ganzen Bundesrepublik in Stellung zu bringen: Gesamtdeutsche, ja universelle »Linksthemen« sollten, den strategischen Marotten Bries entsprechend, endlich die ostdeutsche Heimattümelei in den Hintergrund drängen. Beim biederen Stammpublikum in den neuen Bundesländern kam das natürlich nicht gut an; dort wollten die Leute die erdige PDS, die sie kannten. Im Westen wiederum blieb das Interesse so gering wie immer. Hier war ohnehin gerade alles fasziniert von Schröders »neuer Mitte«. So ging die PDS ein weiteres Mal als ostdeutsche Heimatfront ins Rennen. »Das ist immer noch mein Land« hieß bezeichnenderweise der Wahlkampfschlager, zu dessen Melodie die Partei mit 5,1 Prozent der Stimmen erstmals auch in Fraktionsstärke über die Ziellinie ging – ein schöner Erfolg. Doch den stolzen 21,6 Prozent der Partei in den neuen Ländern standen kümmerliche 1,2 Prozent im Westen gegenüber. Die PDS blieb Regionalpartei. Der ewige Osten, so sah es noch im Herbst 1998 aus, war ihr Schicksal.

Wenig war das ja nicht, auch wenn es André Brie oder Gregor Gysi so erscheinen mochte. Tatsächlich war der PDS seit 1989 kontinuierlich zugewachsen, was ihren Konkurrenzparteien in der gleichen Zeit zusehends zwischen den Fingern zerrann. Bei sämtlichen anderen Parteien hatten sich die Bindungen an die spezifischen sozialen, konfessionellen, regionalen oder kulturellen Gruppen, Mentalitäten oder Interessenlagen, denen sie ihre Entstehung verdanken, seit den sechziger Jahren fortwährend gelockert. Nur die PDS hatte sich in ihren Beritt immer tiefer und nachhaltiger eingegraben. Entstanden und stark geworden im schwierigen Integrationsprozeß zweier Teilgesellschaften, wurde sie bis 1998 zu einer Partei, die nicht mehr befürchten mußte, ihre Verwurzelung so bald wieder einzubüßen. Längst lebte sie nicht mehr von der reinen Nostalgie allein; auch im neuen *bundesrepublikanischen* Alltag des deutschen Ostens war sie inzwischen angekommen. Ja, in Wahrheit war der östliche Teil des Landes ohne die PDS nahezu undenkbar geworden, und daß der gefühlte Riß zwischen den Interessen und Identitäten der Ost- und Westdeutschen zu den wenigen Konstanten der Berliner Republik gehören wird, bezweifelt mittlerweile niemand mehr. Die historisch naive Vorstellung von der schnellen Fertigstellung der Baustelle Einheit hatte sich erledigt, darauf konnte die PDS sicher setzen. Tatsächlich: Der Osten *ist* ihr Schicksal – ein Schicksal allerdings, das noch auf viele Jahre hinaus reichliche Dividende abzuwerfen verspricht.

Und doch hat die Bundestagswahl mit einem Schlag wieder alles verändert. Erstmals in der kurzen Geschichte der PDS regieren Sozialdemokraten die Republik. Mit zentristischem Bekenntnis hatte Gerhard Schröder seinen Wahlkampf geführt – realistischerweise, weil die Macht in Deutschland seit jeher nur in der sozialen und mentalen Mitte zu gewinnen ist. Mit nüchterner Sparpolitik, ohne visionären Überschuß oder fürsorgliche Symbolik, agierte er dann auch als Bundeskanzler. Dabei zerfiel die ohnehin ganz provisorische Wählerkoalition der Neuen Mitte, die der SPD an die Macht verholfen hatte, binnen kurzem wieder: Das Muster war keineswegs neu. Überall haben Sozialdemokraten im letzten Jahrzehnt dramatische Einbrüche bei ihrer klassischen Arbeitnehmerklientel erlitten, wenn sie in der Regierung der marktwirtschaftlichen Modernisierung den Vorzug gaben vor traditioneller Umverteilung und kurzfristiger Arbeitsplatzbeschaffung. Ob in Österreich, Spanien, Frankreich, Dänemark oder in den Niederlanden – regelmäßig ließ das Stammpublikum die sozialdemokratischen Parteien scharenweise im Stich. Die Wähler blieben zu Hause oder liefen zu jenen Oppositionsparteien zur Rechten wie zur Linken über, die wiederherzustellen versprachen, was die Sozialdemokraten anscheinend nicht mehr garantieren wollten: auf Dauer sichere Arbeitsplätze und soziale Gerechtigkeit alten Typs. Von »Protest« war dann die Rede, ein Wort, das unterstellt, die Sozialdemokraten könnten, ihren Irrtum erkennend, umstandslos zum Pfad der alten Tugend zurückfinden. Doch die politischen, ökonomischen und kulturellen Voraussetzungen jener »dreißig glanzvollen Jahre« (Yergin/Stanislaw) der sozialdemokratisch-industriellen Arbeitnehmergesellschaft nach dem Zweiten Weltkrieg sind zerfallen. Sie kehren nie wieder zurück.

Für die PDS könnte die Lage daher offensichtlich gar nicht günstiger sein. Wie schon so viele Male zuvor ist sie ohne eigenes Zutun in eine neue Konstellation geraten. Aus ihr heraus kann sie jetzt erstmals zu jenem großen Sprung in den Westen ansetzen, den sich die Adepten eines irgendwie modernen Sozialismus in ihren Reihen schon lange vergeblich wünschen. Zehn Jahre lang hat sich die Milieupartei des Ostens im Westen nicht zurechtgefunden. Weil ihr alles fremd war, suchte sie sich die falschen Bündnispartner, weil sie niemanden kannte, setzte sie auf die verkehrten Themen. Im Osten stand sie mitten im Leben, im Westen war sie Außenseiterin ohne jede *street credibility*: Was in ihren winzigen westdeutschen Landesverbänden überlebte, war der ideologische Obskurantismus längst vergessener K-Gruppen, sonst nichts. Die Welt der Westdeutschen war anderswo. Den Strategen in der Berliner Parteizentrale sind die westdeutschen Altkader deshalb seit langem bloß lästige Klötze am Bein.

Doch was der PDS im Westen bis 1998 vor allem schadete, war das Fehlen eines großen Themas. Ohne Ort und Anker in den Konfliktstrukturen der Gesellschaft hatte sie hier keine Chance. »Arbeit und soziale Gerechtigkeit« plakatierte die SPD in Bochum oder Mannheim schließlich selbst, noch dazu mit Heimvorteil. Erst seitdem Sozialdemokraten in der Bundesregierung Kürzungen und Kompromisse beschließen müssen, wird Gregor Gysi auf Kongressen der IG Metall mit donnerndem Applaus empfangen, während man den sozialdemokratischen Kanzler im Herbst 1999 mit gellenden Pfiffen begrüßte. Wenn sich gestandene Betriebsräte mithin demnächst der PDS zuwenden sollten, wird die Sache brenzlig für die SPD. Unter Gerhard Schröder hat die deutsche Sozialdemokratie kühl den gesellschaftlichen Ort gewechselt. Gerade ihre notorischen Parteigänger aber sind geblieben, wo sie waren, und nicht von ungefähr sehen die Reformstrategen in der Führung der PDS heute die Zeit für die Sozialdemokratisierung ihrer Partei gekommen. Vom »Godesberg« der PDS ist neuerdings die Rede, einem inneren Reformprozeß der Partei also, der sie programmatisch wie symbolisch in jenen Raum befördern soll, den die SPD auf dem Weg in die gesellschaftliche Mitte geräumt hat. »Wir werden eher zur gesamtdeutschen Partei als die Parteien aus dem Westen«, prophezeit Lothar Bisky.

Tatsächlich ist die Gelegenheit dafür günstiger denn je. Gegenwärtig kann die PDS auf Ressourcen zurückgreifen wie keine andere Partei. Die fortgesetzte innere Uneinheit Deutschlands ist das politische Standbein, das der Partei im Osten so sicheren Halt gibt, daß die zunehmende Entfremdung ehemaliger sozialdemokratischer Wähler im Westen des Landes tatsächlich zu ihrem Spielbein werden könnte. Es mag daher sein, daß die Operation gelingt. Aber mit den Chancen der Expansion im großen Stil wachsen die Risiken eines nicht weniger großen Scheiterns. Die ostdeutsche Heimatpartei läßt sich auf einen Spagat ein, und nur wenn ihr der selbstgewisse Griff nach dem Westen keine bleibenden Nachteile im Osten bringt, wird er erfolgreich sein können. Doch Modernisierung ist eine dialektische Angelegenheit. Unweigerlich wird die Westerweiterung der PDS Begleiterscheinungen mit sich bringen, die den starken Kitt ihrer ostdeutschen Identität mürbe machen könnten. So mag demonstrativ vorgeführte Vergangenheitsbewältigung im Westen hier und da neue Wähler anziehen – im Osten dagegen strapaziert sie alte Loyalität. Postmaterialistischer Frauen-, Friedens- und Umweltdiskurs erfreut womöglich westdeutsche Linke – die (wie vage auch immer) marxistisch-leninistisch geschulten Materialisten an der ostdeutschen Basis stehen diesem Jargon fremd, ja feindselig gegenüber. Die eigentümliche kulturelle Textur der exotischen PDS mag abenteuerlustige junge Leute im Westen faszinieren – den Kassenbrillen- und Kunstlederjackenträgern im Osten ist sie Heimat, und auf die ironisierende Infragestellung ihres Rückzugsbiotops reagieren sie abwehrend.

Gewiß, die Strategen der PDS müssen handeln. Sie wären in der Tat »bescheuert« (Lothar Bisky), wenn sie die Gunst des Moments nicht zu nutzen versuchten. Denn natürlich drängt die Zeit: Die Partei ist überaltert, das Traditionsmilieu stirbt aus, ein Generationswechsel steht bevor. Und während die PDS bislang stets von historischen Zufällen profitiert hat, wollen sich die alerten Gysis, Biskys und Bries nun endlich nicht mehr bloß schieben lassen. Sie wollen die Lokomotive der Geschichte endlich selbst unter Dampf setzen, aus eigener Kraft die Weichen stellen und die Richtung bestimmen. Die alten Bindungen erscheinen dabei vor allem als Ballast. Schon ist auch aus der PDS das sozial und kulturell ortlose Geplap-

per aller gedankenlosen Modernisierer zu hören. Von Öffnung und Tabulosigkeit ist die Rede und vom »Fitmachen«
der Partei für die Mediendemokratie. In Wirklichkeit sind die
lebensweltliche Geschlossenheit und die unmoderne Bodenhaftung das kostbarste Kapital, das die Partei überhaupt besitzt. Nicht durch die mutwillige Abkehr von ihren Wurzeln
wird sich die PDS deshalb zu einer dauerhaft kraftvollen Partei entwickeln: Noch die fragwürdigste Vergangenheit stiftet
Gemeinsamkeit, noch das miefigste Milieu wirkt verbindend.
Nur wenn die PDS dem Osten die Treue hält, kann sie den
Westen erreichen. Wenn nicht, verliert sie ihre alte Heimat,
ohne eine neue zu gewinnen. Dann erst wird sie so sein wie die
anderen Parteien auch.

8 Zwerge ohne Ziel: Die Parteien nach dem Zerfall ihrer Voraussetzungen

»Im Leben der Völker kommt aber manchmal ein Augenblick, da die alten Sitten sich wandeln, da die Gebräuche zerstört und die Glaubensüberlieferungen erschüttert werden, da der Vorrang der Erinnerungen sich verliert, und wo doch die Bildung ungenügend und die politischen Rechte schlecht gesichert oder beschränkt geblieben sind. Den Menschen erscheint dann das Vaterland nur noch in einem blassen zwielichtigen Schein; sie erblicken es weder in der Erde, die ihrem Blick als unbeseelter Boden erscheint, noch in den Bräuchen der Ahnen, die sie als Joch empfinden lernten; weder in der Religion, an der sie zweifeln, noch in den Gesetzen, die sie nicht selbst machen, noch in den Gesetzgebern, die sie fürchten und verachten. Sie sehen also nirgends das Vaterland, ebensowenig unter ihren eigenen Zügen wie unter irgendeinem anderen Merkmal, und sie ziehen sich auf eine enge und lichtlose Selbstsucht zurück. Diese Männer sind frei von Vorurteilen, aber ohne sich andererseits der Vernunft unterzuordnen; sie besitzen weder die gefühlsmäßige Vaterlandsliebe der Monarchie noch die verstandesmäßige der Republik; sie sind zwischen beiden stehen-geblieben, inmitten von Wirrnis und Not.«
Alexis de Tocqueville, *Über die Demokratie in Amerika*

Wann sind und was macht Parteien stark? Wilhelm Hennis, der kluge Politologe der Bonner Republik, hat die Frage prägnant beantwortet. »Kraftvolle Parteien sind das Ergebnis kraftvoller Anstöße, die sich aus historischen Lagen ergeben.« Der Zustand der deutschen Parteien und ihres Gefüges zu Beginn jener noch ganz undefinierten historischen Phase, die vorläufig auf den Begriff der »Berliner Republik« gebracht wird, gibt allen Anlaß, über den Sinn dieses knappen Satzes aufs neue nachzudenken. Denn ganz offensichtlich treten die Parteien, die über Jahrzehnte die politischen Geschäfte des westdeutschen Gemeinwesens besorgt haben, in einer Verfassung in die neue Periode ein, die sich als »kraftvoll« nicht im Ernst bezeichnen läßt. Etwas ist sehr gründlich schiefgelaufen.

Die SPD, nach einer langen Ära perspektivloser Opposition Ende der neunziger Jahre mit Aplomb an die Macht zurückgekehrt, taumelte bei den folgenden Landtagswahlen von einer Niederlage in die nächste. Sie verlor ihren Vorsitzenden Oskar Lafontaine und wählte sich mit Gerhard Schröder einen neuen, der sein halbes Leben damit zugebracht hatte, gegen die eigene Partei politisches Profil zu gewinnen. Auch die CDU ist erheblich geschwächt. Ihre unerwartete Renaissance nur kurz nach der schweren Niederlage Helmut Kohls war weniger Ausdruck wiedererlangter Kraft als Folge und Korrelat der sozialdemokratischen Misere. Lange konnte dieser Bluff nicht aufgehen. Spätestens mit der nachholenden Demontage des untergegangenen »Systems Kohl« offenbarte die Union das ganze Ausmaß ihrer inneren Labilität. Die zur sektiererischen Bekenntnisgemeinde heruntergekommene FDP wiederum, zwischen 1949 und 1998 länger am Regieren der Republik beteiligt als jede andere Partei, ist anscheinend endgültig zerrüttet und hat jede Orientierung verloren. Die Grünen, zur staatstragenden Institution geronnener Überrest der vor zwei Jahrzehnten vitalen Friedens-, Frauen- und Umweltbewegungen, befinden sich als museale Erinnerungsgemeinschaft altwestdeutscher Alternativkultur in einem schleichenden Niedergang. Die Ankunft in den Machtzentralen der Republik hat der einstigen »Antiparteienpartei« zwar noch einmal neue institutionelle Ressourcen zugeführt. Vor allem aber hat der Aufstieg zur Staatspartei die Grünen von ihren ohnehin dahinmodernden Wurzeln in der Gesellschaft nur noch weiter abgeschnitten; ihr Saldo ist negativ, ihre Zukunft ungewiß.

Bleiben CSU und PDS. Auf den ersten Blick haben die beiden Parteien nicht viel miteinander gemein. Auf dem Kontinuum der im Bundestag vertretenen Parteien liegt zwischen ihnen der denkbar weiteste Abstand: hier die »rechte« Vertreterin christlich-abendländischer Werte, dort die »linke« Protagonistin eines wie auch immer verstandenen demokratischen Sozialismus. Größer könnten die Unterschiede scheinbar gar nicht sein. Doch die CSU und die PDS sind sich durchaus nahe. Denn in Wirklichkeit entsprechen die beiden Parteien noch am ehesten Hennis' Vorstellung von »kraftvollen« Parteien. Tief eingegraben in die mentalen Gegebenheiten ihrer bayerischen und ostdeutschen Landschaften, sind beide die expressivsten Heimatparteien ihrer Regionen. Der fortbestehenden »historischen Lage« ausgeprägter regionaler Identitäten verdanken sie ihre Stärke. Geschickt nutzt die CSU dabei seit Jahrzehnten die institutionellen Möglichkeiten der selbstgewissen Staatspartei, die gesamtbayerische Identität immer wieder in ihrem Sinne zu aktualisieren. Auf der Grundlage uralten bayerischen Sonderbewußtseins übt sie ihre Deutungshoheit darüber aus, was als bayerisch zu gelten hat und was nicht. Solange sie diese Herrschaft über die Symbole besitzt, muß die CSU um die materielle Macht nicht wirklich fürchten – und solange sie Macht besitzt, definiert sie die Symbole.

Die PDS hingegen ist zwar nicht mehr Staatspartei wie einst die SED, aus der sie hervorgegangen ist. Aber als die DDR verschwand, war das alte Staatsvolk noch da. Gesellschaften überdauern zeitgeschichtliche Zäsuren. Die Ostdeutschen wurden 1990 zwar zu Bundesbürgern, doch die Welt der Westdeutschen war ihnen weiterhin fremd. Nicht jeder in den neuen Bundesländern wollte so werden wie die Landsleute im Westen, und viele, die gerne so gewesen wären, bekamen schnell zu spüren, daß das nicht so einfach war. Die Deutschen waren nach 1989 ein Volk, doch sie hatten zwei Geschichten. Davon profitierte die PDS. Aus dieser Lage heraus etablierte sich die Partei als politischer Arm des nachholenden ostdeutschen Sonderbewußtseins. Weil es die Ost-West-Dimension des politischen Konflikts in Deutschland nun einmal unbestreitbar gab, in materieller Hinsicht wie in kultureller, war die Rolle einer »Ostpartei« im gesamtdeutschen Parteienspektrum nach 1989 von vornherein zu besetzen gewesen. Und weil nur eine Nachfolgepartei der SED die nötigen materiellen Ressourcen, das organisatorisch beschlagene Personal, die sozialen Netzwerke, die emsigen Scharen rüstiger Frührentner, den heimatlichen Sprachduktus sowie die habituellen und mentalen Voraussetzungen dafür aufbieten konnte, war allein die PDS in der Position, diese Ausgangslage politisch zu nutzen.

Hier liegt der Schlüssel zum Erfolg der Partei in den letzten zehn Jahren, und hier liegt auch der Schlüssel zum Verständnis dessen, was die PDS den ermatteten Parteien der alten Bundesrepublik voraushat. Neue politische Formationen kommen gegen den verständlichen Widerstand und das Beharrungsvermögen der bereits existierenden Konkurrenten nur dann auf die Beine, wenn sie eine wirklich originäre Kraft besitzen, wenn sie einem in der Gesellschaft tatsächlich bedeutsamen Konflikt politischen Ausdruck verleihen – wenn sie also gleichsam die geborenen Akteure und Agenten offensichtlicher »historischer Lagen« sind. Für Parteien, auf die diese Charakterisierung zutrifft, ist dann auch die Fünfprozenthürde (oder die Direktmandatsklausel) des deutschen

Wahlrechts nicht zu hoch. Dagegen haben sektiererische Kopfgeburten ohne Ort und Anker in der gesellschaftlichen Konfliktstruktur keine Chance: Parteien lassen sich nicht am Reißbrett erfinden.

Ganz im Sinne von Wilhelm Hennis konnte deshalb als Ergebnis des kraftvollen Anstoßes der deutschen Vereinigung ausgerechnet aus der bankrotten SED eine kraftvolle Partei entstehen. Das mag man bedauern. Aber die historische Lage des schwierigen Vereinigungsprozesses ist nun einmal da. Die Entstehungsgeschichte der PDS ist damit geradezu ein Lehrbuchstück erfolgreicher Parteibildung. Noch jede der heute im Bundestag vertretenen Parteien ist als politischer Arm einer vitalen gesellschaftlichen Bewegung entstanden, deren Zeit angebrochen war. Von weit her kommen sie alle, tief im 19. Jahrhundert liegen ihre Wurzeln: Die Sozialdemokratie erwuchs aus dem dramatisch expandierenden Industrieproletariat, zu dessen politischen Aktionsausschuß sie gewissermaßen wurde. Die Christdemokratie als Nachfolgepartei des unter Bismarck politisierten deutschen Katholizismus kann ihre Wurzeln bis in den Kulturkampf der 1870er Jahre zurückverfolgen. Und selbst die heutige FDP steht, wie gebrochen und degeneriert auch immer, nach wie vor in der Kontinuität der einstmals stolzen bürgerlichen Bewegung für Verfassung, Freiheitsrechte und Reichseinheit.

Und auch das vermeintlich unvermittelte Auftauchen der Partei der Grünen in den Parlamenten der Republik vor zwanzig Jahren ging nicht auf die originellen Ideen irgendwelcher Fischers, Schilys oder Ditfurths zurück. Vielmehr war ihr Erfolg umgekehrt die Folge davon, daß Friedens-, Frauen- und Umweltthemen die deutsche Gesellschaft nun mit Macht ergriffen hatten. Von den etablierten Parteien zunächst törichterweise als spinnerte »Randgruppen« abgetan, waren die zotteligen Ökologen und Pazifisten in Wahrheit die Repräsentanten einer neuen und großen »postmateriellen« Konfliktdimension des Politischen. Einerseits polarisierte das »Postmaterielle« die Gesellschaft nun tatsächlich, andererseits wollten (oder konnten) es die bereits bestehenden Parteien nicht inkorporieren – erst dieser Zusammenhang machte die Grünen als eigenständige Partei unvermeidlich.

Natürlich hätten es die Konkurrenten besser wissen können. Denn wie den Grünen seit den späten siebziger Jahren war es ja allen heute noch bestehenden Parteien irgendwann einmal gegangen: Ganz wie jetzt das »Postmaterielle« hatten sich auch das »Soziale«, das »Konfessionelle« und das »Freiheitliche« ein Jahrhundert zuvor ihren Weg aus der Gesellschaft in die Politik gebahnt. Von den »großen, rein gesellschaftlichen Organisationen der politischen Parteien« sprach 1921 Erich Kaufmann: » ... jene unheimlichen gesellschaftlichen Gewalten, die sich selbst die Norm ihres Verhaltens geben, ihr Gesetz dem Verfassungsleben aufzwingen und in ihrer durchaus irrationalen Kraft durch staatlich formulierte abstrakte Normen nicht reguliert werden können«. In solcher Weise, als Ausdruck und Repräsentantin einer zur Selbstbehauptung entschlossenen »Ostidentität«, die sie ihrerseits reproduziert, hat sich auch die PDS im ersten Jahrzehnt ihres Bestehens für viele unerwartet als kraftvolle Partei erwiesen – in mancher Hinsicht sogar als die einzige kraftvolle der gegenwärtig in den deutschen Parlamenten vertretenen Parteien.

Denn dies eben, die auf einer klar zutage liegenden gesellschaftlichen Konfliktlage beruhende Bindung an die ganz bestimmten sozialen, konfessionellen, regionalen oder kulturellen Gruppen, Mentalitäten und Interessenlagen, denen sie ihre Entstehung verdanken, hat sich bei sämtlichen anderen Parteien gelockert. Den Verfall ihrer Voraussetzungen verspürt unter ihnen am heftigsten die FDP. Am wenigsten betroffen ist bislang die CSU, die als regional verankerte Heimatpartei der »christlichen Bastion Bayern« nach wie vor auf übernommene wie selbsterfundene Tradition und Symbolik zurückgreifen kann. Die klassischen Konfliktlagen sind freilich überall dahin, die harten Kerne der ursprünglichen Anhängerschaften schmelzen zusammen. Das traditionelle Industrieproletariat ist ebenso verschwunden wie der alte Mittelstand der Handwerker und Krämer; ein selbständiges Bauerntum gibt es in Deutschland faktisch nicht mehr. Und auch die Frage, ob einer katholisch ist oder evangelisch, scheint auf den ersten Blick kaum noch nennenswerte Prägekraft zu besitzen. Selbst der als säkulare Veränderung avisierte Postmaterialismus hat als zentraler Bestimmungsgrund für politische Orientierung und Wahlverhalten offenbar bereits wieder ausgespielt, wie sich am Niedergang der Grünen und ihrer Themen zeigt. Wie geht es also weiter mit den deutschen Parteien nach dem Zerfall ihrer Voraussetzungen?

Erfolgreiche Parteien ohne gesellschaftlichen Ort gibt es nicht. Doch das Verhältnis von Wandel und Beharrung in der deutschen Gesellschaft ist verwickelt. In der veröffentlichten Wahrnehmung überwiegt der Eindruck rasender Veränderung in allen Lebensbereichen. Seit Jahren schon wird das Land unablässig »fit« und »zukunftsfähig« gemacht – mindestens für das 21. Jahrhundert, wenn nicht gar für das »dritte Jahrtausend« –, pausenlos wird die »globale Wissensgesellschaft« ausgerufen oder der »digitale Kapitalismus« verkündet. Die Funktionslogik von Mediengesellschaft und Wissenschaftsbetrieb prämiert die fortwährende Entdeckung von Neuigkeiten. Gesellschafts- und Kulturinterpreten sind deshalb karrierestrategisch wie veröffentlichungspolitisch gut beraten, mit immer neuen Generationen, Lebensstilen, Moden und Gesellschaftsformen aufzuwarten. Der heute ausgerufene »Megatrend« wird mit ziemlicher Sicherheit bereits morgen oder spätestens in drei Monaten vom nächsten abgelöst. Dem vorherrschenden Lebensgefühl der meisten Medienmenschen, der ambitionierten Sozialwissenschaftler in ihren Forschungsinstituten und der ehrgeizigen Strategiereferenten in den Parteizentralen mag die Betonung rastloser Veränderung durchaus entsprechen. Sie sind die Jungen, Dynamischen, Gebildeten, Sprachmächtigen und Urbanen dieser Gesellschaft. *Ihr* Leben ist tatsächlich oft genug so schnell und erratisch wie der gesellschaftliche Wandel, den sie als ubiquitäre Tendenz behaupten. Der im avancierten akademischen Milieu verbreitete Glauben an die »soziale Konstruktion« jeder Wirklichkeit wiederum ist im Kern nicht viel anderes als das Spiegelbild der artifiziellen und beschleunigten Lebensform seiner Anhänger, die den Einblick in die Lebenswelt der bodenständigeren Einwohner ihrer wechselnden Aufenthaltsorte verloren haben. Trotzdem behaupten diese Deutungseliten aufgrund ihres privilegierten Zugangs zu den Medien der öffentlichen Kommunikation souverän die Hoheit über die wechselnden Moden der Gesellschaftsdeutung. Was die *symbolic analysts* (Robert Reich) der Mediengesellschaft nicht auf den Begriff bringen, das existiert auch nicht.

In Wirklichkeit existiert es natürlich durchaus – in den lokalen Lebenswelten der ganz normalen Bürger und Kleinbürger des Landes, fernab der konstruierten Welt der Redaktionen und Werbeagenturen, der PR-Consultants und der Nobelrestaurants am Berliner Gendarmenmarkt. Und so besonders neu ist die Wahrnehmungsdifferenz zwischen den urbanen Deutungseliten und den ganz normalen Menschen irgendwo in der Provinz im übrigen auch nicht. Der hauptstädtische Intellektuelle Kurt Tucholsky warnte in den zwanziger Jahren vor dem typischen Irrtum seiner eigenen Kaste, den politischen Gesamtzustand des Landes an den Verhältnissen der »Insel Berlin« zu messen: »Berlin überschätzt sich maßlos, wenn es glaubt, es sei Kern und Herz des Landes.« Schon Tucholsky versuchte deshalb die Deutungseliten der Metropole zum Ausbruch aus ihrer konstruierten Binnenwelt zu bewegen: »Der Berliner Leitartikler täte gut, inkognito einmal auf ein großes schlesisches Gut zu gehen, auf ein ostpreußisches, in eine pommersche Landstadt – und er wird etwas erleben.« Zu verstehen sei die »Fauna Germanica« letztlich nur aus der »Atmosphäre der ungewaschenen Füße« in den kleinen Städten, jenem »Brodem aus Klatsch, Geldgier, Ehrgeiz und politischen Interessen«, der dort herrsche. Entscheidend für Erfolg oder Scheitern der Republik von Weimar sei die Provinz, sagte Tucholsky 1920 voraus: »Da sitzen letzten Endes die Massen.«

Daran hat sich gar nicht so viel geändert. Zwar steht der Kollaps demokratischer Politik in der zweiten deutschen Republik nicht auf der Tagesordnung. Doch nach wie vor gilt: Wer die Provinz nicht kennt, der weiß nichts von Deutschland. Gemessen an den handfesten provinziellen Lebenswelten in Dithmarschen und Oberschwaben, in der Altmark und der Rheinpfalz, verlieren die erfahrungsverdünnten Abstraktionen der abgekoppelten Deutungseliten viel von ihrer schönen Suggestion. Gewandelt hat sich die Gesellschaft in den letzten Jahrzehnten allerdings auch hier – in mancher Hinsicht dramatischer wohl als jemals zuvor in der Geschichte. All die modernen oder postmodernen Thesen von der »Individualisierung« und »Pluralisierung« deutscher Lebenslagen, von der »Differenzierung« und »Diversifikation« der Gesellschaft, enthalten gewiß auch Richtiges. Die ganze Bodenständigkeit der traditionalen deutschen Gesellschaft, wie sie der Soziologe Ralf Dahrendorf noch Mitte der sechziger Jahre – wenn auch in durchaus denunziatorischer Absicht – beschreiben konnte, ist ja tatsächlich längst vergangen.

Dahrendorfs rückständige »Bauern, die ihre Schule im Dorf behalten wollen und schon dadurch ihren Kindern den Weg nach oben versperren«, hat die europäische Agrarpolitik mit ihren Milchquoten und Stillegungsprämien verschluckt. Die ignoranten »Eltern, die ihre begabte Tochter nach der Mittleren Reife aus der Schule nehmen, damit sie im Haushalt mithilft«, sind inzwischen ausgestorben oder doch mindestens geschieden. Nicht wenige der festsitzenden »Kleinstädter, die sich um keinen Preis von ihrer angestammten Heimat trennen wollen«, hat der ökonomische Wandel längst in die prosperierenden Ballungsräume fortgeschwemmt, von Aurich nach Sindelfingen, aus dem Hunsrück nach München. Nur noch in raren Restbeständen findet sich deshalb auch Dahrendorfs prototypischer Wähler, »der mit nahezu hundertprozentiger Sicherheit für die eine oder andere Partei seine Stimme abgibt«: Die »sechzigjährige katholische Bauersfrau aus Süddeutschland« wählt zwar womöglich bis heute verläßlich die CDU – nur gehört sie eben einer aussterbenden Spezies an. Der »fünfundzwanzigjährige protestantische Arbeiter in einer norddeutschen Großstadt« schließlich, von Dahrendorf als nachgerade zwanghafter SPD-Wähler eingestuft, hat zur Steuerersparnis vermutlich vor Jahren schon seinen Austritt aus der Kirche erklärt und wählt inzwischen aus »Protest« schon mal die DVU; im übrigen wäre er heute wahrscheinlich auch nicht mehr Arbeiter.

So viel Wandel wie seit Dahrendorfs berühmtem Buch über *Gesellschaft und Demokratie in Deutschland* war nie. Es ist tatsächlich erst fünfunddreißig Jahre her, daß der fortschrittsfreudige Soziologe an den »unmodernen Menschen« in Deutschland verzweifelte und die »Starre einer Gesellschaft« beklagte, »in der jede Verschiebung parteipolitischer Kräfteverhältnisse und politischer Herrschaft durch die blinde Entscheidung traditionsverhafteter Menschen auf Grund von Zugehörigkeiten, die sich ihrer Kontrolle entziehen, unmöglich gemacht wird«. In Wirklichkeit war all das damals bereits mitten im Prozeß der Auflösung, wobei die hochmobilen Heimatvertriebenen aus den ehemaligen deutschen Ostgebieten die entscheidende Vorhut der Modernisierung bildeten. Doch Dahrendorf ging es nicht schnell genug: »Die Zeichen der Zeit stehen günstig für einen weiteren Fortschritt«, drängte er den historischen Prozeß voran. Die Resultate lassen sich heute besichtigen. Denn zweifellos hat der gesellschaftliche Wandel den Sozialfiguren, die Dahrendorf skizzierte, mittlerweile den Boden unter den Füßen weggezogen, auf dem sie nach seiner Ansicht noch Mitte der sechziger Jahre so stur und erdverwachsen standen. Kein Zweifel, die letzten vier Jahrzehnte waren eine Periode dramatischer Veränderungen.

Aber ganz so gründlich und linear, wie begriffsmächtige Trendforscher das immer gerne glauben machen, ist der gesellschaftliche »Fortschritt« eben doch nicht verlaufen. Tatsächlich finden sich bei etwas genauerem Hinsehen überall noch wirkungsmächtige Überhänge älterer Lebensformen. Das Vergangene ist längst nicht so tot, wie allenthalben behauptet wird; und weil Gesellschaften lebendige Organismen sind, ist es auch nie wirklich vergangen. So mögen die Deutschen zwar in den letzten Jahrzehnten scharenweise ihren Kirchen den Rücken gekehrt haben und den Unterschieden zwischen Protestantismus und Katholizismus herzlich gleichgültig gegenüberstehen. Die tiefsitzenden kulturellen Prägungen der Kirchlichkeit ihrer Eltern und Großeltern bleiben dennoch erhalten; gleichsam subkutan werden sie weitergegeben von Generation zu Generation. Ostdeutsche Jugendliche werden selbst dann noch in Scharen die Jugendweihe erhalten, wenn sich kaum mehr jemand daran erinnert, daß dieses Ritual in der DDR einst nahezu obligatorisch zum staatlich verordneten Lebenszyklus gehörte – so wie zu Zeiten der DDR schließlich fast niemand mehr von der Herkunft des Brauchs aus der Tradition sozialdemokratischen Freidenkertums wußte.

Als Mentalität und soziale Praxis überdauern kollektive Glaubensvorstellungen und Weltanschauungen den Zerfall ihrer Entstehungsbedingungen. Konfessionalität ohne Kirchlichkeit ist nur ein Beispiel für die vielfältigen Überhangphänomene, die das voraussetzungslose Gerede von völlig neuen Gesellschaftsformationen so hohl, ja naiv klingen lassen. Mit der massenhaften Industriearbeit mag es zu Ende gehen, aber mentale Überbleibsel der »Proletarität«, die sie über Generationen hervorgebracht hat, wird es noch lange geben. Die uralte Lebensform der kleinbäuerlichen Landwirtschaft gehört leider wirklich der Geschichte an, doch daß die Bauerntöchter heute als Sparkassenangestellte in der nächsten Kreisstadt arbeiten oder gar in einer Großbank in Frankfurt am Main, macht den elterlichen Hof erst recht zum verklärten Sehnsuchtsort der Kindheit. Und mit dem schnellen Leben und Deuten in den großen Städten möchte sich mancher Meinungsführer der Medien womöglich täglich beweisen, wie erfolgreich er dem miefigen Milieu von Passau, Peine oder Pirmasens entronnen ist – was aber bloß belegt, wie fest ihn Passau, Peine oder Pirmasens in Wahrheit immer noch im Griff hält.

Gesellschaften sind langsamer als ihre Eliten. Sie sind in mancher Hinsicht auch langsamer als das Tempo ihres eigenen

Wandels. Die Menschen passen sich den Veränderungen in Wirtschaft und Gesellschaft notgedrungen an, sie *funktionieren* auch unter radikal veränderten Bedingungen. Doch etwas geht ihnen dabei verloren. Je schneller sich die Verhältnisse verändern, desto mehr wächst deshalb zugleich das Bedürfnis nach Rast, das Verlangen nach Ruhe, kurz: die Sehnsucht nach Heimat. So unbestreitbar es ist, daß sich die Gesellschaft weiterhin dramatisch wandeln wird, so bedeutsam bleiben doch die tiefsitzenden Prägungen der Vergangenheit. Nur vordergründig überdeckt durch die so viel dröhnender daherkommende Parallelwirklichkeit der Medien, bleiben die traditionalen Prägungen auch weiterhin wirksam. Das zentrale Kennzeichen der deutschen Gesellschaft ist deshalb weder völlige Rückwärtigkeit noch überbordender Aufbruch. Was sie ausmacht, ist gerade das Nebeneinander von beschleunigtem Wandel und vielfältigen Überhängen älterer Verhältnisse.
Rundum begeistert über unablässige Veränderung ist stets und überall nur eine kleine Minderheit. Selbst wer als sozialer Aufsteiger vom Wandel profitiert, mag insgeheim den Verlust alter Vertrautheit bedauern – hier liegt eine der Ursachen für das Scheitern der Besserverdienenden-FDP des Guido Westerwelle. Für die fortwährende Veränderung als Selbstzweck ist kaum jemand zu begeistern. Im Zweifel läßt das »fundamentale Bedürfnis nach Grundsätzlichem und Stabilem« (Arnold Gehlen) die Menschen eher für das optieren, was sie kennen. Je mehr der gesellschaftliche Wandel lebensweltliche Selbstverständlichkeiten unterspült, ohne verläßliche neue zu schaffen, desto stärker wächst die Anhänglichkeit an das Gewordene und Gewesene. Das macht das Geschäft für die Parteien insgesamt so schwierig. »Den Wandel gestalten«, wie sie behaupten, müssen sie in der Tat – tun sie es nicht, verlieren sie jede politische Legitimation; der Wandel findet dann eben

ohne sie statt. Doch inmitten der abgekoppelten Welt der Eliten agierend, vor allem mit ihresgleichen kommunizierend und Tag für Tag belagert von Journalisten und Verbandsvertretern, erliegen die Angehörigen der parteipolitischen Klasse dabei allzu leicht dem Irrtum, selbst originärer Bestandteil dieser Superstruktur zu sein. Das sind sie zwar einerseits tatsächlich – und doch sind sie es andererseits auch wieder nicht. Denn gewählt werden müssen die Parteien schließlich noch immer von den Leuten »da draußen im schwarzen Erdteil – da draußen in der Provinz« (Kurt Tucholsky).

In ihrer großen Zeit waren die Parteien zuerst Ausdruck der wirtschaftlichen und gesellschaftlichen, weltanschaulichen und geistigen Bedingungen, die ihnen zugrunde lagen, die Politiker wiederum ihrem jeweiligen Milieu zutiefst teilhaftig. Das machte die Parteien hermetisch, gab ihnen aber auch Orientierungssicherheit und imprägnierte ihr Personal gegen die Konjunkturen der öffentlichen Meinung. Damit ist es längst vorbei. Die Parteien haben sich in voller Fahrt entfernt von ihren Heimathäfen und sind irgendwo draußen auf dem aufgewühlten Meer des Wandels. Jetzt hakt der Kompaß, und selbst der Funkkontakt nach Hause funktioniert nur noch sporadisch. Reißt er gänzlich ab, sind sie verloren.

Schon das bundesrepublikanische Prinzip der demokratischen *Volkspartei*, von Politologen oft als ingeniöse Nachkriegserfindung gefeiert, war im Grunde von Anfang an nichts anderes als eine ganz und gar improvisierte Antwort der alten politischen Gesinnungsgemeinschaften auf die einsetzende Auflösung ihrer Entstehungsbedingungen. Nur mit Mehrheiten in den wachsenden Mittelschichten, in denen sich die dauerhafte Bindung an eine einzige Partei immer seltener finden ließ, waren Wahlen für sie überhaupt noch zu gewinnen. Daß Erfolg oder Niederlage künftig »von dem Ergebnis dieser Beeinflussung der Mittelschichten abhänge«, war dem vorausschauenden Konrad Adenauer bereits 1946 klar. Tatsächlich sind die beiden großen Parteien in der bundesrepublikanischen Geschichte immer dann erfolgreich gewesen, wenn es ihnen gelang, das paradoxe Bild von Einheit in Vielfalt, von Geschlossenheit nach außen und Pluralität im Inneren, zu präsentieren. Sie waren stark, wenn sie den harten Kern ihrer Anhänger mobilisieren konnten und zugleich in die ungebundenen Wählergruppen der diffusen gesellschaftlichen Mitte ausstrahlten. Stets ging es für sie um die Gratwanderung, ein Höchstmaß an programmatischer wie sozialer Vielfalt mit der maximalen Mobilisierung ihrer gesinnungstreuen Anhänger in Einklang zu bringen. Insofern hat sich für die Parteien seit Adenauer wenig verändert.

Doch wie sich bei etwas näherem Hinsehen zeigt, war die Stabilität der Volksparteien immer davon abhängig, daß sie bei aller Ablösung von ihrem historischen Kontext überhaupt noch einen harten Kern von Mitgliedern und Stammwählern besaßen, den sie von Wahl zu Wahl um die zur Mehrheit fehlenden Stimmen aus der wachsenden ungebundenen Mitte der Gesellschaft ergänzen konnten. Daß die Parteien den wankelmütigen Wählern nicht mehr abverlangten als ihre Stimme – weder Bekenntnis noch Loyalität über den Tag hinaus –, bedeutete nach den katastrophalen Erfahrungen der Deutschen mit ihren »absolutistischen Integrationsparteien« (Sigmund Neumann) eine zeitgemäße Mäßigung des Wettbewerbs. Doch wären die beiden Volksparteien von Anfang an vollständig von den wabernden Konjunkturen der Stimmungsdemokratie abhängig gewesen, hätten sie nicht so lange jene Stabilität bewahrt, die für das bundesrepublikanische Parteiensystem so kennzeichnend wurde. Ohne die organisatorischen und mentalen Ressourcen ihrer Gründerzeit waren auch die vermeintlich so modernen Volksparteien eben nicht denkbar. Sie zehrten von Voraussetzungen, die sie selbst nicht mehr erneuern konnten.

Im großen und ganzen gelang den Christdemokraten die Zusammenführung alter und neuer Ressourcen besser. Was den Sozialdemokraten in den ersten Jahrzehnten der Republik an Pluralität fehlte, war weder durch die Geschlossenheit ihrer Organisation noch durch die identitätsstiftende Hermetik ihrer Weltanschauung wettzumachen. Der CDU hingegen kam in dieser Periode ihr zerrissener Charakter als weltanschauliche und organisatorische Complexio oppositorum zugute. Denn ihre soziale und konfessionelle Vielfalt wurde gleichsam gesamtintegrativ überwölbt von einem zwar vagen, aber wirksamen christlichen Konsens, einem um so handfesteren bürgerlichen und kleinbürgerlichen Antikommunismus sowie dem stets akuten Bewußtsein, daß der Verlust der Macht an jene, die eben diese gemeinsamen Werte zu bedrohen schienen, nicht riskiert werden durfte: Bekanntlich führten alle Wege des Marxismus nach Moskau.

Die Wirkung der Rezeptur ließ nach, als die CDU am Ende der langen Ära Adenauer aus dem Takt der gesellschaftlichen Modernisierung geriet. Nun griffen die Sozialdemokraten ihrerseits programmatisch wie habituell in die gesellschaftliche Mitte aus, wollten »Ballast abwerfen« und nicht länger »geistige Heimat« sein. Das war fast fahrlässig. Doch weil die alten Anhänger nun einmal nur diese eine politische Heimat hatten und sich von den forschen Modernisierern in der Parteiführung nicht einfach abschütteln ließen, hielten sie der Sozialdemokratie einstweilen trotzdem die Treue. So konnte die SPD neue Wähler hinzugewinnen, ohne die alte Verankerung in der Lebenswelt ihrer proletarischen Stammkundschaft einzubüßen. Auf dem Höhepunkt dieser durchaus verwegenen Ergänzung der traditionellen Basis der Partei waren es die »Schiller-Wähler« aus den neuen Mittelschichten, jene bürgerlichen Anhänger des effizienten Wirtschaftsministers der Großen Koalition, denen die SPD den Machtwechsel von 1969 verdankte. Ihr größter Wahlsieg überhaupt, drei Jahre später, war dann eher das Ergebnis der nochmals gestiegenen Mobilisierung der klassischen Arbeiterwähler für die SPD. Etliche der neuen Mittelschichtenwähler von 1969 begannen nämlich jetzt schon wieder von der sozialdemokratischen Fahne zu laufen. Die Reformwut der Ära Brandt hatte sie früh verschreckt. Zur politischen Heimat des größten Teils der neuen Mittelschichten wurde daher in den siebziger Jahren nach und nach wieder die Union.

Nicht unähnlich der SPD ein Jahrzehnt zuvor erlebte die Union gerade in diesem Oppositionsjahrzehnt das optimale Zusammenspiel alter und neuer Ressourcen. Sie bewahrte ihre Verankerung in den mittelständischen Milieus und Mentalitäten und erweiterte sie, auf diesem soliden Fundament aufbauend, um durchaus moderne und urbane Wähler aus den ungebundenen neuen Mittelschichten. Die Rentner, der um seine Existenz bangende alte Mittelstand und das katholische Landvolk blieben der Union treu, während sich die Partei mit Hilfe eines eindrucksvollen organisatorischen Kraftaktes im Bund wie in den Ländern obendrein als »moderne Volkspartei der Mitte« gleichsam neu erschuf. Die oppositionelle Ära der CDU in den siebziger Jahren unter ihrem – in dieser Hinsicht allemal – umsichtigen Vorsitzenden Helmut Kohl und den von ihm geförderten Modernisierern erweist sich im Rückblick als der historisch ideale Moment der Partei. Noch wurde sie ideell zusammengehalten durch einen kernigen Antikommunismus, noch lebten die lokalen und regionalen Milieus, noch wärmte und integrierte das Bekenntnis zu einem christlichen Menschenbild, ohne daß andererseits bereits die innerparteilichen Zielkonflikte aus dem Ruder liefen oder fragwürdige Finanzpraktiken um sich griffen. So gelang der Union in diesen Jahren wie nie zuvor und nie danach die produktive Gleichzeitigkeit von Identitätsbewahrung und Öffnung, von Tradition und Modernität, altbürgerlicher Honoratiorenhaftigkeit und organisatorischer Professionalität.

Das waren die fetten Jahre der deutschen Christdemokratie. Ihre Rückkehr in die Bundesregierung 1982, die – abgesehen vom politischen Scheitern der SPD – auf die ideale Kombination von alten und neuen Ressourcen zurückzuführen war, ergänzte die Erfolgsfaktoren der CDU noch um den starken Kitt des Machterhalts. Gleichzeitig aber begann die spezifische Mixtur politischer und gesellschaftlicher Bedingungen, denen die Partei ihren Wiederaufstieg verdankte, bereits wieder aus dem Gleichgewicht zu geraten. Oberflächlich läßt sich das bereits an ihren bis 1998 fortwährend sinkenden Bundestagswahlergebnissen ablesen. Als zentraler Grund für den sukzessiven Niedergang der Union ist der Umstand ausgemacht worden, daß Helmut Kohl die unter seiner eigenen Leitung in den siebziger Jahren errungene Modernität und Professionalität des Parteiapparates nach seinem Amtsantritt als Bundeskanzler nicht mehr als Erfolgsbedingung der CDU gesehen habe, sondern nur noch als potentielle Bedrohung seiner Macht über die Partei. Tatsächlich hat Kohl als Kanzler das Eigenleben der Partei erstickt, ihre Gremien entmündigt, die Funktion des Generalsekretärs von der eines »geschäftsführenden Parteivorsitzenden« (Heiner Geißler) auf die eines beflissenen Werbetrommlers (Peter Hintze) reduziert, ja letztlich die Bedeutung des Adenauer-Hauses als autonomer und selbstbewußter Parteizentrale auf null reduziert.

Das alles trifft zu – und geht doch am Kern der christdemokratischen Krise vorbei. Denn gerade der lange als geglückte Operation gelobte Wandel der CDU zur professionellen Apparatpartei hat von Anfang an den Wurzelgrund der Union in der bürgerlichen und kleinbürgerlichen Gesellschaft der Republik unterspült. Das Land wandelte sich, und auch der CDU konnten die Umbrüche in Gesellschaft, Kultur und Lebensstil gar nicht schnell genug gehen. Modern sein um jeden Preis wollten die Christdemokraten jetzt. »Mehr Demokratie ins Rathaus«, forderte etwa ihr Hamburger Landesverband zur selben Zeit, als sich der Rest der Republik von Willy Brandts »Mehr Demokratie wagen« beeindrucken ließ. »Auch dem letzten in unserer Stadt« wollte man hier »klarmachen, daß die CDU eine progressive, soziale und liberale Partei ist«. Die hanseatischen Christdemokraten erwogen die Anerkennung der Oder-Neiße-Grenze und debattierten die Vorzüge der paritätischen Mitbestimmung. Den bajuwarischen Finsterling Franz Josef Strauß wollten sie nördlich von Lüneburg am liebsten gar nicht mehr auftreten lassen. Selbstbewußt verkündete der Hamburger Landesvorsitzende Dietrich »Didi« Rollmann Anfang der siebziger Jahre den »Abschied von Opas CDU«. »Die CDU darf keine Provinzpartei werden«, lautete sein Credo, »ihre Zukunft liegt in den Städten.«

Das war der neue Geist, der die Union überall durchwehte, in der Hafenstadt an der Elbe blies er nur besonders heftig. An die Stelle heimatverbundener Honoratioren traten Berufsfunktionäre. Die Distanz zwischen der Partei und ihren – noch dazu schrumpfenden – Milieus ist deshalb seit drei Jahrzehnten kontinuierlich gewachsen. Mitte der neunziger Jahre schließlich gerieten die Reste der traditionell unionstreuen Bevölkerungsgruppen durch die Modernisierung in Gesellschaft und Arbeitswelt weiter unter Druck. Gerade die altbürgerlich-bodenständigen Milieus der Republik verunsicherte das ständige Gerede vom »Standort Deutschland« und all den »Aufbrüchen«, die angeblich nötig seien, um im globalen Wettbewerb zu bestehen. Nur die ewige Galionsfigur Kohl schien kraft ihrer eindrucksvollen Präsenz und Biographie imstande, der verbreiteten Besorgnis über den beschleunigten gesellschaftlichen Wandel noch einmal – gleichsam kompensatorisch – das Versprechen lebensweltlicher Kontinuität und Bewahrung entgegenzusetzen. Doch als die drängenden wirtschafts- und gesellschaftspolitischen Probleme weiter unbewältigt blieben, führte die Zementierung des historischen Erfolgsmodells CDU weit über sein gesellschaftliches Verfallsdatum hinaus 1998 fast zwangsläufig in die Niederlage.

Damit zeigte sich für die CDU erstmals auf der Ebene der Bundespolitik, wie brisant die langfristige Erosion ihrer traditionellen Ressourcen war. Das ererbte Vermögen ihrer ländlichen und katholischen Milieus hatte der gesellschaftliche Wandel aufgebraucht. Daran mochte nicht viel zu ändern sein. Doch durch ihr Festhalten an Modernität und Macht als Werten an sich hatte die Partei das Dahinschwinden ihres Stammkapitals noch verstärkt und war in immer höherem Maß abhängig geworden von den Konjunkturen eines zunehmend wankelmütigen und ungeduldigen Publikums ohne eindeutige soziale und normative Bindungen. Als schließlich selbst der große Helmut Kohl seine Aura der Unbesiegbarkeit einbüßte, erlitten die Christdemokraten einen beispiellosen Zusammenbruch: Erstmals seit der ersten Bundestagswahl überhaupt blieb die Union am 27. September 1998 mit ihren 35,2 Prozent deutlich unter 40 Prozent der Wählerstimmen hängen. Die Ära der selbstverständlichen Hegemonie der Union war vorüber, die christdemokratische Republik an ihr Ende gekommen.

Durch das in der sozialen und mentalen Mitte der Gesellschaft entstandene *window of opportunity* stieg 1998 die SPD. Daß ihr das den Wahlsieg einbrachte, verdankte sie allerdings nur zum geringeren Teil jener parteipolitisch freischwebenden »neuen Mitte«, um die sie so innig warb. Entscheidend war vielmehr, daß es den Sozialdemokraten mit dem pragmatisch-dynamischen Querfrontkandidaten Gerhard Schröder gelang, das ganze Spektrum ihrer traditionell und materialistisch gesinnten einstigen Stammwähler aus der unteren Angestelltenschicht und der proletarischen (oder bereits postproletarischen) Unterschicht noch einmal zu mobilisieren. Doch gerade diese breite Wählerkoalition war ein hochgradig fragiles Konstrukt. Nur ganz vage und punktuell kam sie am Wahltag zusammen, bloß für einen einzigen kurzen Moment vereint in ihrem Verdruß an der Regierung Kohl und der diffusen Hoffnung auf die Rückkehr besserer Zeiten.

Daß sich diese Wählerkoalition kein zweites Mal herstellen ließ, brachte bereits die Serie dramatischer Niederlagen der SPD im ersten Jahr der Kanzlerschaft Gerhard Schröders drastisch zutage. Fast überall, wo Sozialdemokraten sich zur Wahl stellten, erlitten sie katastrophale Niederlagen. Die Europawahl war ein Desaster. Die SPD verlor ihre Macht in Hessen und im Saarland, ihre absolute Mehrheit in Brandenburg. In Berlin erreichte sie gerade noch 20 Prozent der Stimmen, in Thüringen und Sachsen schnitt sie schlechter ab als die PDS. Allenfalls in formaler Hinsicht unwichtiger als diese Landtagswahlen war die Kommunalwahl in Nordrhein-Westfalen im September 1999. Daß die SPD selbst in ihren langjährigen Hochburgen im Ruhrgebiet unter die Räder kam, in Dortmund, Bochum, Gelsenkirchen oder Essen, war ein beispielloser Schlag ins Kontor. Das Debakel an der Ruhr bedeutete für die deutsche Sozialdemokratie insgesamt nicht weni-

ger als der Verlust der Heimat. Nicht hinsichtlich ihrer staats-
politischen Folgen, wohl aber im übertragenen Sinne war die
nordrhein-westfälische Gemeindewahl das sozialdemokratische Gegenstück zum Kollaps der Union bei der Bundestagswahl ein Jahr zuvor. Damals hatten die Christdemokraten
ihre Republik verloren, jetzt stand die SPD ohne das eigene
Stammland da.

Mit Treue und Loyalität in widrigen Zeiten oder auch nur
einem Vertrauensvorschuß bei ihren eigenen Wählern können die Parteien also nicht mehr rechnen. Die rot-grüne Bun-
destagsmehrheit in Berlin war, wie ihre Mitglieder schon nach
wenigen Monaten bestürzt feststellten, ein Regierungsbündnis ganz ohne Wählermandat für irgendeine bestimmte Politik. Tatsächlich hatte die wankelmütige Mitte der Republik
bei der Bundestagswahl 1998 (wie im übrigen Gerhard Schröder selbst auch) auf eine Große Koalition gesetzt – bekommen
hatte sie, aus Versehen sozusagen, eine rot-grüne Regierung.
Was immer die neue Mehrheit anfing, stieß in der Öffentlichkeit auf Mißtrauen und Ablehnung. Das mag sich wieder ändern, wenn die Wirtschaft wächst und die Zahl der Arbeitslosen zurückgeht. Gelingt dem Kanzler ein spektakulärer
Auftritt in den Medien, wird das Publikum vielleicht auch in
Zukunft wieder ein bißchen »Gerhard, Gerhard« rufen.
Doch das Band der Partei zu ihren alten Anhängern in der Gesellschaft ist ein für allemal zerrissen. Und belastbare neue
Bindungen zwischen der SPD und jenen »kleinen Leuten«,
ohne deren Unterstützung sie niemals und nirgendwo Mehrheiten erzielen kann, erwachsen aus solch spontanem Jubel
schon seit langem nicht mehr. Das Publikum ist ungeduldig
geworden und vergeßlich, die politische Stimmung prekär
und ständig auf der Kippe. Mag schon den Christdemokraten

die gesellschaftliche Erdung abhanden gekommen sein, so gilt das für die Sozialdemokraten erst recht.

Selbst die politische Zustimmung ihrer einstigen Kernwählerschaft ist mittlerweile überaus konstellations- und konjunkturabhängig. Wo regierende Sozialdemokraten die Leistungen nicht erbringen, die man von ihnen erwartet – »soziale Gerechtigkeit«, Arbeitsplätze oder Law and order –, da reagiert die vormalige SPD-Klientel ungerührt und ohne jede nostalgische Anhänglichkeit mit Abwahl, Protest oder politischer Indolenz. Die Angehörigen der »neuen Mitte« am anderen Ende der sozialdemokratischen Wählerkoalition sind bei ausbleibenden Erfolgen sowieso jederzeit zum Absprung bereit – ohne daß sie deshalb freilich der nach Helmut Kohl aus allen Fugen geratenen Union erneut zur verläßlichen Wählergruppe würden. Eine belastbare, lebensweltlich oder weltanschaulich geerdete Loyalität zu einer einzigen Partei besitzen sie allesamt nicht mehr, wenn auch aus unterschiedlichen Gründen.

Was die neuen und neuesten Mittelschichten angeht, ist das anders auch gar nicht vorstellbar. Mobilität, nicht Seßhaftigkeit ist ihr ausdrückliches Leitbild, das Prinzip Schnäppchenjagd ihre Lebensform. Stets auf der Suche nach dem eigenen Vorteil, wechseln sie den Mobilfunkanbieter, den Stromversorger und das Kreditinstitut. Daß auch das Politische von dieser Mentalität erfaßt werden muß, wo alles andere ständig aufs neue zur Disposition steht, ist offenkundig. Die Parteien ihrerseits tragen der neuen Dienstleistungsmentalität Rechnung, indem sie sich als die jeweils kompetenteren »Problemlöser« und »Modernisierer« feilbieten. Letztlich aber verstärken sie damit die parteipolitische Ungebundenheit der individualisierten Gruppen nur noch.

Im Falle der traditionell sozialdemokratischen Wähler aus der

Arbeiterschaft ist die politische Bindungslosigkeit durchaus unfreiwillig. Ihr altes Milieu ist untergegangen. Es war die sozial homogene Vergemeinschaftungsform einer industriellen Arbeitsgesellschaft. Die geteilte Erfahrung der Arbeit strukturierte das Leben der Milieuangehörigen, stiftete Orientierung und sozialen Zusammenhalt. Aus der Arbeit bezogen sie ihr kollektives Selbstwertgefühl, ihr starker Arm sicherte ihnen gesellschaftliche Anerkennung, sozialdemokratische Betriebsräte und Gewerkschaften verschafften ihnen Macht und Einfluß im bundesrepublikanischen Korporatismus. Entscheidend für den Fortbestand des Milieus war, daß es sich mit seinem dichten, lokal verankerten Netzwerk aus Sport- und Freizeitvereinen selbst organisierte, dabei seine sozialmoralischen Sinnressourcen ständig aus eigener Kraft erneuerte und von einer Generation zur nächsten weitergab. Mit dem Niedergang der klassischen Industriearbeit ist das alles vorbei. Der solidarischen Gemeinschaftlichkeit der großen alten sozialdemokratischen Milieus sind überall in Europa die ökonomischen Grundlagen abhanden gekommen. »Die Gemeinschaft ist zusammengebrochen und mit ihr eine hundertjährige politische Kultur, in der sich der Stolz auf die Arbeit mit lokalen gesellschaftlichen Netzwerken und intergenerationeller Kontinuität verband«, schreibt der britische Historiker Tony Judt. Zurück bleiben, sozialkulturell unbehaust und politisch ohne Heimat, die Menschen als verlassene einzelne. Auch darin mag man eine Form der Individualisierung sehen, doch es ist eine, die von den Betroffenen wider Willen erlitten wird. Entsprechend fallen ihre Reaktionen aus.

Denn für die »kleinen Leute« in den heruntergekommenen Quartieren mit hohen Anteilen von Sozialhilfeempfängern, Arbeitslosen, Ausländern und Alleinerziehenden gibt es subjektiv keinen Grund mehr, auf die SPD zu setzen. Ihre einst zutiefst sozialdemokratisch gefärbte Lebenswelt liegt in Trümmern. Nicht ohne Grund sehen sie sich als Ausgeschlossene in aufgegebenen, abgehängten und ökonomisch längst überflüssigen Stadtteilen, wo sie sich selbst in der gewohnten Umgebung nicht mehr heimisch fühlen. Aus ihrer Sicht waren es Sozialdemokraten, die all dies hätten verhindern müssen, aber nicht verhindert haben. Von ihnen fühlen sie sich im Stich gelassen, ja verraten. Erkennbar erschüttert berichtete der damalige sozialdemokratische Hamburger Bürgermeister Henning Voscherau 1997 von der »brachialen Grundstimmung« in den Arbeiterquartieren der Hansestadt. Wo die Sozialdemokratie früher einmal ihre Hochburgen hatte, schlug Voscherau nun im Wahlkampf »blanker Haß auf die SPD« entgegen. Die Stimmung mag sich danach wieder beruhigt haben, das »hochexplosive Enttäuschungspotential« aber wird bestehenbleiben, bis das letzte Opfer des Umbruchs die Realität der untergegangenen sozialdemokratischen Arbeitsgesellschaft vergessen hat. »Bei Helmut Schmidt war das alles noch anders«, sagen sie noch immer an den Theken der Hamburger Arbeiterviertel. Doch jetzt ist es nicht mehr so. Und wer am radikalsten agitiert gegen die neuen Verhältnisse, in denen sie nicht mehr gebraucht werden, dem werden sie folgen.

Aus dieser Lage erwachsen neue gesellschaftliche Konfliktstrukturen. Im Westen wie im Osten der Republik sind es die traditionellen Arbeiterstadtteile, der Wedding in Berlin, Wilhelmsburg in Hamburg, oder die gesichtslosen Industriestädte wie Bitterfeld, Wolfen oder Köthen in Sachsen-Anhalt, wo rechtsradikale oder populistische Parteien, die DVU oder die Republikaner, in den letzten Jahren durchweg ihre besten Ergebnisse erzielt haben. Besondere Aufmerksamkeit hat dabei in der Öffentlichkeit allerdings die offenbar größere Anfälligkeit der Ostdeutschen für rechtsradikale Tendenzen erregt. Von der hohen Arbeitslosigkeit in den östlichen Bundesländern ist in den vergangenen Jahren viel die Rede gewesen, von den gebrochenen Versprechen, den Osten zu »blühenden Landschaften« oder auch nur zur »Chefsache« zu machen. Die Perspektivlosigkeit der jugendlichen *lost generation* in der Plattenbauödnis von Halle-Neustadt und Rostock-Lichtenhagen wurde diskutiert und die »relative Deprivation« der Wende- und Einheitsverlierer in den heruntergewirtschafteten mitteldeutschen Industrieregionen beklagt. Die politische Verwahrlosung der Ostdeutschen wurde ebenso angeprangert wie ihr aggressiver Nihilismus. Experten lieferten alarmierende Prognosen: Bis zu vierzig Prozent betrage das Wählerpotential rechtspopulistischer Parteien in Ostdeutschland, war 1998 zu lesen, ein »Dammbruch« stehe unmittelbar bevor. Doch so richtig es ist, ostdeutsche Verhältnisse nicht immerzu an der westdeutschen Elle zu messen, so irreführend ist es zugleich, sie ausschließlich aus sich selbst heraus zu erklären – also aus der besonderen ökonomischen und sozialen Mühsal des Vereinigungsprozesses oder dem unbewältigten mentalen Erbe der sozialistischen Erziehungsdiktatur. In Wirklichkeit liegen unter der Oberfläche scheinbar völlig unterschiedlicher Erfahrungen und Lebenslagen in beiden deutschen Landesteilen strukturell in mancher Hinsicht vergleichbare Entwicklungen.

Sozialdemokratische Milieus wie in Westdeutschland hat es auch auf dem Gebiet der ehemaligen DDR gegeben. Sachsen und Thüringen waren einst Hochburgen der Arbeiterbewegung. An diese Tradition anzuknüpfen war 1990 die Hoffnung der Sozialdemokraten. Doch bekanntlich wurde daraus nichts. Wie sich schnell zeigte, hatten vierzig Jahre Einheitssozialismus alle Spuren sozialdemokratischer Identität ausgelöscht, die vormals sinnstiftenden Symbole und Rituale ein für allemal diskreditiert. Gerade in jenem Teil Deutschlands, wo es altindustrielle Strukturen und mentale »Proletarität« klassischen Musters zu Beginn der neunziger Jahre in erheblichem Maße noch gab, stand die SPD paradoxerweise ideell rundum enteignet da, als unschuldige, traditionslose Neugründung einer Handvoll Pfarrer und Ingenieure. Zur Partei der aus allen einstigen Bezügen gefallenen Arbeiterschaft konnte deshalb in den ostdeutschen Bundesländern zunächst die CDU avancieren. Auf die »Partei der Einheit« richteten die Arbeiter in Plauen oder Sonneberg ihre Erwartungen, von ihr erhofften sie sich – von vornherein ganz unvereinbar – materiellen Wohlstand und die Bewahrung ihrer vertrauten Lebenswelt. Kurz, mit der Herstellung sozialer Demokratie beauftragte das ostdeutsche Proletariat die Union.

Gerade die Arbeiter waren es dann aber, die der flächendeckenden Deindustrialisierung der neuen Länder als erste zum Opfer fielen. Professionell wie mental brachten sie die schlechtesten Voraussetzungen mit, den rasenden Wandel aller wirtschaftlichen und gesellschaftlichen Verhältnisse erfolgreich zu bewältigen. Spätestens in der zweiten Hälfte der neunziger Jahre erkannten die Angehörigen dieser Gruppe, daß die CDU das Versprechen gleichzeitiger Prosperität und lebensweltlicher Bewahrung nicht einlösen konnte. Ihre geradezu wütende Abkehr von der Union schien jene Beobachter nachträglich zu bestätigen, die die Hinwendung der ostdeutschen Arbeiterschaft zur Partei Helmut Kohls nach 1989 stets für ein historisches Mißverständnis gehalten hatten, das früher oder später mit ihrer dauerhaften »Heimkehr« zur Sozialdemokratie zurechtgerückt werden würde.

Tatsächlich gewann die SPD in Ostdeutschland bis 1998 ununterbrochen Wähler hinzu. Daraus auf die dauerhafte Rückbesinnung einer traditionell eigentlich sozialdemokratischen Klientel auf ihre vermeintlich eigentliche Partei zu schließen, war jedoch schon damals falsch. Eher handelte es sich bei nicht wenigen um einen Zwischenstopp auf dem Weg in die gänzliche Apathie oder die stabile parteipolitische Orientierung am rechten Rand. Denn im Unterschied zur vergleichsweise identitätssicheren Anhängerschaft der PDS, dem letzten dichten Gesinnungsmilieu einer Partei in Deutschland überhaupt, besitzt die neue postproletarische *underclass* in Ostdeutschland keinerlei organisationsgestützten inneren Zusammenhalt mehr, erst recht keine an Traditionen der Arbeiterschaft anknüpfenden kollektiven Wertvorstellungen und politischen Orientierungen.

In der ruinierten Chemieregion im Süden von Sachsen-Anhalt sind in den vergangenen Jahren marode industrielle Strukturen mit großem Aufwand durch hochmoderne und produktive Anlagen ersetzt worden. Doch der Versuch der sozialdemokratischen Landesregierung, diese Investitionen wählerwirksam als Leistungen der Landespolitik zu präsentieren, schlug fehl. Überall gewann die SPD bei der Landtagswahl 1998 hinzu. Nur hier, im Chemiedreieck von Sachsen-Anhalt, verschlechterten sich ihre Ergebnisse, gerade hier erzielte die rechtsradikale DVU ihre höchsten Resultate. Das ist weniger abwegig, als es zunächst scheint. Neben qualifizierten Gewinnern schaffen Prozesse der wirtschaftlichen Modernisierung und Rationalisierung heute Verlierer in eher noch größerer Zahl. Daß sich die Politiker der Regierungsparteien im Bund wie in den Ländern als Urheber und Förderer wirtschaftlicher Modernisierung präsentieren, ist verständlich – was sollten sie sonst tun? Nicht weniger erklärlich ist es dann allerdings auch, wenn die Opfer und die Zukurzgekommenen solcher Modernisierungsprozesse gerade deshalb keinen

Grund mehr sehen, auf eine der etablierten Parteien zu setzen. In Bitterfeld oder in Wolfen, wo kein gewachsenes Milieu und keine gewordene Mentalität diese Modernisierungsverlierer noch verbindet, mag sich deren Enttäuschung nicht gegen eine einzelne Partei richten wie gegen die SPD in Hamburg-Wilhelmsburg. Nicht weniger groß ist dort jedoch die Verbitterung über Demokratie und Parteien insgesamt.

Die entscheidende neue Konfliktlinie ehemals industrieller Gesellschaften verläuft zwischen den Gewinnern und den Verlierern ökonomischer Modernisierung – durch die großen Parteien mitten hindurch. Die Verlierer sind die marginalisierten Unterschichten und die unterqualifizierte Arbeiterschaft, zunehmend aber auch verunsicherte Angehörige der Mittelschichten – der Bankangestellte beispielsweise, dessen Arbeit ein Student im Callcenter bald billiger erledigen wird. Bei allen sozialökonomischen, kulturellen, mentalen und sonstigen Differenzen zwischen dem Westen und dem Osten der Republik unterscheiden sich die Probleme in ihrer Grundstruktur nur wenig. Wahlergebnisse von 17,4 Prozent für die DVU in Hamburg-Wilhelmsburg und 17,5 Prozent in Bitterfeld verweisen im Kern auf dieselben Schwierigkeiten. Damit aber sind alle Parteien mit ihren widersprüchlichen Wählerkoalitionen betroffen. Daß sie verstanden hätten, welche Folgen sich daraus für ihre Wahlchancen und, darüber hinaus, für die Verfassung der Gesellschaft ergeben, ist nicht zu erkennen.

Vorläufig jedenfalls machen die Parteien einfach so weiter wie bisher. Denn sosehr ihre Entkräftung angesichts des zunehmenden Verlustes ihrer gesellschaftlichen Voraussetzungen auch fortschreitet, so unbestreitbar ist doch andererseits, daß es diese vermeintlichen Dinosaurier der Demokratie noch immer gibt. Mögen Wahlmüdigkeit und politische Bindungslosigkeit allenthalben zugenommen haben: Am Ende hat sich die Zahl der Abgeordneten in den Parlamenten der Republik noch jedesmal auf hundert Prozent summiert, und daran wenigstens wird sich auch in Zukunft nichts ändern. Natürlich spüren die Parteien den Wetterwechsel. Doch ganz so existentiell erscheint ihnen die eigene Krise auch wieder nicht. Im Auge des Hurrikans herrscht ziemliche Windstille.

Tatsächlich werden die bestehenden Parteien selbst bei fortschreitender Entkoppelung vom Rest der Gesellschaft noch leidlich gut über die Runden kommen. Dafür sorgen die institutionellen Rahmenbedingungen des Parteienwettbewerbs, der seinen arrivierten Akteuren eine privilegierte Existenz als gleichsam hoheitsstaatliche Organe garantiert. Neuankömmlinge haben es schwer in der deutschen Parteiendemokratie, dafür sorgt bereits die Fünf-Prozent-Sperrklausel des Wahlgesetzes. Hat sich eine Partei aber einmal festgesetzt, dann muß sie sich schon über längere Zeit ganz besonders tolpatschig anstellen – wie etwa die FDP –, um ihren institutionellen Fortbestand zu gefährden. Zwar ist der Untergang eingeführter parteipolitischer Markennamen in Deutschland möglich, die Regel ist er aber nicht. Wer da ist, hat seit der Konsolidierung des bundesdeutschen Parteiensystems in den fünfziger und sechziger Jahren gute Chancen, im Rennen zu bleiben – und neue Konkurrenten draußen zu halten.

Mag das Bundesverfassungsgericht auch stur darauf beharren, die Parteien seien keine Staatsorgane, sondern freie politische Vereinigungen in der Gesellschaft: Ihre wichtigste Macht- und Finanzressource ist doch der Staat, der sie alimentiert und dessen Ämter und Mandate sie mit ihrem Personal besetzen. Solange sie dazu noch in der Lage sind, dürfte ihr Fortbestand als Schlüsselinstitutionen des politischen Systems nicht gefährdet sein. Der intensiven Einbindung in die Gesellschaft scheinen die Parteien wenigstens insofern gar nicht zu bedürfen. Das Beispiel der Vereinigten Staaten zeigt, daß ein überkommenes Parteiensystem selbst bei noch viel schwächer ausgeprägter Verzahnung mit der Gesellschaft auf Dauer ohne Alternative bleiben kann. Als politische *money machines* sind die Parteien in Deutschland sowenig zu ersetzen wie in Amerika. Schon aus diesem Grund wird ihr so oft angekündigter Tod so lange nicht eintreten, wie die staatliche Institutionenordnung selbst besteht.

Für die übriggebliebene Minderheit der parteipolitischen Aktivisten und Mandatsträger allerdings ist die Konstellation damit geradezu paradiesisch geworden. Dem harten Kern der Mitglieder ist Parteileben schließlich immer auch Vereinsleben, Traditionspflege und Geselligkeit unter Gleichgesinnten. Das ist kein geringer Wert für jene, die dazugehören. Doch Neuankömmlinge mit abweichenden Vorstellungen würden unter diesen Bedingungen nur stören. Im Grunde bleibt man sogar ganz gerne unter sich, und irgendwie hat sich die träge Maschinerie der Antragskommissionen und Delegiertenkonferenzen immer noch weiter gedreht. Nie zuvor waren im übrigen die Patronagemöglichkeiten der Parteien so groß wie heute, nie konnten ihre Funktionäre derartig unbedrängt von ehrgeizigem Nachwuchs vor sich hin kungeln, Strippen ziehen und Stellen besetzen. Weil ihnen niemand ernstlich auf die Pelle rückt, wursteln die Ortsvereine und Kreisverbände in ihren Hinterzimmern immer weiter freudlos vor sich hin – und weil sie das tun, sind sie so langweilig, daß kein aufgeweckter Zeitgenosse sich jemals davon angezogen fühlen kann: Die abgeschotteten Kommunikationsformen der Parteien und das völlige Desinteresse gerade der jungen Generation an ihnen bedingen sich gegenseitig.

Bislang haben die Parteien wenig unternommen, um das innere Siechtum ihrer Organisationen zu bremsen. Gewiß, hilf-los-halbherzige Anbiederungsversuche bei den Jungen gibt es immer wieder: »Schnuppermitgliedschaften«, Jugendkongresse, Techno tanzende Vorsitzende im Zweireiher. Doch die Nachdenklicheren unter den Jungen erkennen solche Gags rasch als die inhaltslosen Selbstinszenierungen, die sie in der Tat sind. Richtig ernst gemeint ist das alles nicht. Solange die Parteien hoffen, mit bloßen Mätzchen an die Jungen heranzukommen, ohne an ihren hermetischen Kommunikations- und Organisationsformen etwas zu ändern, werden sich die individualisierten Jüngeren auch weiterhin entziehen.

Sähen sich die Parteien durch die schleichende Ermattung ihres Organisationslebens akut in ihrer Existenz bedroht, würden sie sich vermutlich sehr viel intensiver um die Rekrutierung von Nachwuchs kümmern. Wie wenig die Lippenbekenntnisse der Offenheit für die Jungen mit der vereinsmeierlichen Wirklichkeit der etablierten Parteien zu tun haben, hat 1998 die FDP beispielhaft vorgeführt, als fast dreitausend Studenten gleichzeitig die Aufnahme in ihren Berliner Landesverband beantragten. Mit einem Schlage hätte sich die durch und durch sieche Partei sanieren können. Gerade noch 2,5 Prozent der Wählerstimmen hatte sie bei der vorausgegangenen Berliner Parlamentswahl erhalten, kaum dreitausend Mitglieder hielten ihr die Treue, als die Jungen um Einlaß begehrten. Sie waren jung, urban, aktiv, allesamt zukünftige Akademiker, gesellschaftliche Multiplikatoren von morgen – genau jene Avantgarde also, der sich die Freidemokraten seit Jahren vergeblich als politische Heimat andienen. Doch konfrontiert mit dem real existierenden Nachwuchs der Republik, bekam selbst der flotte Guido Westerwelle kalte Füße. Die FDP sei schließlich kein »öffentliches Freibad«, in das man einfach so eintreten könne, erklärte der Hoffnungsträger des deutschen Gesamtliberalismus. Der kennzeichnendste Satz aber entfuhr dem Sprecher der Berliner FDP: »Die könnten alles wegfegen, was unsere Partei ausmacht.« Und in der Tat, das könnten sie. Dieses Risiko müßten die etablierten Parteien allerdings eingehen. Daß sie die bestehenden Verhältnisse nicht gerne aufs Spiel setzen wollen, ist aus der Sicht des Häufleins der bereits Dazugehörigen durchaus verständlich. Ihnen mag man den Wunsch nach Bewahrung ihrer überschaubaren Verhältnisse sogar nachsehen: Die Partei ist nun einmal ihre Lebenswelt. Bezogen auf den Zustand und die Perspektiven der Parteien insgesamt jedoch zeigt das Berliner Beispiel das ganze Ausmaß der Malaise. Es sind scheinbar episodische Fälle wie dieser, an denen sich im Kleinen immer wieder erweist, wie sehr die Parteiorganisationen zu genügsamen Bestandsverwaltern ihrer eigenen Angelegenheiten geworden sind.

Eine Gelegenheit zur umfassenden generationellen Erneuerung, wie sie 1998 die Berliner FDP so fahrlässig verstreichen ließ, wird womöglich keiner der existierenden Parteien so schnell wieder zufallen. Denn das Desinteresse der Parteien an den Jungen und deren Gleichgültigkeit gegenüber den Parteien sind letzten Endes zwei Seiten derselben Medaille. Die alten Parteien mögen nicht mehr die politischen Aktionsausschüsse großer gesellschaftlicher Lagen und Konflikte sein. Das macht sie für die nachwachsenden Alterskohorten so uninteressant. Doch umgekehrt verzichten die Jungen darauf, dann wenigstens zur Selbsthilfe zu greifen und neue, eigene Organisationen zu gründen. Gewiß, bis zu einem gewissen Grad liegt es an der Individualisierung und an der Pluralisierung der Lebensstile, am Zerbröseln der überständigen Milieus und Verbindlichkeiten, wenn sie sich der »Politikerpolitik« alten Stils heute mehrheitlich ganz einfach verweigern. Subjektiv verstehen sie ihre Parteien- und Organisationsferne nicht einmal als Distanz zur Politik insgesamt. Ganze Serien sogenannter Jugendstudien belegen in der Tat, daß junge Menschen heute allerhand »alternative Politikformen« präferieren. Wie die empirische Wissenschaft hellsichtig festgestellt hat, ziehen sie die Demo dem Ortsvereinsabend im Hinterzimmer vor und haben zu Greenpeace größeres Vertrauen als zum Bundestag. Gänzlich neue Politikformen, virtuell und digital, entstehen angeblich im Internet. Gestandene Sozialwissenschaftler bestätigen ex cathedra, auch bei der Love Parade handele es sich um Politik. Die wünschten sich die Jungen nämlich anders, irgendwie projektbezogen oder so, jedenfalls ohne langfristige Verpflichtungen. Und Spaß müsse sie machen, denn das sei den Jungen heute eben wirklich wichtig.

Natürlich helfen solche Ermittlungen niemandem weiter – den Jungen selbst nicht und auch nicht ihren Eltern, die womöglich in den graubärtigen Grünen noch immer die Inkarnation von »anderer Politik« sehen –, denn am Kern des Problems gehen sie vollständig vorbei. Paradoxerweise ist es ja genau das – von den Älteren oft mit gönnerhaftem Wohlwollen begrüßte – »neue Politikverständnis« der Jungen, das die Repräsentanten der traditionellen Politik in die Lage versetzt, so weiterzumachen wie bisher. Ernsthaftem Verdrängungsdruck durch Jüngere sind die routinierten Akteure des politischen Systems heute nirgendwo ernstlich ausgesetzt; und so konservieren sie das Bestehende.

Die Jüngeren unterliegen einem kollektiven Irrtum, wenn sie sich arglos darauf verlassen, daß sich schon jemand finden werde, an den sie die mühsame politische Gestaltung ihrer Zukunft gleichsam treuhänderisch delegieren können. Denn entschieden wird ja auf jeden Fall: über die Bildungspolitik von morgen wie über konkurrierende Alterssicherungsmodelle und die Zukunft des Sozialstaates überhaupt. In vielen dieser Fragen haben die Jungen andere Interessen als die Generation ihrer Eltern und Großeltern. Aber dort, wo sie deshalb mitmischen, Einfluß nehmen und Mehrheiten organisieren müßten, in den Parteien und Parlamenten, geben noch immer rüstige Achtundsechziger und behäbige Honoratioren ungefährdet den Ton an.

Die Situation wird sich weiter zuspitzen. Denn die demographische Entwicklung wird Deutschland in den kommenden Jahrzehnten immer mehr in eine buchstäblich alte Nation verwandeln. Das Land erlebt, wie der französische Soziologe Emmanuel Todd kühl konstatiert, »einen in der Menschheitsgeschichte einzigartigen Bevölkerungseinbruch«, dessen Folgen noch völlig unabsehbar sind. Sowenig die deutsche Geschichte im 20. Jahrhundert ohne die ungeheure Dynamik des Bevölkerungswachstums in den Jahrzehnten vor dem Ersten Weltkrieg zu begreifen ist, so wenig wird sich seine Geschichte im 21. Jahrhundert – wie immer sie verläuft – ohne seine nun unweigerlich bevorstehende Vergreisung verstehen lassen. Vier Fünftel der Deutschen waren 1911 jünger als 46 Jahre; die Nation befand sich im vibrierenden Zustand jugendlichen Überschwangs. Auch die ungeheure Dynamik der nationalsozialistischen Bewegung in der Weimarer Republik wird erst angesichts der großen Massen rastloser junger Männer erklärbar, die es in jener Zeit gab.

Im Jahr 2030 werden 40 Prozent der Deutschen älter als 60 Jahre sein; der Anteil der Jugendlichen und Kinder unter 20 wird voraussichtlich nur noch 15 Prozent betragen. Geburtenrückgang und wachsende Lebenserwartung ziehen gleichsam am selben Strang und schaffen die Altersgesellschaft. Abgesehen von der beruhigenden Gewißheit, daß das erneute Aufkommen faschistischer Massenbewegungen in Zukunft völlig unmöglich sein wird, gibt es keinerlei sicheres Wissen darüber, welche gesellschaftlichen Perspektiven sich aus dieser Bevölkerungsentwicklung ergeben – ökonomisch, politisch, kulturell, sozialpsychologisch. Zunächst besteht die Hoffnung auf einen nachhaltigen Rückgang der Erwerbslosigkeit: »Wer nicht existiert, kann nicht arbeitslos werden«, bringt es Emmanuel Todd auf den Punkt. Andererseits gibt es dann aber weniger junge Paare, die Kinder zeugen und einen Haushalt gründen: Alterung und Rückgang der Bevölkerung beschneiden die gesamtwirtschaftliche Nachfrage. Das so entstehende »deflatorische demographische Klima« (Todd) könnte für Unterkonsumption und Unterbeschäftigung sorgen. Doch auch das ist ungewiß. Und diese Fragen betreffen nur den volkswirtschaftlichen Aspekt des Problems. Ob die entstehende Altersgesellschaft noch über die Kraft zur Selbsterneuerung verfügt oder von einer überwältigenden Gleichgültigkeit gegenüber der Zukunft beherrscht sein wird, ist völlig offen.

Die Jahrzehnte von 1848 bis 1914 waren »ein Zeitalter der Heimatlosigkeit, der Unbehaustheit, der Flucht aus Tradition und Sicherheit«, schreibt Michael Stürmer. Zugleich aber waren sie eine Epoche »der Bewegung, des Aufstiegs, des Wachstums und des großen Versprechens, daß das Leben anderswo mehr von seinen Schätzen biete«. In der bevorstehenden Altersgesellschaft könnte es genau umgekehrt sein: Weil die Zukunft den Alten notwendigerweise keine Verheißung mehr bedeuten kann, könnte die Versuchung des verstärkten Rückbezugs auf Heimat und Tradition unwiderstehlich werden. Aber das ist Spekulation. Denn es gibt buchstäblich niemanden, der bereits sagen könnte, wie eine Gesellschaft der Alten »ticken« wird. Keiner weiß es; jede Erfahrung fehlt.

»Die älteren Bürger als Quelle von individuellem und gesellschaftlichem Fortschritt – diese Perspektive ist in der Diskussion bei uns noch immer unterbelichtet«, schreibt der SPD-
Politiker Hans-Ulrich Klose. Aber man muß schon einige
historische Naivität oder den Mut zum paradoxen Denken
mitbringen, um ihm hier zu folgen. Näher liegt die Vermutung, bei solchen Überlegungen könnten recht eigennützige
parteistrategische Kalkulationen im Spiel sein. Denn vom
Verschwinden der Jungen aus den Parteien profitieren zunächst die Alteingesessenen. Für die Parteien dürfte die Versuchung, zuerst den Alten zu gefallen, von Wahl zu Wahl un-
widerstehlicher werden; das Thema der »Rente mit 60« ist
nur einer von etlichen Fällen der letzten Zeit, die bereits
heute in diese Richtung weisen. Auch in organisatorischer
Hinsicht könnte die Politik in den nächsten Jahrzehnten zum
Tummelplatz der über viel Zeit verfügenden und um so orga-
nisationsfreudigeren Alten werden. Mit weiter gestiegener
Lebenserwartung und bis ins hohe Alter hinein aktiv, dürften
sie als Rentner dominieren, was von der parteipolitischen Szenerie noch übriggeblieben sein wird. Ihre lebenslange Lust
am Kungeln und Strippenziehen werden die ergrauten Achtundsechziger selbst als Pensionäre nicht verlieren, ebensowenig wie die ebenfalls in den sechziger und siebziger Jahren
politisierten Vertreter der bürgerlichen Konkurrenzparteien.
Daß hier der zentrale Wählermarkt der Zukunft liegt, haben
die Strategen aller Parteien längst erkannt.
Für das politische Zusammenleben der Generationen in
Deutschland läßt genau diese Konstellation wenig Gutes erwarten. Als die deutschen Studenten 1997 republikweit in den
Streik für bessere Studienbedingungen traten, äußerte Hans
Meyer, der Präsident der Berliner Humboldt-Universität, die
Vermutung, hinter der Bewegung könnte das Aufbegehren ei-

ner ganzen Generation stecken: Langsam werde den Jungen klar, daß die Älteren ihren Wohlstand auf Kosten der nachfolgenden Generation aufgebaut hätten. Aber dann blieb es doch beim kurzen Aufbäumen. In der betulichen Ära Kohl waren kaum noch große innergesellschaftliche Konflikte aufgebrochen, an denen sich eine sich ihrer selbst bewußte politische Generation hätte herausbilden können. Das blieb 1997 nicht ohne Folgen. Die studentische Protestbewegung war nicht zuletzt deshalb so von Begriffslosigkeit und völliger inhaltlicher Beliebigkeit geprägt, weil dieser Generation alle Fertigkeiten politischer Selbstorganisation fehlten. Daran scheiterte sie. Seither herrscht wieder Ruhe, obwohl keine einzige Frage der damals so Aufgebrachten eine befriedigende Antwort gefunden hat. Untergründig schwelt der Konflikt der Generationen also weiter. Die Frage ist, ob es dabei bleiben wird. Oder könnten entlang dieser Bruchlinie die »chronopolitischen« Parteien von morgen entstehen?

Das Problem an sich ist ja keineswegs neu. Bereits in seinem klassischen Aufsatz zum *Problem der Generationen* hat der Soziologe Karl Mannheim 1928 herausgearbeitet, daß das Generationsphänomen »einer der grundlegenden Faktoren beim Zustandekommen der historischen Dynamik« sei. Doch die »Einheit einer Generation ist zunächst gar keine auf konkrete Gruppenbildung hinstrebende soziale Verbundenheit«, auch darauf wies Mannheim bereits hin. So scheint es auch mit dem derzeit verblüffenderweise ausbleibenden Konflikt zwischen den Alten und den Jungen zu sein. Eine Generation, die sich nicht als solche konstituiert, ist im Grunde gar keine. Nur wo »reale soziale und geistige Gehalte« eine echte Verbindung zwischen den Angehörigen einer Alterskohorte schaffen, entsteht ein politisierbarer Generationszusammenhang.

Den individualisierten Jungen fehlt jedes Bewußtsein generationeller Gemeinsamkeit. Das macht sie kollektiv konfliktunfähig. Mit Wilhelm Hennis gesprochen: Die historische Lage ist da, doch es fehlt der kraftvolle Anstoß. Zum »Kampf der Generationen«, von den Medien periodisch ausgerufen, wird es schon deshalb auch künftig nicht kommen. Den Vorteil daraus ziehen allein die bestehenden Parteien. Weil die Jungen außerstande sind, sich politisch zu formieren, bleiben die etablierten Akteure ungefährdet. Vermutlich ist das in gewisser Weise sogar wünschenswert: Eine von heftigen Verteilungskonflikten zwischen Alten und Jungen durchzogene Gesellschaft wäre sicher kein besonders lebenswerter Ort. Doch auch die Alternative bietet eine wenig attraktive Aussicht: Daß die Parteien mangels ernsthafter Herausforderer als politische Aktionsausschüsse der Alten und Etablierten einfach weiter vor sich hin wursteln und dabei einander immer ähnlicher werden könnten, ist, gerade wenn man ihre fortschreitende innere Auszehrung bedenkt, ein wahrlich düsteres Szenario.

Völlig ausgeschlossen ist das aber nicht. Immerhin ist ja auffällig, welche Konsequenzen die alten Parteien aus ihrer fehlenden lebensweltlichen Verankerung und ihrer normativen Verunsicherung ziehen. Angesichts des Zwangs, aus immer disparateren Wählerkoalitionen Mehrheiten zu zimmern, verlassen sie sich in ihrer Programmatik und Außendarstellung zunehmend auf einen verwaschenen, radikalpragmatischen Einheitsjargon, auf dynamische Querfrontkandidaten vom Schlage Schröder oder Stoiber sowie auf die sogenannte Professionalisierung der Apparate. Entschlossen ergreifen sie jede Gelegenheit der massenmedialen Kommunikation. Die einen erklären sich zur »neuen Mitte«, die anderen stehen »mitten im Leben« – und gedankenlose Beobachter begrüßen das alles zuweilen sogar noch als zeitgemäße Reaktion auf das, was sie diffus die »neuen Herausforderungen« nennen.

Setzt sich diese Tendenz fort, geriete die Parteienkonkurrenz damit sukzessive zur »bloßen Reduktion von Politik auf Unterhaltung, auf einen spielerischen Wettbewerb zwischen zwei Mannschaften nach dem Vorbild der Guelfen und Gibellinen in den italienischen Stadtstaaten«, wie der amerikanische Historiker Charles S. Maier angemerkt hat. Unmöglich ist das nicht. Die Republik Irland liefert ein verblüffendes Beispiel dafür, daß Parteien selbst dann lange fortbestehen können, wenn die historischen Lagen, aus denen sie einmal hervorgegangen sind, längst nicht mehr existieren. Es ist weder die soziale Herkunft noch die Zugehörigkeit zu bestimmten sozialen, kulturellen oder generationellen Gruppen, die in Irland die parteipolitischen Orientierungen bedingt. *Politics without social bases* hat man die irische Parteipolitik deshalb genannt. Die beiden größten Parteien der Republik seit dem Unabhängigkeitskrieg vor achtzig Jahren sind Fianna Fáil (Soldaten des Schicksals) und Fine Gael (Familie der Iren). Klar unterscheidbar sind sie weder hinsichtlich der sozialen Zusammensetzung ihrer Wählerschaft noch hinsichtlich ihrer Programmatik. Beide sind klassenübergreifende Volksparteien, jede von ihnen versteht sich als Vertreterin der ganzen Gesellschaft und als Repräsentantin des Staates. Worauf läßt sich ihre jahrzehntelange Konkurrenz dann überhaupt zurückführen? Überraschenderweise ist es der Streit um die Modalitäten der – zunächst noch eingeschränkten – irischen Unabhängigkeit, festgelegt im angloirischen Vertrag von 1921, der die politischen Loyalitäten der Iren bis heute prägt. Die Verfechter der völligen Unabhängigkeit gründeten Fianna Fáil, die Befürworter des Kompromisses mit den Briten gründeten Fine Gael. Der Konflikt ist seit vielen Jahrzehnten gelöst, geblieben ist das aus ihm hervorgegangene Parteiensystem.

So viel anders ist die Situation in Deutschland gar nicht. Seit vielen Jahren absorbieren hier die beiden großen Volksparteien alle Veränderungen nahezu rückstandslos. Denn auch so könnte man die Dinge ja deuten: Wo es keinen Klassenkampf mehr gibt und keinen politischen Katholizismus, kein sozialdemokratisches Arbeitermilieu und keine Kolpingkultur, wo der Habitus der »Proletarität« ebenso verschwindet wie jener der »Bürgerlichkeit«, wo der Kalte Krieg zu Ende ist und die Globalisierung in vollem Gange – da ist der Umstand, daß es überhaupt noch große Parteien gibt, deren Ursprünge weit zurück ins 19. Jahrhundert reichen, im Grunde nicht weniger als ein kleines Wunder.

Auch in Deutschland werden affektive Bindungen an Parteien und mentale Dispositionen lange noch wirksam bleiben, selbst wenn deren materielle oder organisatorische Basis längst abhanden gekommen ist. »Es gibt kaum unausrottbarere Vorurteile in der Politik als die über das Profil, das Wähler Parteien zuschreiben«, erklärt der Journalist Richard Meng zu Recht: Die »Partei der Wirtschaft« und die »Partei der kleinen Leute«, die »Partei des Bürgertums« und die »Partei der sozialen Gerechtigkeit«, die »Modernisierer« und die »Traditionalisten«. Wo sonst kaum etwas bleibt, wie es war, erhalten sich doch die Begriffe. So gut wie keiner von ihnen entspricht den tatsächlichen sozialen und politischen Gegebenheiten. Trotzdem werden sie unverdrossen weiter verwendet und gegeneinander ins Feld geführt.

Oder gerade deshalb. Gerade weil Orientierungssicherheit dort am dringendsten benötigt wird, wo sich alles ändert und die Zukunft ungewiß erscheint, halten die Menschen hartnäckig an ihren gewohnten Kategorien und Zuschreibungen fest, obgleich sie längst nicht mehr zutreffen. Offensichtlich leisten Parteien dabei einen Beitrag zu dem, was der Soziologe Arnold Gehlen die »Innenstabilisierung des Menschen durch Institutionen« genannt hat. Als beständige Institutionen entlasten Parteien von den »dauernden Improvisationen fallweise zu vertretender Entschlüsse«. Erst recht in unsicheren Zeiten gilt daher auch: »Wenn Institutionen im Geschiebe der Zeit in Verfall geraten oder bewußt zerstört werden, fällt diese Verhaltenssicherheit dahin, man wird mit Entscheidungszumutungen gerade da überlastet, wo alles selbstverständlich sein sollte.« Das Bedürfnis nach Stabilität und Beständigkeit läßt die Menschen dann eben auch in der Politik auf das Gewohnte und Bekannte rekurrieren, selbst wenn es seinerseits noch so sehr ins Rutschen gekommen ist: Die konservative Ersatzreligion des Bismarckkults erfaßte das deutsche Bürgertum erst nach dem Tod des Eisernen Kanzlers. Und als sich 1999 Enttäuschung über Gerhard Schröder breitmachte, wollten die Menschen keinen neuen Kanzler haben, sondern den alten zurückbekommen, den sie – zumindest bis zu seiner Kontenaffäre – zu kennen glaubten. Und nicht wenige von ihnen werden den politischen Einzelkämpfer Helmut Kohl auch in Zukunft noch als faszinierende Lichtgestalt bewundern.

So sieht es ganz danach aus, daß das alte bundesrepublikanische System der beiden großen Volksparteien weiter erodieren wird, von der Peripherie her wie auch von innen. An seinen Rändern werden neue Parteien die Herausgefallenen einzusammeln versuchen, die abgehängten Ostdeutschen, die angeschmierten Jungen, die Überflüssigen und Überdrüssigen der beschleunigten Gesellschaft. Die Parteiorganisationen selbst werden weiter altern, schrumpfen, an gesellschaftlichem Einfluß und politischer Autonomie verlieren. Es wird in Zukunft immer weniger klar sein, welche Partei noch wofür

steht – schon heute steht ja zumindest keine der beiden Volksparteien als ganze mehr für einen eindeutig bestimmbaren,
weltanschaulich kohärent unterfütterten Kurs. Alle diese
Trends werden sich wechselseitig verstärken. Und dennoch:
Als einmal gründlich eingeführte Markenzeichen könnten die
Parteien, wenn es gut für sie läuft, paradoxerweise noch lange
bestehen. Es würde keine langfristigen politischen Hegemonien mehr geben, denn mit langfristigen Strukturen – gesellschaftlichen, welche die Parteien widerspiegeln, oder organisatorischen, die eine Partei der anderen voraus hat – wird der
politische Wettbewerb immer weniger zu tun haben. Doch
davon abgesehen mag alles weitergehen wie bisher.

Ist das alles? Nicht ganz. Denn das letzte Wort der Geschichte
wird das bloße Weiterwursteln der Parteien natürlich nicht
sein. Gewiß, eine starke alte Partei wie die CSU, fest verwurzelt in ihrer Region, hat große Chancen, weit länger zu überdauern als die FDP oder die Grünen. Und die PDS besitzt
jede Aussicht, in den kommenden Jahren von der ostdeutschen Heimatpartei zur gesamtdeutschen Partei einer sozialen Gerechtigkeit alten Typs aufzusteigen. Um die sozial,
mental und weltanschaulich immer diffusere Mitte der Gesellschaft werden mit wechselnden Erfolgen weiterhin die Sozialdemokraten und die Union konkurrieren. All das mag
noch einige Zeit so bleiben, und doch hat es längst den Haut-
gout des Überständigen und Freudlosen, der Perspektivlosigkeit und Sterilität. Kaum etwas hat diese fundamentale Misere
des gegenwärtigen Parteienwettbewerbs in der letzten Zeit so
beispielhaft verdeutlicht wie das sogenannte Schröder-Blair-
Papier, mit dem der deutsche Bundeskanzler und der britische
Premierminister im Sommer 1999 der europäischen Sozialdemokratie den Weg in die Zukunft zu weisen meinten.

Von »immer rascherer Globalisierung« war in diesem heillosen Dokument der Desorientierung die Rede und von »wachsenden Anforderungen an die Flexibilität«, von »wirtschaftlicher Dynamisierung« und der »Freisetzung von Kreativität und Innovation«, von »politischem Benchmarking« und von der »Anpassungsfähigkeit«, die in der »wissensgestützten Dienstleistungsgesellschaft« der Zukunft immer höher »im Kurs« stehen werde. Im übrigen bestehe die wichtigste Aufgabe der Modernisierung darin, »in Humankapital zu investieren«. Derart abstrakten Jargon, aus Managementseminaren in den öffentlichen Diskurs geschwappt, mag man schon für sich genommen als Symptom einer gesellschaftlichen Krise deuten. Für die Politik jedenfalls ist diese apparatschikhafte Sprache geradezu ein Alarmsignal. Denn wo Zustände und Ziele immerzu in der Kategorie purer Abstraktion beschrieben werden, ist offenbar jede Verbindung zu den Lebenswelten wirklicher Menschen verlorengegangen. Niemand spricht von »Visionen« und »Projekten«, von »Aufbrüchen« und »Herausforderungen«, solange die dynamischen Bewegungen tatsächlich im Schwange sind, zu denen solche leeren Formeln vergeblich aufrufen. Jene »Arbeitsgemeinschaft europäische Wirklichkeit«, in welcher der junge Helmut Kohl in den Nachkriegsjahren seiner Begeisterung für die Idee eines einigen Europa Ausdruck verlieh, trug ihren Namen noch ganz zu Recht: Man demonstrierte an der französischen Grenze, warf Grenzzäune um und sägte Schlagbäume an. Eine ganz handfeste und unmittelbare Erfahrung war das. Für den jungen Kohl fielen Vision und Wirklichkeit noch sinnlich erfahrbar in eins – ebendarum brauchte er ein kurioses Wort wie »Vision« nicht in den Mund zu nehmen.

Das wirkt nach. Der Gemütsmensch Kohl machte Politik nicht auf der Grundlage von Gedanken, sondern aus seinen

Erlebnissen heraus. Auch der Lokalpolitiker aus Berlin-Moa-
bit, der als Mitglied der Jugendfeuerwehr im August 1961
flüchtende Ostdeutsche mit dem Sprungtuch auffangen half,
zehrt für immer von dieser einen politischen Urerfahrung.
Zwar können später Geborene solche Unmittelbarkeit nicht
nacherleben. Doch etwas von der Überzeugung für ihre Sache
strahlen Überzeugte wie Kohl oder jener Mann aus Moabit
auch später noch aus. Irgendeine Intensität wirkt da nach,
spürbar selbst für jene, die nicht dabei waren, als sie entstand.
Wahrscheinlich ist es so gesehen kein Zufall, daß die DDR in
genau dem Moment zusammenbrach, als die letzten authenti-
schen Antifaschisten an ihrer Spitze allzu offensichtlich zu
hilflosen Greisen gealtert waren. Und womöglich ist die tief-
sitzende Verdrossenheit über die Politik auch deshalb so groß
geworden, weil nirgendwo mehr Politiker der originären
Schlagbaumsäger-Generation Helmut Kohls zur Wahl stehen und jede genuine Begeisterung für irgendeine politische
Idee erloschen ist.
In das bestehende politische System mit all seinen Institutionen und Konventionen sind die heutigen Politiker sämt-
lich hineingewachsen. Als sie kamen, war alles schon da. Ein
neues, ganz eigenes Projekt haben sie nicht. Doch Politik ist
eine Sache der Überzeugung und des Vertrauens. Nur wer von
etwas überzeugt ist (oder wenigstens überzeugend so tut, als
wäre er es), kann auch andere mitreißen und sich das Vertrauen der Menschen erarbeiten. Ohne Leidenschaft kann
Politik auf Dauer nicht erfolgreich sein. »Nichts Großes ist
jemals ohne Enthusiasmus vollbracht worden«, zitiert der
Philosoph Michael Walzer zustimmend den amerikanischen
Schriftsteller Ralph Waldo Emerson. Paradoxerweise gilt das
erst recht, wenn die praktischen Ordnungsmuster der Vergangenheit – »links« und »rechts«, »fortschrittlich« und »kon-

servativ« – ihre orientierungsstiftende Wirkung verloren haben und auch die alltägliche Einbindung in soziale Milieus kaum noch normativen Halt verspricht.

Dann ist Platz für neue Anfänge. Und was die unglückseligen sozialdemokratischen »Modernisierer« in ihrem Schröder-Blair-Papier aufgeschrieben haben, stimmt ja auf widersprüchliche Weise tatsächlich. Jedenfalls zur Hälfte. »In dieser neu entstehenden Welt«, so steht es da, wollten die Menschen Politiker, »die Fragen ohne ideologische Vorbedingungen angehen und unter Anwendung ihrer Werte und Prinzipien nach praktischen Lösungen für ihre Probleme suchen.« Richtig daran ist gewiß, daß ohne die Fähigkeit zum Lösen praktischer Fragen alle Politik von vornherein zum Scheitern verurteilt ist. Doch woher die handlungsleitenden Werte und Prinzipien kommen könnten, die nach dem Ende der Ideologien »angewendet« werden sollen, bleibt völlig unerfindlich. Und ebenda liegt das Problem. Es ist das Problem aller Verkünder des puren Pragmatismus, die das Land irgendwie »nach vorne« bringen wollen, aber keinerlei lebendige Anschauung davon vermitteln können, welche Form jene Zukunftsgesellschaft haben soll, von der sie immerfort reden. In Wirklichkeit wissen sie es selbst nicht. Denn was den desorientierten Pragmatikern aller Parteien so schmerzlich abgeht, ist ein irgendwie mitreißendes Ziel, das zu erreichen Mühe und Entbehrungen rechtfertigen würde. Es fehlt, was der britische Historiker Tony Judt *moral narrative* genannt hat: die »große Erzählung« mit utopischem Überschuß, die mehr wäre als bloß technokratischer Ersatz für den verlorengegangenen ideellen und sozialkulturellen Kitt.

Es stimmt zwar erfreulicherweise, daß die Deutschen mit Ideologien im Sinne geschlossener Weltdeutungssysteme einstweilen nicht mehr behelligt werden wollen. Doch das

Gegenteil davon, purer Pragmatismus, vorgetragen in der Sprache technokratischer Abstraktion, kann niemanden begeistern. Mit blutleeren Reißbretterfindungen vom Schlage »Dritter Weg«, ausgebrütet in den Instituten besonders alerter Sozialwissenschaftler, wird das Vakuum auf die Dauer nicht zu füllen sein, das der Zerfall der großen konkurrierenden Weltanschauungen der Vergangenheit hinterlassen hat. Irgendeine Loyalität, irgendeine Bereitschaft zur gemeinsamen Arbeit im Dienste einer überzeugenden Idee, werden solche Kunstprodukte nicht hervorbringen können. Allein als pragmatische Problemlöser mit zusammengesuchten Programmen aber treten die Parteien heute einem zunehmend desintegrierten Publikum entgegen. Alles spricht dafür, daß dieses Arrangement nicht von Dauer sein wird.

»Das Volk versteht das meiste falsch; aber es fühlt das meiste richtig«, schrieb Kurt Tucholsky 1931. Was er beklagte, war die Unfähigkeit der politischen Klasse der Weimarer Republik, »die Denkungsart« der breiten Masse zu erfassen: »Der wirkliche Gehalt dieses Volkes, seine anonyme Energie, seine Liebe und sein Herz« – für all das fehle den demokratischen Politikern der Republik jeder Instinkt. »Daß nun dieses richtige Grundgefühl heute von den Schreihälsen der Nazis mißbraucht wird, ist eine andere Sache.« Zwei Jahre später war die erste deutsche Republik gescheitert.
Historische Analogien sollte man nicht zu weit treiben. Keineswegs steht in Deutschland schon wieder eine Republik kurz vor dem Untergang. Nirgendwo wird die demokratische Ordnung des Landes von kampfbereiten Gegnern herausgefordert, niemand formiert sich in Lederstiefeln zu bedrohlicher Fundamentalopposition. Und doch ist der Zustand der Republik ernst. Unter der glatten Oberfläche professioneller

Telepolitik finden tektonische Verschiebungen ihrer Bedingungen statt, die kaum je in den Fokus der personenlastigen Medienberichterstattung geraten. Neben der grell ausgeleuchteten »Routine des Parlamentarismus und den fabrikmäßig hergestellten, den Geschäften vorgeklebten Emotionen der Parlamentarier« (Tucholsky) bleiben die wirklichen Gefährdungen des Gemeinwesens im dunkeln.

Was Politik und Gesellschaft in Deutschland am Beginn des neuen Jahrhunderts fundamental bedroht, ist der Zusammenbruch aller kollektiven Glaubensvorstellungen, ihrer sozialen Milieus und, damit einhergehend, das Fehlen jeder verlockenden Vorstellung von Zukunft. »Die besten Jahre liegen noch vor uns«, behauptete Roman Herzog 1997 in seiner »Ruck-Rede«. Die durch nichts begründete Behauptung des damaligen Bundespräsidenten verpuffte vollständig wirkungslos, weil sie dem sicheren Instinkt der Menschen zuwiderlief. Unfreiwillig näher kam dem Lebensgefühl der Deutschen im Dezember 1999 die SPD, die ihren Berliner Parteitag unter das Motto »Zukunft braucht Mut« stellte. Das sollte dynamisch klingen, wirkte aber doch vor allem bedrohlich. Mutig sind schließlich nur die wenigsten, und wo es Tapferkeit erfordert, der Zukunft entgegenzugehen, da kann sie schon deshalb kein besonders verlockender Ort sein.

Am Beginn des 21. Jahrhunderts hat die Zukunft ihre Verheißung verloren. »Die Geschichte wird wieder zu dem dunklen Tunnel, in den der Mensch sich wagt, ohne zu wissen, welche Folgen sein Tun nach sich zieht, in Ungewißheit über sein Schicksal, ohne die illusorische Sicherheit einer Zwangsläufigkeit seines Handelns«, schreibt der französische Historiker François Furet über das Leben nach dem Untergang der Utopien. Obendrein haben Atomenergie und Umweltgifte, Überbevölkerung und Gentechnologie die Kategorie der Zukunft in ihrem innersten Kern getroffen. Eine Zukunft, die sich auf das reduziert, was Gesellschaften zu tun gezwungen sind, um ihren Untergang zu verhindern, ist offenbar nicht mehr das, was der Begriff einmal versprochen hat: die Möglichkeit des ganz Neuen, anderen, vorerst aber noch Unbekannten.

Der Unterschied zur Gestimmtheit der Menschen an der Wende zum 20. Jahrhundert könnte dramatischer gar nicht sein. Nie waren Prognosen und Prophezeiungen über die Zukunft so verbreitet wie in den Jahrzehnten nach 1890. »Die Antizipation dessen, was kommen würde, reichte jetzt bis weit in die politischen Tagesgeschäfte, in die Planung des wirtschaftlichen und gesellschaftlichen Wandels, in die philosophisch-religiöse und literarische Produktion hinein«, berichtet der Historiker Lucian Hölscher. Fünfzig Auflagen erreichte zwischen 1879 und 1910 August Bebels Proletarierbibel *Die Frau und der Sozialismus*, aus der die sozialdemokratischen Arbeiter ihr Bild von einem glanzvollen sozialistischen Zukunftsstaat bezogen. Das 19. Jahrhundert hatte den Aufschwung von Wissenschaft und Technik, Reichtum und Gesundheit gebracht. Warum sollte es im 20. Jahrhundert nicht um so steiler aufwärtsgehen?

In gewisser Weise ging es in der Tat weiter aufwärts. Unendlich komfortabler als irgendwann in der Vergangenheit leben die Menschen heute in Deutschland. Doch der Preis dafür war entsetzlich hoch. An Wohlstand mögen sie schließlich gewonnen haben, doch die großen kollektiven Glaubensvorstellungen – Nation, Religion, Sozialismus –, die ihrem Handeln überindividuellen Sinn und Richtung gaben, sind spätestens in der zweiten Hälfte des 20. Jahrhunderts allesamt zerbrochen. Das mag man begrüßen, denn es hat das Individuum endlich »befreit«. Doch es hat den einzelnen auch ganz und gar auf sich selbst reduziert. Materielle Lebensqualität bietet damit keinerlei Perspektive mehr jenseits ihrer selbst. Einen höheren und erhebenden Sinn hat sie nicht.

Es ist tatsächlich der Niedergang der kollektiven Glaubensbezüge und Zugehörigkeitsgefühle, der jede Vorstellung von Zukunft zerstört und politische Handlungsunfähigkeit erzeugt. Denn kollektive Glaubensvorstellungen und ihre sozialen Milieus sind immer »Ewigkeitsstrukturen« (Emmanuel Todd). Sie definieren Gruppen, die über das Leben des einzelnen hinaus bestehen. Überhaupt nur dort, wo es solche Ewigkeitsstrukturen gibt, die es dem einzelnen erlauben, dem trostlosen Gefühl seiner Vergänglichkeit zu entrinnen, haben langfristige Überlegungen einen Sinn. Nur wo solche Ewigkeitsstrukturen existieren, die Generationen und Schichten integrieren und aufeinander beziehen, kann im übrigen sinnvollerweise von der Existenz einer *Gesellschaft* gesprochen werden. Das sozialdemokratische und das katholische Milieu verbanden Junge und Alte, Arbeiter und Lehrer. Wo solche glaubensgestützten Ewigkeitsstrukturen zerbrechen, da löst sich der vertikale und intergenerationelle Zusammenhang zwischen den Menschen gleichsam auf. »Allein und von seiner Einsamkeit überzeugt, erweist sich der einzelne als unfähig, ernsthaft an die Notwendigkeit irgendeines Zieles zu glauben«, schreibt Todd. Geld und Börsenkurse interessieren die Menschen in solchen Zeiten, im Berufsleben sind sie auf selbstzweckhafte Professionalität fixiert.

Politik, verstanden als zukunftsgerichtete Gestaltung des Gemeinwesens, wird unter diesen Bedingungen gleich in dreifacher Weise unmöglich: Sowohl das Gemeinwesen wie damit eben auch die Möglichkeit von Zukunft an sich zerrinnt ihr zwischen den Fingern; und die Politiker werden ohne den Resonanzboden kollektiver Glaubensvorstellungen und sozialer

Milieus ihrerseits »soziologisch zu Zwergen« (Todd) reduziert. Sie ziehen immer wieder kurzfristige Erwartungen eines unverbundenen Publikums auf sich, die einzulösen sie nicht imstande sind, weil sie sich in ihrer eigenen ziellosen Vereinzelung kaum von ihren entwurzelten Wählern unterscheiden. Um so größer fällt regelmäßig die Enttäuschung der Menschen über die Gewöhnlichkeit ihrer obersten politischen Repräsentanten aus: Das Bedürfnis gerade der aus ihren Bezügen gefallenen Menschen nach politischer *leadership* können sie nicht befriedigen, denn auch sie besitzen keinen sozialen und weltanschaulichen Anker mehr. Scharfsinnig beschrieb bereits Alexis de Tocqueville den Typus der »kleinen Parteien«, jener nämlich ohne politisches Glaubensbekenntnis: »Da sie sich nicht durch große Ziele erhoben und getragen fühlen, gibt der Eigennutz, der in all ihrem Tun sichtbar wird, ihrem Wesen das Gepräge. Sie ereifern sich stets kalten Herzens; ihre Sprache ist heftig, aber ihr Gang ist zögernd und unsicher. Die Mittel, deren sie sich bedienen, sind erbärmlich, wie das Ziel selbst, das sie sich stecken. Daher kommt es, daß in einer Zeit der Ruhe, die auf eine stürmische Revolution folgt, die großen Männer plötzlich zu verschwinden und die Seelen sich in sich selbst zu verkriechen scheinen.«

So ist das Land, so ist seine Politik am Beginn der Berliner Republik. Doch diese Konstellation ist eine Übergangserscheinung. Die Pragmatiker des Augenblicks irren sich gewaltig, wenn sie meinen, die Menschen wünschten sich fortan nur noch »praktische Lösungen für praktische Probleme«. Die Vergangenheit belegt, daß die Menschen sich nicht auf Dauer mit völliger Transzendenzlosigkeit zufriedengeben werden. Es wäre das erste Mal in der Geschichte. Auf den christlichen Glauben, den sozialistischen Glauben an die Geschichte und den Glauben an die Nation werden andere Überzeugungen folgen, dafür sorgt das fundamentale Bedürfnis der Menschen nach Zugehörigkeit zur Gruppe, ohne das menschliches Dasein nicht denkbar ist. Den Leerraum nach dem Niedergang alter Glaubensvorstellungen füllt früher oder später mit großer Gewißheit ein neuer Glauben, eine neue Ideologie, eine neue Utopie. »Die Menschen entfernen sich vom religiösen Glauben infolge einer geistigen Verirrung und einer Art sittlicher Vergewaltigung ihres eigenen Wesens«, schrieb Tocqueville, »ein unsichtbarer Hang führt sie zu ihr zurück. Der Unglaube ist eine vorübergehende Erscheinung; der Glaube allein stellt den dauernden Zustand der Menschheit dar.«

Bei diesem Muster wird es bleiben. Daran zu zweifeln, gibt es keinen Grund. Daß sich heute nicht vorhersagen läßt, welcher Art die zukünftigen Glaubensvorstellungen sein werden, ist kein Beleg dafür, daß es sie nicht geben wird, sondern liegt gewissermaßen in der Natur der Sache selbst. Was immer sie ausmachen wird: Die großen Glaubensvorstellungen der Zukunft werden irgendwann jene historischen Lagen schaffen, aus denen kraftvolle neue Parteien hervorgehen.

Doch so weit ist es offensichtlich noch nicht. Viel spricht dafür, daß die Gegenwart eine Phase des Übergangs ist, ganz wie Tocqueville sie beschreibt. Die großen kollektiven Glaubensvorstellungen haben an Prägekraft verloren, sie sind nicht mehr das Ferment gesellschaftlicher Integration. Nur in dieser Atmosphäre haben die Protagonisten der inszenierten Telepolitik ihre Chance, nur in dieser historischen Konstellation lassen sich die Menschen von schnell erdachten Symbolen beeindrucken. Doch das hält immer nur für kurze Zeit, dann geht ihre Suche weiter. Er sei sich der Notwendigkeit einer religiösen Dimension schmerzlich bewußt, hat unlängst der französische Schriftsteller Michel Houellebecq angemerkt. Das Problem sei nur, »daß sich keine der heutigen Religionen mit dem allgemeinen Kenntnisstand verträgt«. Genau diese ratlose Sehnsucht nach Sinn und Ziel scheint es zu sein, von der die deutsche Gesellschaft gegenwärtig erfaßt wird.

Einen kraftvollen neuen Glauben haben die Menschen nicht. Sie spüren den Mangel, und die leerlaufende Geschäftigkeit des politischen Hochbetriebs in seiner schieren Gegenwärtigkeit wird vielen schal. Doch wo alle Zukunft verbraucht erscheint, wird irgendwann das Vergangene unwiderstehlich zur nostalgischen Option. Dann war alles besser in den Zeiten von Schmidt oder Kohl, und im Osten brennt die Sehnsucht nach dem beschaulichen Leben in der DDR. Verklärte Vergangenheit wird zum Prüfstein jeder Gegenwart, die sich gemessen an diesem Idealbild immer nur trostlos ausnehmen kann.

Jede Politik, die angesichts solcher Bedürfnisse eine Wiederkehr irgendwelcher guter alter Zeiten in Aussicht stellt, ist ein fahrlässiges Spiel mit Emotionen. Als kollektives Lebensgefühl untergräbt Nostalgie jede Bereitschaft zu gestaltender Veränderung des Gemeinwesens, das beklagen die rastlosen Modernisierungseliten in Politik und Wirtschaft durchaus zu Recht. Doch von den Ursachen dieses Zustands haben gerade sie nicht den geringsten Begriff. Denn Nostalgie entsteht nicht voraussetzungslos ganz einfach so, irgendwo an den bornierten Stammtischen der Republik. So unreflektiert sie daherkommen mag, sind ihre Motive doch legitim. Denn Nostalgie ist die geradezu zwangsläufige Entsprechung und Folge jener besinnungslosen Politik des puren Augenblicks, die etwa den Bau einer Magnetschwebebahn für ein Kriterium von »Zukunftsfähigkeit« hält und die Talk-Show für einen Ort praktizierter Demokratie. Das Heimweh nach der Vergangenheit, die es nie gab, ist so gesehen die Reaktion der Gesellschaft auf die Modernisierer des Augenblicks, welche sich lauthals über das destruktive Potential der von ihnen selbst produzierten Nostalgie beklagen.

Auf den Unterschied zwischen Nostalgie und Erinnerung hat deshalb der amerikanische Soziologe Christopher Lasch hingewiesen. Während die Nostalgie die Vergangenheit idealisiere, um die Gegenwart herabzusetzen, vermöge nur die Fähigkeit zur Erinnerung den Menschen jenes Maß an Hoffnung und Zuversicht zu geben, das ihnen die Gegenwart lebenswert und die Bewältigung des Bevorstehenden machbar erscheinen lasse. Kluger Politik darf es unter diesen Umständen weder darum gehen, angeblich Verlorenes zurückzuholen, noch darum, voraussetzungslos eine immer wieder entweichende Zukunft anzupreisen. Beides kann nur scheitern, neue Enttäuschung bringen und politische Entfremdung verstärken. Die regierende Telepolitik mißachtet diese Einsicht, die konkurrierende Nostalgiepolitik von rechts und links profitiert davon.

Dauerhaft erfolgreich kann Politik nur sein, wenn sie im Einklang ist mit dem Zeitmaß der Gesellschaft, für die sie gemacht wird. Deren Kontinuität von Vergangenheit, Gegenwart und Zukunft muß sie mitvollziehen. Die normative Kraft der alten Glaubensvorstellungen mag in Deutschland unwiederbringlich verloren sein. Das schafft Verunsicherung. Doch im Unterschied zu ihren zunehmend orientierungs- wie erinnerungslosen politischen Eliten ist die Gesellschaft als Ganzes durchaus noch nicht aus allen Bezügen gefallen. Als gleichsam überständige, aber um so wichtigere Schwundstufe der großen alten Glaubensgebäude leben Teile der sozialen und kulturellen Alltagspraxis fort, die die konfessionelle, sozialistische und nationale Vergemeinschaftung einst hervorgebracht hat. Darin liegt ein noch immer riesiges soziales und kulturelles Kapital. Die kollektiven Mentalitäten und beständigen Einstellungsmuster der Deutschen, ihre gängigen Vorurteile und wie auch immer abgeschliffenen Traditionsbestände, ihre regionalen und lokalen Identitäten, Dialekte und Biersorten, die Sportvereine mit ihren Jubiläen und die freiwilligen Feuerwehren mit ihren Osterfeuern, die Ortsbeiräte und Familienverbände, die Bäckerinnungen und die Kreisverbände der Parteien mit ihren Grünkohlabenden, die Stadtteilläden, Straßenfeste und Grillabende – das alles ist heute moderner und unersetzlicher denn je. Wo diese Strukturen und Selbstverständlichkeiten erst einmal zerfallen sind, entstehen in transzendenzlosen Zeiten keine neuen. Und ohne sie kann es lebensfähige Parteien nicht geben.

Weil sie Wörter wie »Innovation« und »Deregulierung« benutzen, halten sich politische Eliten in Deutschland für besonders »zukunftsfähig«. Doch gerade deshalb sind sie es nicht. Denn wo »alle Ideen blamiert« sind und »alle Utopien zersetzt« (Karl Mannheim), hat die Zukunft ihre Verheißung verloren. Ganz nostalgiefrei auf Heimat und Kontinuität beharrend, haben Gemeinschaften von Bürgern aus der historisch neuen Lage das Beste gemacht. So weit sind die heimatlosen Mächtigen der Berliner Republik noch nicht. Sie werden aufholen müssen, sonst scheitern sie. Die große Zukunft mag zerbrochen sein – die kleine liegt in der Provinz.

Literatur

Berlin, Isaiah, Wirklichkeitssinn: Ideengeschichtliche Untersuchungen, Berlin 1998

Birke, Adolf M., Nation ohne Haus: Deutschland 1945–1961, Berlin 1998

Bisky, Lothar u.a. (Hrsg.), Die PDS – Herkunft und Selbstverständnis: Eine politisch-historische Debatte, Berlin 1996

Blackbourn, David, Germany 1780–1918: The Long Nineteenth Century, London 1997

Böckenförde, Ernst-Wolfgang, Recht, Staat, Freiheit: Studien zur Rechtsphilosophie, Staatstheorie und Verfassungsgeschichte, 2. Aufl., Frankfurt am Main 1992

Böckenförde, Ernst-Wolfgang, Staat, Nation, Europa: Studien zur Staatslehre, Verfassungstheorie und Rechtsphilosophie, Frankfurt am Main 1999

Böttiger, Helmut, Ostzeit/Westzeit. Aufbrüche einer neuen Kultur, München 1996

Brie, André, Ankommen in der Bundesrepublik, in: Blätter für deutsche und internationale Politik, H. 10/96, S. 1161–1165

Brie, Michael, u.a. (Hrsg.), Die PDS: Empirische Befunde und kontroverse Analysen, Köln 1995

Buchhaas, Dorothee, Die Volkspartei: Programmatische Entwicklung der CDU 1950–1973, Düsseldorf 1981

Bude, Heinz, Die ironische Nation: Soziologie als Zeitdiagnose, Hamburg 1999

Burke, Edmund, Reflections on the Revolution in France, Harmondsworth 1963

Czada, Roland/Manfred G. Schmidt (Hrsg.), Verhandlungsdemokratie, Interessenvermittlung, Regierbarkeit, Opladen 1993

Dahrendorf, Ralf, Gesellschaft und Demokratie in Deutschland, München 1971

Dahrendorf, Ralf, Der moderne soziale Konflikt: Essay zur Politik der Freiheit, Stuttgart 1992

Dürr, Tobias/Rüdiger Soldt (Hrsg.), Die CDU nach Kohl, Frankfurt am Main 1998

Dürr, Tobias/Franz Walter (Hrsg.), Solidargemeinschaft und fragmentierte
    Gesellschaft: Parteien, Milieus und Verbände im Vergleich,
    Opladen 1999
Engler, Wolfgang, Die ungewollte Moderne: Ost-West-Passagen,
    Frankfurt am Main 1995
Engler, Wolfgang, Die Ostdeutschen: Kunde von einem verlorenen Land,
    Berlin 1999
Eppler, Erhard, Die Wiederkehr der Politik, Frankfurt am Main 1998
Fest, Joachim, Die schwierige Freiheit: Über die offene Flanke der offenen
    Gesellschaft, Berlin 1994
Fukuyama, Francis, Trust: The Social Virtues and the Creation of Prosperity,
    Harmondsworth 1996
Fukuyama, Francis, The Great Disruption: Human Nature and the
    Reconstruction of Social Order, London 1999
Furet, François, Das Ende der Illusion: Der Kommunismus im 20. Jahr-
    hundert, München 1996
Gallagher, Michael, Political Parties in the Republic of Ireland, Manchester
    1985
Gehlen, Arnold, Urmensch und Spätkultur, Bonn 1956
Giddens, Anthony, The Third Way: The Renewal of Social Democracy,
    Cambridge 1998
Glotz, Peter, Die beschleunigte Gesellschaft: Kulturkämpfe im digitalen
    Kapitalismus, München 1999
Görtemaker, Manfred, Geschichte der Bundesrepublik Deutschland von
    der Gründung bis zur Gegenwart, München 1999
Greiffenhagen, Martin, Politische Legitimität in Deutschland,
    Gütersloh 1997
Greven, Michael Th. (Hrsg.), Demokratie – eine Kultur des Westens?
    Opladen 1998
Guéhenno, Jean-Marie, Das Ende der Demokratie, München 1996
Gysi, Gregor, Das war's. Noch lange nicht! Aktualisierte Neuausgabe,
    München 1999
Hacking, Ian, Was heißt »soziale Konstruktion«? Zur Konjunktur einer
    Kampfvokabel in den Wissenschaften, Frankfurt am Main 1999
Heinrich-Böll-Stiftung/Lothar Probst (Hrsg.), Differenz in der Einheit: Über
    die kulturellen Unterschiede der Deutschen in Ost und West, Berlin 1999
Hennis, Wilhelm, Parteienstruktur und Regierbarkeit, in: ders./Peter Graf
    Kielmansegg/Ulrich Matz (Hrsg.), Regierbarkeit: Studien zu ihrer
    Problematisierung, Bd. 1, Stuttgart 1977, S. 150–195

Hennis, Wilhelm, Auf dem Weg in den Parteienstaat: Aufsätze aus vier
    Jahrzehnten, Stuttgart 1998
Hirscher, Gerhard, Die CSU nach den Wahlen des Jahres 1994,
    in: Winand Gellner/Hans-Joachim Veen (Hrsg.), Umbruch und
    Wandel in westeuropäischen Parteiensystemen, Frankfurt am Main
    1995
Hobsbawm, Eric, Das Erfinden von Traditionen, in: Christoph
    Conrad/Martina Kessel (Hrsg.), Kultur und Geschichte, Stuttgart 1998,
    S. 97–118
Hobsbawm, Eric, On History, London 1997
Hobsbawm, Eric, Das Zeitalter der Extreme: Weltgeschichte des 20. Jahr-
    hunderts, München 1998
Hölscher, Lucian, Die Entdeckung der Zukunft, Frankfurt am Main 1999
Houellebecq, Michel, Die Welt als Supermarkt: Interventionen, Köln 1999
Humm, Antonia Maria, Auf dem Weg zum sozialistischen Dorf? Zum
    Wandel der dörflichen Lebenswelt in der DDR und der Bundesrepublik
    Deutschland 1952–1969, Göttingen 1999
Ismayr, Wolfgang (Hrsg.), Die politischen Systeme Westeuropas, Opladen
    1997
Jäger, Wolfgang, Fernsehen und Demokratie, München 1992
Jesse, Eckhard, Die CSU im vereinigten Deutschland, in: Aus Politik und
    Zeitgeschichte B 6/96, S. 29–35
Johnson, Uwe, Berliner Sachen, Frankfurt am Main 1975
Judt, Tony, The Social Question Redivivus, in: Foreign Affairs 76 (1997) 5,
    S. 95–117
Kaufmann, Erich, Die Regierungsbildung in Preußen und im Reich und die
    Rolle der Parteien, in: ders., Gesammelte Schriften I, Göttingen 1960
Kitschelt, Herbert u.a. (Hrsg.), Continuity and Change in Contemporary
    Capitalism, Cambridge 1999
Kleinmann, Hans-Otto, Geschichte der CDU 1945–1982, Stuttgart 1993
Klose, Hans-Ulrich, Revolution auf leisen Sohlen: Politische Schluß-
    folgerungen aus dem demographischen Wandel, hrsg. vom SPD-Partei-
    vorstand, Bonn 1996
Krockow, Christian Graf von, Heimat: Erfahrungen mit einem deutschen
    Thema, 2. Aufl., Stuttgart 1989
Krockow, Christian Graf von, Der deutsche Niedergang: Ein Ausblick ins
    21. Jahrhundert, Stuttgart 1998
Lasch, Christopher, The True and Only Heaven: Progress and Its Critics,
    New York/London 1991

Lasch, Christopher, The Revolt of the Elites and the Betrayal of Democracy, New York 1995

Lenz, Gerhard, Verlusterfahrung Landschaft: Über die Herstellung von Raum und Umwelt im mitteldeutschen Industriegebiet seit der Mitte des 19. Jahrhunderts, Frankfurt am Main/New York 1999

Lepsius, Rainer M., Parteiensystem und Sozialstruktur. Zum Problem der Demokratisierung der deutschen Gesellschaft, in: Wilhelm Abel u.a. (Hrsg.), Wirtschaft, Geschichte und Wirtschaftsgeschichte, Stuttgart 1966, S. 371–393

Lösche, Peter/Franz Walter, Die SPD: Klassenpartei – Volkspartei – Quotenpartei, Darmstadt 1992

Dies., Die FDP. Richtungsstreit und Zukunftszweifel, Darmstadt 1996

Maier, Charles S., Territorialisten und Globalisten: Die beiden neuen »Parteien« in den heutigen Demokratien, in: Transit 14 (1997), S. 5–14

Maier, Charles S., Das Verschwinden der DDR und der Untergang des Kommunismus, Frankfurt am Main 1999

Mair, Peter, Party System Change: Approaches and Interpretations, Oxford 1997

Mak, Geert, Wie Gott verschwand aus Jorwerd: Der Untergang des Dorfes in Europa, Berlin 1999

Mann, Thomas, Buddenbrooks: Verfall einer Familie, Frankfurt am Main 1960

Mannheim, Karl, Ideologie und Utopie, 8. Aufl., Frankfurt am Main 1995

Mannheim, Karl, Das Problem der Generationen (zuerst 1928), in: Kurt H. Wolff (Hrsg.), Karl Mannheim: Wissenssoziologie – Auswahl aus dem Werk, Berlin (West) 1964, S. 509–565

Mecklenburg, Jens (Hrsg.), Braune Gefahr: DVU, NPD, REP – Geschichte und Zukunft, Berlin 1999

Meng, Richard, Nach dem Ende der Parteien: Politik in der Mediengesellschaft, Marburg 1997

Meyer, Thomas, Die Transformation der Sozialdemokratie: Eine Partei auf dem Weg ins 21. Jahrhundert, Bonn 1998

Meyer, Thomas, Politik als Theater: Die neue Macht der Darstellungskunst, Berlin 1998

Michels, Robert, Zur Soziologie des Parteienwesens in der modernen Demokratie: Untersuchungen über die oligarchischen Tendenzen des Gruppenlebens, Neudruck der 2. Aufl., Stuttgart 1957 (zuerst 1925)

Mintzel, Alf, Die Christlich Soziale Union in Bayern, in: Heinrich Oberreuter/Alf Mintzel, Parteien in der Bundesrepublik Deutschland, München 1990, S. 199–236

Mintzel, Alf, Bayern und die CSU: Regionale politische Traditionen und Aufstieg zur dominierenden Kraft, in: Hanns-Seidel-Stiftung (Hrsg.), Geschichte einer Volkspartei: 50 Jahre CSU 1945–1995, München 1995, S. 195–252

Mintzel, Alf, Die CSU-Hegemonie in Bayern: Strategie und Erfolg – Gewinner und Verlierer, Passau 1998

Modrow, Hans (mit Hans-Dieter Schütt), Ich wollte ein neues Deutschland, München 1999

Neckel, Sighard, Waldleben: Eine ostdeutsche Stadt im Wandel seit 1989, Frankfurt am Main/New York 1999

Neugebauer, Gero/Richard Stöss, Die PDS: Geschichte, Organisation, Wähler, Konkurrenten, Opladen 1996

Neumann, Sigmund, Die Parteien der Weimarer Republik, 5. Aufl., Stuttgart 1986 (zuerst Berlin 1932)

Putnam, Robert D., Making Democracy Work: Civic Traditions in Modern Italy, Princeton 1993

Pyta, Wolfram, Dorfgemeinschaft und Parteipolitik 1918–1933, Göttingen 1996

Ramonet, Ignacio, Die Kommunikationsfalle: Macht und Mythen der Medien, Zürich 1999

Raschke, Joachim, Die Grünen: Wie sie wurden, was sie sind, Köln 1993

Reich, Robert B., Locked in the Cabinet, New York 1998

Renz, Thomas/Günter Rieger, Laptop, Lederhose und eine Opposition ohne Optionen, in: Zeitschrift für Parlamentsfragen 30 (1999) 1, S. 78–97

Rohe, Karl, Wahlen und Wählertraditionen in Deutschland: Kulturelle Grundlagen deutscher Parteien und Parteiensysteme im 19. und 20. Jahrhundert, Frankfurt am Main 1992

Ronneberger, Klaus/Stephan Lanz/Walther Jahn, Die Stadt als Beute, Bonn 1999

Ross, Jan, Die neuen Staatsfeinde: Was für eine Republik wollen Schröder, Henkel, Westerwelle und Co.?, Berlin 1998

Sassoon, Donald, One Hundred Years of Socialism: The West European Left in the Twentieth Century, London 1997

Schildt, Axel/Sywottek, Arnold (Hrsg.), Modernisierung und Wiederaufbau: Die westdeutsche Gesellschaft in den fünfziger Jahren, Bonn 1993

Schmid, Josef, Die CDU. Organisationsstrukturen, Politiken und Funktionsweise einer Partei im Föderalismus, Opladen 1990

Schmidt, Manfred G., Regieren in der Bundesrepublik Deutschland,
    Opladen 1992
Schmidt, Thomas E., Heimat: Leichtigkeit und Last des Herkommens,
    Berlin 1999
Schmitt, Karl, Konfession und Wahlverhalten in der Bundesrepublik
    Deutschland, Berlin 1989
Schönbohm, Wulf, Die CDU wird moderne Volkspartei: Selbstverständnis,
    Mitglieder, Organisation und Apparat 1950–1980, Stuttgart 1985
Schulze, Hagen, Weimar: Deutschland 1917–1933, durchgesehene und
    aktualisierte Ausgabe, Berlin 1994
Schwarz, Hans-Peter, Das Gesicht des Jahrhunderts, Berlin 1998
Seibel, Wolfgang, Erfolgreich scheiternde Organisationen, in: Politische
    Vierteljahresschrift 32 (1991) 3, S. 479–496
Sennett, Richard, Der flexible Mensch: Die Kultur des neuen Kapitalismus,
    Berlin 1998
Steinert, Heinz, Politik mit dem »Großen & Ganzen«: Der Populismus –
    Wesen, Methoden, Darsteller, Publikum, in: Neue Zürcher Zeitung vom
    6.11.1999
Stoiber, Edmund, Kursbestimmung für Bayern und Deutschland, Rede beim
    Politischen Aschermittwoch in Passau am 17.2.1999, in: Bayernkurier
    vom 27.2.1999
Strauß, Franz Josef, Die Erinnerungen, Berlin 1989
Stürmer, Michael, Das ruhelose Reich: Deutschland 1866–1918, durch-
    gesehene und aktualisierte Ausgabe, Berlin 1994
Tenfelde, Klaus, Historische Milieus, Erblichkeit und Konkurrenz, in:
    Manfred Hettling/Paul Nolte (Hrsg.), Nation und Gesellschaft in
    Deutschland, München 1996, S. 247–268
Tocqueville, Alexis de, Über die Demokratie in Amerika, 2 Bände,
    Zürich 1987
Todd, Emmanuel, Die neoliberale Illusion: Über die Stagnation der
    entwickelten Gesellschaften, Zürich 1999
Tucholsky, Kurt, Gesammelte Werke in zehn Bänden, hrsg. von
    Mary Gerold-Tucholsky und Fritz J. Raddatz, Reinbek 1975
Ullrich, Volker, Die nervöse Großmacht 1871–1918. Aufstieg und Untergang
    des deutschen Kaiserreiches, Frankfurt am Main 1997
Ulrich, Bernd, Deutsch, aber glücklich. Eine neue Politik in Zeiten der
    Knappheit, Berlin 1997
Walter, Franz/Tobias Dürr/Klaus Schmidtke, Die SPD in Sachsen und
    Thüringen zwischen Hochburg und Diaspora, Bonn 1993

Walzer, Michael, Vernunft, Politik und Leidenschaft. Defizite liberaler
   Theorie, Frankfurt am Main 1999
Weber, Max, Politik als Beruf, Stuttgart 1992 (zuerst 1919)
Wehler, Hans-Ulrich, Deutsche Gesellschaftsgeschichte, Bd. 3: Von der
   »Deutschen Doppelrevolution« bis zum Beginn des Ersten Weltkrieges
   1849–1914, München 1995
Wehling, Hans-Georg (Red.), Regionale politische Kultur, Stuttgart u.a.
   1985
Wiesendahl, Elmar, Parteien in Perspektive, Wiesbaden 1998
Yergin, Daniel/Joseph Stanislaw, Staat oder Markt: Die Schlüsselfrage
   unseres Jahrhunderts, Frankfurt am Main/New York 1999

Mark Mazower
Der dunkle Kontinent
Europa im 20. Jahrhundert

Mark Mazower läßt Europas 20. Jahrhundert Revue passieren: politische Erdbeben in den ersten Dekaden, Rassetheorien und völkische Einheitsphantasien bald darauf, dann die kollektive Verplanung individuellen Lebens, aber auch der Kampf der Ideologien während des Kalten Krieges. Es war keineswegs sicher, daß die Demokratie am Ende den »Sieg« über Faschismus und Kommunismus davontragen würde. Alles hätte auch anders kommen können – und die Zukunft ist ungewiß.

»Ein herausragendes Buch! Mazower verfügt nicht nur über die Fähigkeit, große Zusammenhänge anschaulich zu schildern, sondern auch über die nötige Detailkenntnis.«

TIMOTHY GARTON ASH, LONDON REVIEW OF BOOKS

»Das beste Buch, das in letzter Zeit über Europa geschrieben wurde. Sein junger Autor Mark Mazower zählt zu der Spielklasse eines Eric Hobsbawm oder Norman Davies. Kein Wunder, daß er solchen Erfolg hat.«

ROBERT FOX, THE EUROPEAN

Aus dem Englischen von Hans-Joachim Maass
640 Seiten, mit 50 Abbildungen, gebunden
ISBN 3-8286-0080-8

John Gray
Die falsche Verheißung
Der globale Kapitalismus und seine Folgen

Das Gespenst des Kommunismus scheint gebannt – wie aber
steht es um den Kapitalismus? John Gray warnt vor den zer-
störerischen Konsequenzen des globalen freien Marktes: vor der
Aushöhlung demokratischer Gemeinwesen, Sozialabbau, Massenarbeitslosigkeit und ethnischen Kriegen um abnehmende
Ressourcen. An der Zeit ist deshalb eine radikale Kritik, die die
Verheißungen des Kapitalismus als falsche Verheißungen ent-
larvt.

»Jeder, der sich um die Zukunft der Weltwirtschaft
sorgt, sollte dieses Buch lesen.«
GEORGE SOROS

»Eine bemerkenswerte Streitschrift und eine clevere
Provokation ... Gray hat kein Rezept parat. Aber seine
Polemik schärft die Linse, durch die nach Antworten
zu suchen wäre.«
FRANKFURTER RUNDSCHAU

Aus dem Englischen von
Klaus Binder und Bernd Leineweber
336 Seiten, gebunden
ISBN 3-8286-0086-7

2. Auflage
© 2000 Alexander Fest Verlag, Berlin
Alle Rechte vorbehalten,
auch das der photomechanischen Wiedergabe
Umschlaggestaltung: Ott + Stein, Berlin
Umschlagreproduktion: metaservices, Berlin
Buchgestaltung: ⑤ sans serif, Berlin
Gesetzt aus der Janson Text und der Syntax
Druck und Bindung: Clausen & Bosse, Leck
Printed in Germany 2000
ISBN 3-8286-0111-1